Teatro chileno y dictadura:
Cuatro obras contestatarias

Gustavo Meza y Juan Radrigán
Teatro Imagen
¡¡¡Viva Somoza!!!

Fernando Gallardo
Carrascal 4000: Una calle

David Benavente
Tejado de vidrio II

Jaime Vadell
Teatro la Feria
A la Mary se le vio el Poppins

Selección, estudios y bibliografía a cargo de
Oscar Lepeley
University of Toledo

LATR Books
University of Kansas
Colección Antología Frank Dauster No. 3

Lepeley, Oscar, ed.
Teatro chileno y dictadura: Cuatro obras contestatarias. Lawrence, KS: LATR Books, 2009. [Gustavo Meza y Juan Radrigán, Teatro Imagen, *¡¡¡Viva Somoza!!!*; Fernando Gallardo, *Carrascal 4000: Una calle*; David Benavente, *Tejado de vidrio II*; Jaime Vadell, Teatro La Feria, *A la Mary se le vio el Poppins*] Selección, edición y comentarios a cargo de Oscar Lepeley. [Colección Antología Frank Dauster No. 3]

ISBN 978-1-61539-744-0

LATR Books
Spanish and Portuguese
University of Kansas
Lawrence, Kansas 66045
Email: woodyard@ku.edu
www.latrbooks.org
Series Editor: George Woodyard

Copyright © University of Kansas 2009

First printing, June 2009

Design and typesetting:
Pam LeRow, Digital Media Services
College of Liberal Arts and Sciences
University of Kansas

Printed in the US by:
Allen Press, Inc.
Lawrence, KS 66044

This series is made possible through a generous grant from the College of Liberal Arts and Sciences of the University of Kansas. Joe Steinmetz, Dean.

Contenido

Oscar Lepeley

    Prólogo 5

Gustavo Meza y Juan Radrigán, Teatro Imagen

    ¡¡¡Viva Somoza!!! 11
        Cuestión de descendencia 18
        Cuestión de oportunidad 38
        Cuestión de ubicación 52

Fernando Gallardo

    Carrascal 4000: Una calle 67

David Benavente

    Tejado de vidrio II 115

Jaime Vadell, Teatro La Feria

    A la Mary se le vio el Poppins 193

Bibliografía 231

Glosario del habla popular chilena 235

LATR Books originate in the Department of Spanish and Portuguese, University of Kansas.

Series Editor: George Woodyard
Associate Editors: Stuart Day, Vicky Unruh

Editorial Board:

Jacqueline Bixler   Virginia Tech
Sandra Cypess   University of Maryland
Jean Graham-Jones   CUNY Graduate Center
Jorge Huerta   University of California, San Diego
Sharon Magnarelli   Quinnipiac University
Priscilla Meléndez   Yale University
Kirsten Nigro   University of Texas, El Paso
Laurietz Seda   University of Connecticut

LATR Books are published by the Department of Spanish and Portuguese, the University of Kansas, Lawrence, Kansas as an initiative to foster the distribution of texts and information about the theatre of Latin America both to an academic and a general public. The editors gratefully acknowledge permission from the playwrights to include their texts in this edition.

The plays published here are works of fiction. The content of this work is protected under the laws governing the reproduction or distribution of such printed materials. The University of Kansas claims copyright only in the compilation of materials published together. This agreement does not affect the author's performance rights. Those persons interested in staging the plays in this anthology should contact the authors directly, or via LATR Books.

Prólogo

El teatro chileno contestatario bajo la dictadura militar de Pinochet fue capaz de acomodar un discurso dramático que confrontó las prohibiciones de expresión que pesaban sobre la sociedad en general. El régimen militar había decretado el receso político, había disuelto las organizaciones político-sociales que habían avanzado reformas sociales que representaban un mejoramiento en la situación general de las grandes mayorías sociales. Sobre todo, estaba prohibida la crítica a las políticas del régimen. Son tristemente conocidas las medidas represivas que la dictadura usó para imponer su gobierno (prisión, tortura, exilio, desapariciones para los disidentes). Entre los primeros asesinados por el golpe de estado estuvo el director de teatro, actor y cantautor Víctor Jara, lo que fue una advertencia clara a los artistas chilenos de lo que el régimen militar estaba dispuesto a hacer en orden de acallar voces disidentes. Un destino igualmente cruel sufrió la primera compañía de teatro que se atrevió a aludir a temas contingentes. El Aleph presentó en 1974 por casi un mes la obra *Al principio existía la vida*. Alegóricas referencias a la historia chilena reciente, entre ellas al presidente muerto, y las ideas del grupo causaron la detención de los actores Oscar Castro y Juan McLeod, una hermana de Castro y su madre. McLeod y la madre de Castro se cuentan entre los detenidos desaparecidos por agentes del estado. Otro episodio célebre de la época fue el incendio "casual" de la carpa de circo en que se presentaba la obra *Hojas de Parra* de Jaime Vadell, José Manuel Salcedo y Nicanor Parra, en marzo de 1977, luego de varias acciones de agentes de la dictadura para clausurarla. El incendio se produjo durante la noche, en horas del toque de queda, lo que aumentó las sospechas de un incendio intencional para suspenderla, lo que consiguieron, y para amedrentar a la gente de teatro, lo que no consiguieron.

Había que esperar hasta 1976 para que el movimiento de teatro contestatario chileno despegara, y fue con la obra seminal *Pedro, Juan y Diego* de ICTUS y David Benavente. La siguieron una treintena de obras en los próximos cinco años. Pese a las múltiples presiones que el gobierno autoritario chileno ejerció sobre la gente de teatro – en orden a controlar su discurso y someterlo a su hegemonía – apareció en Chile un fuerte y sólido movimiento teatral contestatario. Su volumen fue tal que hasta 1981, por ejemplo, se podían contabilizar unas treinta obras cuyo discurso reflexionaba críticamente sobre la situación de opresión, miseria, desencanto y esperanza por la que atravesaban los sectores mayoritarios de la población. Estas obras eran representadas públicamente por el teatro profesional independiente en salas establecidas de Santiago.[1] La siguiente es una lista detallada de las obras mencionadas: en el año 1976 el teatro ICTUS representó *Pedro, Juan y Diego*, de ICTUS/David Benavente; El Teatro Imagen *Te llamabas Rosicler*, de Juan Rivano e Imagen. En 1977 El Taller de Investigación Teatral (TIT) representó la obra de creación colectiva *Los payasos de la esperanza*; Ceneca presentó *Bienaventurados los pobres*, de Jaime Vadell y José Manuel Salcedo; La Feria representó *Hojas de Parra*, de Vadell/Salcedo y Nicanor Parra. En 1978 son seis las obras críticas: ICTUS representa *El último tren*, de Gustavo Meza e Imagen; Los Comediantes *Las del otro lado del río*, de Andrés Pérez; Imagen también representa *Lo crudo, lo cocido y lo podrido*, de Marco Antonio de la Parra; el teatro La Feria *Una pena y un cariño*, de Vadell y Salcedo; el Taller de Creación Teatral presentó su obra *Baño a baño* de Vega, Pardo y de la Parra. En 1979 son siete las obras críticas: La Falacia presenta *Loyola Loyola*, de García Huidobro y Bravo; Los Comediantes *Testimonio sobre las muertes de Sabina*, de Juan Radrigán; el Aleph representa *Mijita rica*, creación colectiva;[2] TIT presenta *Tres Marías y una Rosa*, de David Benavente y TIT; el Taller 666 representa *El Fulanito*, de Jorge Díaz; La Falacia presenta *Gol Gol, autogol*, de Francisco Muñoz; ICTUS presenta *Lindo país esquina con vista al mar*, de ICTUS, de la Parra, Gajardo y Oses. En 1980 se representan las siguientes seis obras disidentes: Imagen, *¡¡¡Viva Somoza!!!*, de Gustavo Meza y Juan Radrigán; La Joda, *San Silvestre Show*, de Julio Bravo; Teatro de Cámara, *José*, de Egon Wolff; La Joda, *Oh, Cauquenes*, de Julio Bravo; La Falacia, *Cero a la izquierda*, de Gustavo Meza; el teatro Pedro de la Barra, *Carrascal 4000*, de Fernando Gallardo. En 1981 las siguientes son las obras de teatro contestatario que se estrenan en Santiago: La

---

[1] Por su parte, el teatro aficionado recogió en forma más directa y urgente la necesidad de representar la realidad del país bajo la dictadura. Lo hizo en condiciones de semiclandestinidad, en locales privados, comunitarios, universitarios e incluso en los campos de detenidos. Mención especial se merecen los talleres culturales de la Universidad de Chile, de donde surge la Asociación Cultural Universitaria (ACU) que promovería sucesivos eventos teatrales de características memorables. Ya en 1974 Marco Antonio de la Parra, por ejemplo, presentó la obra *Brisca* en la Escuela de Medicina, Sede Norte, de la Universidad de Chile – de la cual era estudiante – recordándola más tarde como su obra de teatro más significativa. (Hurtado, "Teatro chileno" 27.)

[2] Esta obra se representó por una semana, al final de la cual fue censurada por la autoridad, prohibiéndose su representación.

Feria, *A la Mary se le vio el Poppins*, de Jaime Vadell; el teatro Teniente Bello, *Adivina la comedia*, de Gregory Cohen; el teatro La Vocina, *El cateo de la laucha*, creación colectiva;[3] El Telón presenta *Hechos consumados*, de Juan Radrigán; el T.E.C. presenta *Tejado de vidrio*, de David Benavente; ICTUS presenta *La mar estaba serena*, de creación colectiva.

Este movimiento teatral surge en lo que se ha calificado como la segunda etapa en el desarrollo del régimen autoritario, aquel período comprendido entre los años 1977 y 1980.[4] Este es un teatro producido en el país y representado en salas públicas mayormente de la capital. Es un teatro que intenta reflejar las dificultades de la vida en dictadura y de esa manera confrontar la censura que se había impuesto sobre la sociedad chilena. Temas como la pérdida de la democracia, la crueldad del golpe, el desamparo de los sectores humildes, la escasez de trabajo, los efectos del shock económico implementado por los economistas neoliberales (los llamados Chicago Boys), el desmantelamiento del estado benefactor, la mutación de ciudadano a consumidor frenético, la censura, la represión, son algunos de los aspectos que este teatro se atreve a exponer. Este fue un teatro atrevido, valiente, que se ganó su espacio en la vida nacional de la época y al cual la dictadura ya no pudo detener. Este es el caso de una dictadura que se ve sobrepasada por el valor y el ingenio de los teatristas chilenos.

Este corpus de teatro disidente ha recibido parcialmente crédito editorial, con la aparición de algunas antologías que han recogido parte de este valioso testimonio de ese momento histórico del teatro chileno. Caben mencionan particularmente las antologías críticas de Hurtado, Ochsenius y Vidal, eds. *Teatro c(yes)hileno de la crisis institucional: 1973-1989*. Santiago/Minnesota: University of Minnesota/Ceneca, 1982, la de Andrade y Fuentes *Teatro y dictadura en Chile*, Santiago: Documentas, 1994. Desafortunadamente son textos que no se han vuelto a editar y son difíciles de conseguir

Las obras que componen la presente antología son un aporte a este legado histórico; la mayoría ha permanecido inéditas hasta ahora y son piezas importantes de este movimiento teatral alternativo. Su recuperación pretende demostrar su vitalidad y atrevimiento. Son obras que se representaron entre los años 1977 y 1981 en Santiago de Chile. La irónica *¡¡¡Viva Somoza!!!* de Gustavo Meza (1936-), Juan Radrigán (1937-) y el Teatro Imágen, estrenada en 1980,

---

[3] En esta ocasión el teatro Aleph probó suerte con este nuevo nombre y logró así representar la obra sin problemas.

[4] Calificación que hacen Tomás Moulián y Pilar Vergara en "Estado, ideología y políticas económicas en Chile." *Estudios Cieplan* 3 (s.f.): 65-120, y María de la Luz Hurtado y Carlos Ochsenius en "Transformaciones del teatro chileno en la década del 70" en *Teatro chileno de la crisis institucional 1973-1980 (Antología crítica)*. (Minneapolis/Santiago: University of Minnesota/Ceneca, 1982): 1-53.

comprende tres piezas que son una sátira que abarca los sectores medios bajos, los sectores altos y la población de sectores marginales. Este tríptico representa una siniestra visión de la vida en dictadura, a través de esos tres estamentos de la sociedad, el sector medio-bajo entregado al régimen que no trepida en torturar y vejar a quienes considera sus enemigos, el sector empresarial beneficiado por las políticas económicas del gobierno, pero que tampoco duda en recurrir a métodos cuestionables, limitando con la corrupción, en orden a amasar fortuna. Finalmente el sector bajo marginal, enceguecido por el consumismo privilegiado por el modelo económico que convertía al ciudadano en consumidor, para quienes ha llegado a ser más urgente comprar un televisor a color antes que comprar el pan para el mínimo sustento diario. Esta última pieza, "Cuestión de ubicación," representa una de las primeras muestras de aquel teatro de personajes marginados de la sociedad, que hará célebre al dramaturgo Juan Radrigán. Especialmente notable es la reproducción fiel del habla popular de ese sector social de la época. Al final de la antología se ha incluido un glosario donde se explican algunos de los chilenismos usados aquí y en las otras obras.

La obra *Carrascal 4000: una calle*, de Fernando Gallardo (1942-2004), también fue estrenada en 1980. Ofrece una representación vívida de las vicisitudes sufridas por un grupo de trabajadores de un taller metalmecánico, frente a las dificultades económicas que encaraba la pequeña industria ante los cambios impuestos por el nuevo modelo de libre mercado. Los bajos precios de los productos importados hacían imposible la competencia, lo que se mostraba en la situación de desesperanza de la cual sólo se soñaba en salir más bien mediante el juego de azar. Por estos años se había creado la lotería del fútbol llamada la Polla Gol. Semana a semana millones de chilenos fervorosamente juntaban algunos escasos pesos para jugar una cartilla y vislumbrar así una posible solución para su situación económica. El conflicto entre irse al exilio a buscar mejor vida y la responsabilidad de quedarse en el país para luchar para que las cosas cambien se presenta también en esta obra. El amor a su barrio – ubicado en la avenida Carrascal, en el sector poniente de Santiago – a su país y al comprobar el poder corruptor del dinero fácil les hace menos difícil la elección. Hacia el final se vislumbran los primeros signos de protesta social de la gente cansada del maltrato y que ha perdido finalmente el miedo a la dictadura. Las grandes protestas, efectivamente, comenzarán muy pronto, preparando el cambio que terminará con la dictadura. Los fragmentos entre corchetes [ ] señalan partes del texto que en el manuscrito original están tachadas, como si se hubiesen eliminado de la representación.

Prólogo

La obra *Tejado de vidrio II*, de David Benavente (1941-), se representó en Santiago en 1981, teniendo una segunda versión el año 1993. Esta última es la versión que ofrecemos aquí, nos traslada a la época inmediatamente posterior a la dictadura. La obra propone una inmersión en las profundidades del resquebrajado tejido social chileno, del clasismo y las injusticias sociales, fenómenos heredados de la misma época colonial. La profunda convicción cristiana del protagonista, inspirada por íconos como Alberto Hurtado y San Sebastián de Yumbel, así como la clara inspiración en la doctrina social de la iglesia católica emanada del Concilio Vaticano Segundo y su opción por los pobres, lo mueven a documentar exhaustivamente los cambios que considera urgentes. Rechaza la banalidad heredada de la dictadura y reflexiona acerca de las profundas heridas sociales que han dañado el progreso y la edificación de una sociedad más equitativa. Excavaciones profundas del edificio social producen el cataclismo final que derrumba las anquilosadas estructuras del pasado, en la necesidad de crear esta sociedad más justa y armoniosa anhelada.

También en 1981 se estrenó *A la Mary se le vio el Poppins* de Jaime Vadell (1940-) y el Teatro la Feria. Esta obra adopta el tono farandulero y baladí típico de los programas televisivos de entretención de la época. Permite una irónica versión del discurso exitista oficial, que pretende alabar el modelo económico acríticamente y presentado como una respuesta a la amenaza del enemigo internacional marxista-leninista. La vida cotidiana bajo la dictadura comprende estadías en prisión, donde se da un lenguaje ambiguo, paradójico, que parece sacar lo peor de la gente, con un tono extremadamente chauvinista, clasista. El discurso permitido parece aceptar sólo lo burlesco, el humor negro que en nada aluda a la referencialidad, a las verdaderas condiciones de vida de la gente. En esta obra este aspecto se dará en escenas sin palabras, en ellas se verán desfilar a los que sufren, lisiados, fantasmas, votantes silenciosos a quienes se les hace desaparecer sus votos, ataúdes en romería funeraria, gritos de miedo, una fugaz aparición del mismo Drácula, inmóviles ciudadanos en busca de un trabajo que no se encuentra, la desesperanza de grandes sectores de la población que deben sufrir el impacto del nuevo modelo económico impuesto por la fuerza. Como contraste, se muestra también la realidad de unos pocos favorecidos por el régimen, inaugurando grandes almacenes y cayendo en un consumismo sin freno. El exilio y las profundas divisiones dentro de la familia son otros temas que forman este caleidoscopio farandulesco de un país en crisis.

—Oscar Lepeley
University of Toledo

¡¡¡Viva Somoza!!!

Gustavo Meza y Juan Radrigán

Teatro Imagen

PERSONAJES

Locu
Cristián
Hermia
Voz Off

Hermógenes
Niño
Mujer

¡¡¡Viva Somoza!!! se estrenó en 1980 on el reparto siguiente:

Cuestión de descendencia:

Hermógenes	Tennyson Ferrada
Hermia	Jael Unger
Mujer	Mónica Carrasco
Niño	Gonzalo Robles

Cuestión de oportunidad:

Maximiliano	Gonzalo Robles
María Teresa	Jael Unger
Chantal Mateluna	Mónica Carrasco
Otros personajes	Tennyson Ferrada

Cuestión de ubicación:

Elizabeth	Mónica Carrasco
Cristián	Gonzalo Robles
Emeterio	Tennyson Ferrada
Domitila	Jael Unger

Obertura
(Texto de diapositivas)

Como la flor en primavera abre su cáliz para derramar en el ambiente su exquisito perfume; como el pájaro en la estación de los amores hincha su garganta y derrama románticamente sus trinos en la floresta; así también nosotros, con esa misma sagrada unción, hemos querido rendir un modesto, pero sincero y cálido homenaje al insigne estadista, patriota y presidente, asaz protegido, señor don Anastasio Somoza; que ha iluminado nuestro camino con el tesoro de su inteligencia y con el acervo de sus bondades.

¡Oh! buenos amigos, ¡permitidnos invitaros a participar en nuestro júbilo!

Hemos instituido "Viva Somoza" a este florilegio de sano esparcimiento:
1) *Porque los personajes principales, principalmente, y por principio, aman y admiran a ese preclaro hombre de estado, ejemplo perfecto de presidente Salvaguardado, señor don Anastasio Somoza Debayle, esa excelsa cumbre de amor y bondad, que la naturaleza toda, en su infinita sabiduría derramó como un rayo de luz sobre la tierra, para honra y paz de la humanidad.*
2) *Porque después de un profundo estudio de mercado llegamos a la conclusión que: ¡No hay luz más radiante que la luz que instila, de sus fascinadoras, bellas, dulces pupilas!*
3) *¡Porque pensamos que ha llegado el momento de parar de una vez por todas las tropelías cometidas en su contra!*

Los autores agradecen a la Divina Providencia el sublime instante de inspiración otorgado. Gracia que nos brindó la feliz ocasión de abrir nuestra alma como un ánfora, para derramar el perfume de nuestra admiración y afecto imperecedero por la egregia figura del excelentísimo Presidente Protegido, General don Anastasio Somoza Debayle.

Esta obra está dividida en tres cuestiones intrínsecamente perversas:
1) *Cuestión de descendencia*
2) *Cuestión de oportunidad*
3) *Cuestión de ubicación*

Conferencia

(*Nota. Todas las diapositivas, excepto la primera, son monos de Rufino, alusivos a Somoza.*)
Música – Aplausos
Diapo: Habla el señor J.V.P. "chicote" para todos ustedes quien es v.d.i. – 143 X de la M.P.N.S.
Voz Off: Estimados compañeros, hermanos, amigos somocistas todos, nos hemos reunido en esta sala incómoda, obscura y en forma casi clandestina, no porque sintamos vergüenza de nuestros nobles postulados, sino porque tenemos que tener en cuenta mínimas normas de seguridad. No quiero entrar en materia sin antes saludar a la hermana delegación de Uganda (*Aplausos*), ubicada allá al fondo, Sudáfrica (*Aplausos*), desgraciadamente quedó al lado izquierdo de la sala y no a la derecha como ellos habían solicitado, y a los aguerridos representantes de... bueno chicos, los serán al final de esta conferencia, vamos directamente al punto central de nuestro asunto. El slide número uno por favor (*Diapo*)... el segundo (*Diapo*)... piensan ustedes que lo que están viendo forma parte de una pequeñita campaña de desprestigio clandestino en contra de nuestro líder, pues la respuesta es no!, ¡no señores! Esta artera puñalada al corazón de los demócratas más preciados del universo, se aplica a plena luz del día, y lo que es más triste en un país hermano, en un país hermano, miren esto (*Diapo*)... y esto (Diapo)... y esto (*Diapo*)... (*Diapo*)... es que nada podemos hacer contra los envenenados dardos disparados por un obscuro dibujante que se ampara en una revista financiada por: el imperialismo internacional, el marxismo totalitario, la social democracia, los masones, los evangelistas, los mormones, la cuarta internacional, la AJAT, la tricontinental, la OTAN , la UNAC, la OTI, el Pacto de Varsovia, el Pacto Andino y el Sionismo Internacional, (*Aplausos*), bueno y varias otras sectas que se nos escapan, es que nada podemos hacer, repito, ante esto (*Diapo*)..., esto (*Diapo*)..., esto (*Diapo*)... (*Diapo*)... pero, vergüenza para los ofensores, mientras fuera de Nicaragua se multiplican las voces hostiles, en el seno de la patria la unidad se nos hace cada vez más férrea, ¿es que alguno de ustedes dice lo contrario?, no, digo y repito no, no y no, por mucho que este tipo de infamias que ahora veis se multiplique, como dijo Don Quijote en esa hermosa obra llamada "The Man of La Mancha." "Si los perros ladran hay que darles de comer para que se callen cuando son pocos, y hay que ¡sacarles el carajo a patadas si son muchos! (*Aplausos*) y eso es lo que haremos en esta oportunidad, somocistas de corazón (*Aplausos*)

¡no sólo con los que publican cosas como éstas! (*Diapo*)…, muchas gracias por las justificadas muestras de repugnancia, que algunos de ustedes no han podido reprimir, ante estas injustas y reprobables y grotescas manifestaciones de mal gusto, lo agradecemos aunque es de nuestro conocimiento lo bien nacidos que son todos los nobles soldados de las huestes de ese gran paladín llamado Anastasio Somoza Debayle (*Aplausos*).

Amigos, frente a la campaña orquestada por: el imperialismo internacional, el marxismo totalitario, la democracia, los masones, los evangelistas, los mormones, la 4ª Internacional, la AJAT, la tricontinental, la OTAN, la UNAC, la OTI, el Pacto de Varsovia, el Pacto Andino y el Sionismo Internacional, frente a ellos debemos seguir vigilantes, porque su acción es como la del camaleón que cambia de colores según la ocasión, estoy un poco ronco si no, la habría cantado; ¿y qué color toma ahora el camaleón en un país hermano? El color de la honorabilidad publicando avisos en un prestigioso diario, slide por favor, slide (*Diapo*) (*Diapo*). ¿No creen ustedes que aquí hay un gato encerrado? ¿Qué me dicen de esto otro? (*Diapo*)…. ¡Ah! Afortunadamente tenemos amigos y esos amigos unidos bajo el lema de: ¡¡"Somocistas del mundo uníos"!! sabrán acercarnos a la verdad y una vez en la verdad ¡¡sabremos con la verdad, cómo actuar y cómo vencer!!! (*Aplausos*).

Móvil

SONIDO: "Que me quemen tus ojos" (*Diapo*).
LOCU: Aló, estudio central (*Diapo*) aquí el móvil de la felicidad y la cultura, llevando la alegría a los hogares, con el gentil auspicio de Copihue el mayor proveedor nacional de artículos importados. En este momento nos encontramos en la población Nueva Somoza (*Diapo*), la población de la buena suerte. Como recordarán nuestras fieles auditoras, hace algunas semanas una esforzada trabajadora de este mismo lugar, la señora Rosa Argandoña, obtuvo un precioso televisor importado marca Teco al responder acertadamente a nuestras preguntas sobre tenis (*Diapo*). Ahora ha salido sorteada la señora Domitila Altamira, estamos frente, frente aquí a…, perdón ¿la señora Domitila Altamira? (*Diapo*).
CRISTIÁN: La señora Domitila Altamira vive aquí pero ella no está aquí.

Locu: Ah ¿usted es un familiar?
Cristián: Sí, si yo soy el hijo mayor de ella.
Locu: ¡Ah, buenos días señor! Por favor su nombre (*Diapo*).
Cristián: Mi nombre es Cristián López Altamira.
Locu: Muy bien señor López, por gentileza de Copihue auspiciadora de nuestro programa "Conozca el lugar desde donde sonríen los chilenos," tendremos el placer de entregar a usted un magnífico equipo modular si responde acertadamente a nuestras preguntas. Por favor acérquese no más. ¿Esta población es muy antigua? (*Diapo*).
Cristián: Sí es bastante antigua, es vieja, digamos que, esta población, mire yo lo único que puedo decirle es que es muy vieja. Creo que el primer nombre que tuvo fue la Bernardo O'Higgins, pero cuando yo nací era la Pedro Aguirre Cerda, después se llamó Juan Antonio Ríos, la González Videla, la de Carlos Ibáñez del Campo, la Jorge Alessandri Rodríguez, la de Eduardo Frei Montalva, la Salvador.... (*Diapo*).
Locu: ¡¡Muy bien señor, muy bien!! Así queridos auditores hemos entregado a ustedes una apretada síntesis de la historia de esta población. (*Diapo*).
Cristián: No pero si falta todavía, me falta decirle por qué nosotros le cambiamos el nombre.
Locu: No, no es necesario, obviamente es una prueba más de la nueva mentalidad con que se enfocan ahora los problemas contingentes (*Diapo*).
Cristián: Justo, eso mismo nos dijo el presidente.
Locu: ¿A sí?
Cristián: Claro, es que como se estaba chiflando a la cocinera de la embajá de Nicaragua, le metió el chamullo pa que le dijera a los jutres de la embajá que apadrinaran el clú, ¿me entiende? Por eso es que el clú y la población se llaman la "Nueva Somoza," ¿no ve que se rajaron con tres pares de camisetas nueas? (*Diapo*).
Locu: Perfecto, perfecto, pero qué simpático. Aquí están señoras y señores, la agudeza, la picardía del roto chileno. Muy bien, bien, y ahora que conocemos un nuevo lugar desde donde sonríen los chilenos, pasaremos al momento culminante de nuestro programa. Señor por un fabuloso equipo modular importado ¿podría decirnos cuál es nuestra flor nacional? (*Diapo*).
Cristián: ¡Ah, no po' ahí si que no, me tendría que ayudarme un resto porque a la cuestión de las flores le pego re poco, no ve que yo trabajo en barraca, y ahí llega pura maera no más. Oiga, pero estaba pensando, ¿no será el pino lo que dice usted? Porque eso es lo que más llega (*Diapo*).
Locu: No, no señor el pino no es una flor. Bueno, vamos a tratar de ayudarlo.

Ahora por un magnífico televisor marca Teco. Nuestra flor nacional generalmente es roja y su nombre comienza con la sílaba co.

CRISTIÁN: Sílaba, y dígame ¿qué es lo que es eso?

LOCU: Bueno, bueno en este caso son las dos primeras letras ¿me entiende? Bueno le vamos a dar otra ayudita. Ahora por una extraordinaria radio-cassette, tenemos que es roja, que su nombre comienza con la sílaba co y ahora agregamos que es originaria del sur (*Diapo*).

CRISTIÁN: ¡Ah! ¡el Coquimbo Unío!

LOCU: ¡No señor!

CRISTIÁN: Colo-Colo. (*Diapo*)

LOCU: ¡Le digo que se trata de una flor señor!

CRISTIÁN: Pero si el Colo-Colo juega flor, y Galindo es del sur y a veces anda con una polera roja por la calle. ¡Ta clarito po! (*Diapo*).

LOCU: ¡No! Lamentablemente señor ha perdido sus tres oportunidades, pero como el móvil de la felicidad y la cultura no deja a nadie sin premio, le haremos a usted entrega de un delicioso par de chicle marca…(*Diapo*).

CRISTIÁN: ¡Ah! Sae que más gancho en la casa tengo un equipo mejor que esa cuestión que me iba a dar, y tamién tenimos una radio-casé importá, y esta semana los vamos a irlos a meter en una televisión a colol.

LOCU: Corten, corten.

CRISTIÁN: No, no, si esas cuestiones que me iba a dar sae que no me sirven pa na y lo chicles que puede ir metiéndoselos por donde usted estime más conveniente (*Diapo*). Vamos estos gallos están puro güeiando con la custión del móvil.

(MÚSICA: *"Que me quemen tus ojos"*)

Cuestión de descendencia

Parque que suponemos no muy grande y enclavado en medio de la ciudad. Bancos, pequeña pileta, árboles a la izquierda, una gran reja con inmenso cerrojo sirve de puerta a una gruta. Es un hermoso día de primavera. Entra Hermógenes arrastrando un saco, llega hasta el medio del escenario. Suenan unas campanadas lejanas, Hermógenes saca su reloj, mira la hora, mira el saco, le da unas cuantas patadas al saco del cual salen unos quejidos como de animal. Hermógenes emite algunos sonidos que podrían interpretarse como "después voy a arreglar cuentas contigo" o algo parecido. Deja el saco, mira hacia los lados, luego saca una gran llave, abre la reja de la gruta y entra en ella. Un momento después escuchamos el canto de gran variedad de pájaros. Sale Hermógenes de la gruta, escucha desde distintos ángulos, vuelve a entrar, el ruido de los pájaros baja de volumen. Vuelve a salir y aparentemente aprueba el lenguaje del pajarerío. A todo esto, ¿quién es Hermógenes? Es, naturalmente, el encargado del parque y por lo tanto lleva un uniforme oscuro, gorra, corbata azul, zapatos del mismo color y de su grueso cinturón cuelga un palo largo. Toda la indumentaria está muy gastada. El hombre ha pasado hace rato la cincuentena: tiene el rostro y los ademanes cansados, usa anteojos redondos pasados de moda. Se siente el grito de un niño. Hermógenes vuelve a mirar la hora, saca su libreta, confirma un dato y la vuelve a guardar. Se oye la voz de Hermia: "¡Te voy a pillar, te voy a pillar, malulo!" Hermógenes elige un punto de observación, entra Hermia un poco sofocada. Es una mujer cuya edad fluctúa entre los treinta y los ochenta y siete años. Su indumentaria tiene una cierta similitud con la que usa el Ejército de Salvación, pero más masculina. Hermia tiene las características de preceptora solterona histérica y almibarada que hace esfuerzos por parecer en todo momento lo que no es. Lleva una toca blanca, zapatos del mismo color y unos anteojos iguales a los de Hermógenes. Se detiene en medio de la escena, mira a la derecha.

HERMIA: ¡Ahí estás, te pillé de nuevo! ¡No, no voy a seguir corriendo! (*Sigue con la mirada a alguien que se aleja*) ¡No te vayas muy lejos! (*Se sienta en el banco, saca una libreta, mira en rededor confirmando el lugar en que se encuentra, consulta la hora y se pone en la solapa una escarapela tricolor, saca de su bolso un libro y aparenta leer. Hermógenes abandona su lugar de observación y cruza la escena con una red en la mano derecha y una caña con punta metálica en la izquierda que le sirve para recoger hojas secas. Ambos se miran a hurtadillas manteniendo sus acciones. Hermia carraspea tres veces, Hermógenes responde con iguales carraspeos. Ambos miran hacia el público aparentemente distraídos.*)

HERMIA: (*Leyendo.*) Piecesitos de niño azulosos de frío....

Hermógenes: (*Se mira los zapatos.*)… cómo os ven y no os cubren Dios mío. (*Se miran, se estudian, Hermógenes se sienta en el banco.*)
Hermógenes: El pueblito se llama Las Condes….
Hermia: … y está junto a los cerros y el cielo.
Hermógenes: La observé largo rato. No sabe las veces que he sido burlado, uno nunca puede estar seguro, pero….
Hermia: Pero hay que confirmar y volver a confirmar. "Las apariencias engañan."
Hermógenes: … cierto, "y de noche no todos los gatos son pardos." ¿Y? ¿Todo bien, todo perfecto?
Hermia: Momento, he sido engañada muchas veces. Qué hay detrás del tricolor, y perdone la desconfianza.
Hermógenes: Por favor, está en su derecho. ¡Papel plateado! (*Dan vueltas las escarapelas al mismo tiempo. La escarapela de Hermia se cae al suelo y Hermógenes se agacha a recogerla.*)
Hermia: ¡Cuidado imbécil! (*Es un grito feroz. Hermógenes se levanta sobresaltado.*) ¡No te la metas en la boca! ¡No escarbes la tierra!
Hermógenes: (*Se sube sobre el banco. Del bolsillo interior de su chaqueta saca unos prismáticos.*) ¡Escarben la tierra! (*Mira.*) ¡Con qué! (*Se lleva la mano al bolsillo de atrás del pantalón.*) No, ya no la escarba. (*Se baja del banco.*) Perdón por el… digamos exabrupto.
Hermia: No, perdóneme usted….
Hermógenes: Perdonémonos ambos y hagamos votos porque este incidente no empañe el feliz suceso de habernos encontrado… finalmente.
Hermia: Finalmente… después de tantas desesperanzas.
Hermógenes: ¿Usted también ha sido engañada?
Hermia: ¡No sabe usted cuántas veces!
Hermógenes: No me refiero a la vida, sino a nuestro… asunto.
Hermia: Me refiero a la vida y también a nuestro asunto.
Hermógenes: Lo lamento. Y comparto su dolor.
Hermia: ¡Sí?
Hermógenes: Sí. En cuanto a la vida y también a nuestro asunto.
Hermia: Es difícil confiar en estos tiempos.
Hermógenes: En todos estos tiempos de la historia.
Hermia: Tal vez nuestras misivas no eran lo suficientemente precisas.
Hermógenes: Tal vez nos idealizamos un poco… digo, de ahí la confusión. (*Se miran con tristeza.*)
Hermia: Tal vez. Pero aquí estamos finalmente.
Hermógenes: Aquí. (*Le pasa la escarapela.*)

HERMIA: (*Lee el reverso.*) Hermógenes Soto-Muñoz....
HERMÓGENES: Oficial de Parque y Jardines: grado 38, escalafón 87. (*Lee el que tiene en las manos.*) Hermia Muñoz-Cruz.
HERMIA: Krup.
HERMÓGENES: ¿Qué?
HERMIA: Muñoz-Krup.
HERMÓGENES: ah....
HERMIA: Brigada de la Infancia: sin grado ni escalafón. Es una sección recientemente creada, por eso....
HERMÓGENES: Entiendo, entiendo....
HERMIA: Antes estaba en otra sección pero tampoco alcancé a tener ni grado ni escalafón porque duró tres años y fue disuelta.
HERMÓGENES: No se preocupe, comprendo. Por lo demás no es eso lo que busco. Lo que busco....
HERMIA: De eso hablaremos más tarde, se lo ruego.
HERMÓGENES: Sí, claro... por lo demás usted es muy joven para preocuparse de....
HERMIA: Por favor hablemos de eso....
HERMÓGENES: ¿De escalafones y grados?
HERMIA: No, de la... edad. Fue una de las condiciones que puse en mis cartas.
HERMÓGENES: ¿Sí? (*Saca su libreta.*)
HERMIA: ¿Qué hace?
HERMÓGENES: (*Muestra.*) Busco el índice. Una deformación profesional. Resumen de las condiciones antes de un operativo. (*Lee.*) C... D....
HERMIA: Me admira su profesionalismo.
HERMÓGENES: No es nada. (*Pero sigue leyendo.*)
HERMIA: (*Coqueta.*) Es un niño muy bien desarrollado.
HERMÓGENES: Demasiado diría yo. (*Hermia toma el catalejo.*)
HERMIA: (*Se ríe.*) Se confundió.... Ese es un hombre hecho y derecho. (*Hermógenes recobra el catalejo.*)
HERMÓGENES: Parece que me equivoqué.
HERMIA: Sí.
HERMÓGENES: ¿Y al hombre, lo conoce?
HERMIA: ¿A ver? (*Mira por el catalejo.*)
HERMÓGENES: ¿Lo conoce? (*Hermia no contesta.*) ¿Lo conoce?
HERMIA: (*Le pasa el catalejo y corrige la dirección.*) Ése. Ése. Y es más que "uno" de mis niños, es "mi" niño.
HERMÓGENES: ¿Cómo?

Hermia: (*Seria.*) Es como si fuera mío. Es mi preferido. Hace años que lo tengo. Todo lo que sabe me lo debe a mí.
Hermógenes: Déjeme mirarlo bien. ¿El de la polera verde?
Hermia: Sí.
Hermógenes: Se ve robusto y sano. Está bien educado, supongo, ¿no? (*Hermia lo mira ofendida.*) Estoy seguro que sí. ¿Está nerviosa?
Hermia: En realidad, sí, un poco.
Hermógenes: Bueno. ¿Ve ese saco que está ahí? Patéelo. No hay nada mejor para los nervios.
Hermia: ¿Es legal?
Hermógenes: ¿Cómo me puede hacer una pregunta como esa?
Hermia: En ese caso... (*Va hacia el saco y lo patea con violencia. Se escuchan gemidos y Hermia lo vuelve a patear. Vuelve al banco.*) Ahora me siento más tranquila. Estoy muy contenta de que al final nos encontráramos. Varias veces lo confundí con otras personas.
Hermógenes: Gente decente, espero.
Hermia: Una vez con un funcionario de correos.
Hermógenes: Es el mismo uniforme pero ellos usan los zapatos de color negro.
Hermia: Otra vez con un funcionario de seguridad urbana.
Hermógenes: El mismo uniforme, pero ellos usan zapatos con punta de acero y suela roja.
Hermia: Perdone mi ignorancia.
Hermógenes: Por favor.... Yo por mi parte tuve idénticos malos entendidos. Con enfermeras, matronas, policías de tránsito, boxeadores, guardiamarinas. (*Suenan campanadas de reloj lejano.*) ¿Esa es la hora?
Hermia: (*Mira su reloj.*) Sí, supongo que esa es. Mi reloj es muy exacto. (*Se lo muestra orgullosa.*) Me lo regalaron el día que entregué al mundo civilizado mi niño número cien.
Hermógenes: Debe haber sido muy emocionante me imagino.
Hermia: (*Soñadora.*) Era un día de otoño, el cielo parecía no haberse enterado de la época del año, ya que su azul era límpido, improfanado por las nubes. Las filas de muchachas cual batallones celestiales ...
Hermógenes: (*Sacando su reloj del bolsillo.*) Éste también da la hora exacta, aunque debe ser bastante más antiguo que el suyo. Fue el día en que me nombraron único responsable de este parque. El día más feliz de mi vida. Vino el Jefe en persona. Nos entregaron a todos el nuevo uniforme. Dijo emocionado: "Cada hombre con su parque y cada parque con su hombre." Las rejas recién puestas relucían. Dijo: "Este reloj será ahora vuestro nuevo

corazón," y agregó: "Oh, patria, ayuda a estos valientes soldados forestales a cumplir hora a hora, minuto a minuto. (*Se interrumpe preocupado.*) ¡Cómo pasa el tiempo! Nosotros aquí conversando y....

HERMIA: Sí, y nos hemos olvidado de lo más importante.

HERMÓGENES: Sí.

HERMIA: Sí, lo lamento, la culpa es mía. Es hora de que hagamos frente al problema que nos llevó a concretar esta cita.

HERMÓGENES: No, no es eso.

HERMIA: ¿No?

HERMÓGENES: No.

HERMIA: ¿No? ¿Está arrepentido?

HERMÓGENES: No, es otra cosa.

HERMIA: Por favor, no disimulemos. Epistolarmente nos compromete una mutua sinceridad.

HERMÓGENES: No, es que....

HERMIA: Por favor. No será para mí la primera desilusión. Seguramente usted me imaginaba distinta.

HERMÓGENES: No, la encuentro ideal para los fines propuestos por ambos.

HERMIA: ¡Entonces, hable! ¡No me tenga en esta incertidumbre! ¡Lo he resistido todo! ¡Hable! ¡Ha pasado por encima de mis sentimientos por servir a la patria! ¡Muchas veces he tenido que sacrificar lo más querido por mis ideales! ¡Hable de una vez! ¡No soy de fierro! ¡Yo también…!

HERMÓGENES: ¡Pero cómo quiere que hable si usted no me deja!

HERMIA: Perdón. Debo reconocer que estoy un poco nerviosa. Le ruego que me comprenda. Valga como excusa lo difícil que ha sido para mí dar este paso.

HERMÓGENES: Sí, sí....

HERMIA: Lo que me ha costado....

HERMÓGENES: ¿Me deja hablar, por favor?

HERMIA: Perdón, perdón, perdón, ¿diga?

HERMÓGENES: Sólo quería decir que ha pasado la hora sin que nos diéramos cuenta y yo siempre he sido muy celoso....

HERMIA: ¿Muy celoso? Usted piensa que.... (*Indica hacia afuera.*)

HERMÓGENES: ... muy celoso de mis deberes.

HERMIA: ¡Ah!

HERMÓGENES: El deber ante todo....

HERMIA: Sí.

HERMÓGENES: Han pasado más de treinta minutos.

HERMIA: ¡Sí!

Hermógenes: Es decir, media hora y siete minutos.
Hermia: ¡No!
Hermógenes: ¡Sí!
Hermia: ¿Y?
Hermógenes: Y debo suspender el canto de los pájaros.
Hermia: ¿Ah?
Hermógenes: Horario de verano.
Hermia: ¡Ah!
Hermógenes: Perdóneme un segundo. El deber ante todo. (*Va hacia la gruta.*) Yo también estoy muy nervioso. Ese es el motivo de mi olvido. No se lo cuente a nadie.
Hermia: No faltaba más.
Hermógenes: Para mí también es la primera vez.
Hermia: Gracias por hacerme esa confidencia.
Hermógenes: Permiso. (*Camina pero se detiene. Va hacia el saco y lo patea repetidas veces, luego se encamina a la gruta. Se detiene.*) Puede usted también patearlo todas las veces que quiera. No sabe lo que alivia.
Hermia: Por favor, es su saco.
Hermógenes: No se preocupe. Si todo sale bien también será suyo. Disponga de él todo el tiempo que quiera. (*Sale. Hermia va hacia el saco. Se escuchan gemidos. Esto la excita, así es que vuelve a patear con mayor furia. Nuevos gemidos. Calmada se aleja. Se sienta. El ruido de los pájaros cesa. Mira en dirección a la gruta y se acerca al saco casi en puntas de pie. Desata el nudo de la parte superior del saco y lo abre. Del saco emerge la cabeza de una mujer aparentemente joven. Está amordazada. Mueve repetidas veces la cabeza hacia abajo y emite ruidos para llamar la atención sobre algo más que habría supuestamente dentro del saco. Hermia mira dentro del saco y queda estupefacta. Ofendida, furiosa, trata de calmarse.*)
Hermógenes: (*Voz Off por altoparlantes, difuso y chirriante.*) Aló, aló. Esto no es un desperfecto, falla o descuido: el sonido de las aves ha cesado y dejará de oírse durante media hora en cumplimiento del decreto 3.055. Gracias y pueden continuar en su labores habituales. (*Hermia vuelve al banco. Ha logrado calmarse. Aparece Hermógenes, va al banco y se sienta.*) Y bien, ahora creo que ha llegado el momento de abordar directamente el asunto. ¿No le importa que lo llame así, no?
Hermia: ¡Llámelo como se le antoje!
Hermógenes: La ofende la palabra asunto.
Hermia: No me ofende.

Hermógenes: Bien
Hermia: ¡¡Más bien me importa un pito!!
Hermógenes: Algo le pasa.
Hermia: (*Infantilmente irónica y conteniéndose a duras penas.*) ¿Usted cree?
Hermógenes: (*Sobresaltado.*) Su niño estuvo haciendo hoyos en la tierra. Permítame que se lo explique aún cuando más tarde lo pensaba hacer de todas maneras. Mire, yo....
Hermia: No me venga con chivas, por favor. ¡De qué hoyos me está hablando!
Hermógenes: (*Mira para todos lados y mueve la cabeza.*) Francamente no sé a qué se refiere.
Hermia: (*Lo remeda brutalmente.*) "Francamente no sé a qué se refiere." (*Camina a grandes zancadas hasta el saco*) Lo abrí. ¿Qué me dice?
Hermógenes: Nada. No la entiendo. ¿Usted en algún momento pensó que era algo distinto?
Hermia: No me refiero a la cosa en sí, me refiero a la condición.
Hermógenes: ¿Y qué importa la condición? Yo sigo el trámite normal: Sanciono la infracción, retengo, aplico los correctivos del momento y posteriormente lo entrego.
Hermia: ¿Cuándo?
Hermógenes: Hoy mismo, dentro de algunas horas, tal vez. Aquí está el parte correspondiente. (*Lo muestra. Ella lo lee.*)
Hermia: Estoy muy avergonzada. No sé cómo hacerme perdonar.
Hermógenes: No se preocupe, la comprendo. Yo también me equivoco... a veces. Nuestro trabajo nos obliga a desconfiar.
Hermia: Cierto.
Hermógenes: (*Va al saco.*) Pensar que usted creyó.... (*Se ríe.*)
Hermia: (*Se ríe avergonzada.*) ... Perdón nuevamente.
Hermógenes: Tengamos confianza ahora que... estamos tan cerca de....
Hermia: Sí, pensar que ahora que hemos logrado la estabilidad una no....
Hermógenes: Nunca es demasiado tarde.
Hermia: Sí.
Hermógenes: Yo siempre esperé este momento: la hora de formar mi propia familia. Sin sobresaltos ni angustias. ¿Me sigue?
Hermia: Sí, continúe.
Hermógenes: Nos une el mismo afán.
Hermia: La misma esperanza, diría yo.
Hermógenes: La justa aspiración de prolongarnos la vida. No deseo dramatizar mi situación. Pero este pequeño lugar del Universo, modesto tal vez....

Hermia: No diga eso.

Hermógenes: Modesto, pero hermoso. Esta tranquilidad, no tendría sentido si no se prolonga en el tiempo. ¿Para qué esta tierra y estos árboles floridos? Para qué …

Hermia: ¿Para qué este cuerpo? ¿Esta voluntad por forjar voluntades positivas? ¿Ese entregar conciencias a la sociedad, si – ese al menos es mi caso – una misma no ha gozado de los frutos?

Hermógenes: Sin frutos el árbol pierde su razón de ser.

Hermia: El aroma de la rosa pierde su sentido.

Hermógenes: ¿Qué es el látigo sin la roncha?

Hermia: (*Piensa un rato.*) Nada. Pero….

Hermógenes: No debe haber peros que valgan. Nosotros que abrimos la posibilidad a la existencia del amor tenemos el derecho y el deber de gozar de él.

Hermia: Y un hijo nuestro sería la coronación de esa felicidad que el deber nos ha postergado.

Hermógenes: ¡Manos a la obra!

Hermia: ¿Cómo empezamos?

Hermógenes: (*Saca la libreta.*) Yo tengo aquí un pauteo. Cerremos los ojos y tomémosnos las manos. (*Lo hacen. Pausa.*) ¿Siente algo?

Hermia: No mucho. ¿Y usted?

Hermógenes: Tal vez podríamos probar con un beso. ¿Le parece?

Hermia: ¿Es el número 2? (*Hermógenes asiente. Acercan los labios.*) Vamos. (*Hermógenes la besa.*)

Hermógenes: ¿Y?

Hermia: Nada. (*Duda un momento.*) ¿Me permite una insinuación? Según tengo entendido, un beso que sirva de preámbulo a eso….

Hermógenes: ¿Al… acto?

Hermia: ¿A qué?

Hermógenes: ¡Al acto! ¡Seamos valientes! Ese ha sido un requisito indispensable para lo que buscamos, ¿no?

Hermia: En efecto.

Hermógenes: Bien. Ese beso según dicen debe ser con lengua.

Hermia: ¡Sí, seamos valientes! ¡Adelante! (*Se dan un beso con lengua y se separan con evidente repugnancia.*) ¿Y?

Hermógenes: Nada, estamos en un punto muerto.

Hermia: ¡A mí me da la impresión de que no es el punto sino otra cosa la que está muerta!

Hermógenes: ¡Y qué quiere! Para usted es bastante más fácil, ¿no?
Hermia: No perdamos la calma. Estamos en el momento más crucial de nuestras relaciones. (*Cierra el libro de Hermógenes y se lo pasa.*) ¿Se saca la chaqueta por favor? (*Él lo hace.*) Póngasela encima de la falda. (*Él la mira extrañado pero lo hace.*)
Hermógenes: Listo.
Hermia: (*Se frota las manos y se echa aliento.*) Ahora cierre los ojos. (*Él los cierra.*) A la una, a las dos y a las tres. (*Hace ejercicios como si fuera a tocar el piano. Repentinamente mira hacia adelante y se sobresalta.*) ¡El niño, el niño! Sáquese la chaqueta de la falda, que no lo vaya a ver en esa actitud. Es sólo una criatura, quién sabe qué se puede imaginar. ¡¡Rápido, póngase la chaqueta!! (*Hermógenes compone su apariencia. Aparece el niño corriendo. Es un niño de más o menos un metro noventa y ciento veinte kilos de peso, viste mameluco y lleva en la mano un globo blanco.*)
Niño: Tres, cuatro, cinco, seis, diez.... ¡Tía, el hombre, el hombre!
Hermia: Sí mi amor, el hombre, ya lo oí.
Niño: (*Grita.*) ¡Voy, voy!
Hermia: Mi amor, ¿qué va a pensar el caballero de nosotros?
Niño: (*En un caballeroso saludo.*) Buenos días tenga usted señor caballero.... ¡Tía, el hombre! ¡El amigo!
Hermia: (*Dulce pero firme.*) ¡¡Hernancito!!
Niño: (*En tono convencional.*) ¿Ha tenido usted una buena mañana?
Hermógenes: Bueno, en realidad, tomando en cuenta....
Niño: (*Idem.*) ¿Se le han cumplido sus deseos?
Hermógenes: A decir verdad yo....
Niño: Lindo día, ¿no le parece?
Hermógenes: Sí, es por las co....
Niño: (*Grita desaforado.*) ¡¡¡Tía, el hombre!!!.... ¡¡¡Y bien!!!
Hermia: ¿Bien qué?
Niño: ¡Bien. Pues! ¡Que está ahí! ¿Puede ir?
Hermia: Sí... puede. Pero antes, ¿qué se le dice al señor?
Niño: Con permiso.
Hermia: ¿Con permiso y qué más?
Niño: (*Desaforado.*) ¡¡Señor!! ¡¡¡Con permiso!!! ¡¡¡Señor!!!
Hermógenes: (*Idem.*) ¡¡¡Vaya!!! ¡¡¡Vaya no más!!!
Niño: (*Lo enfrenta y grita.*) ¡¡Gracias, muy amable!!
Hermógenes: (*Idem.*) ¡¡¡No hay de qué!!! (*El niño sale corriendo del escenario. Hermógenes está sin aliento por el esfuerzo. Saca un pañuelo, se limpia la frente, tose y escupe en el pañuelo. Meditativo mira el escupo que depositó en el pañuelo.*)

Hermia: (*Mirando alejarse al niño.*) ¿No es un amor? ¿Qué será de mi cuando no esté a mi lado?
Hermógenes: La vida es así.
Hermia: (*Mira el escupo del pañuelo de Hermógenes.*) ¿Así?
Hermógenes: Quiero decir que no siempre tenemos lo que queremos.
Hermia: Y casi siempre la culpa es nuestra....
Hermógenes: ... de nuestra incapacidad....
Hermia: ... de nuestra falta de iniciativa....
Hermógenes: ... de nuestra falta de ambiciones....
Hermia: Pero a veces se debe a que....
Hermógenes y Hermia: (*A dúo*)... "A que en nuestra irrestricta devoción a la causa de la patria hayamos pospuesto nuestras ambiciones personales por intereses más nobles." (*Ella deja de mirar hacia donde suponemos que está el niño y él aleja la vista de su pañuelo, lenta y sorprendidamente se miran a los ojos.*)
Hermia: ¿Usted también se aprendió ese párrafo de memoria?
Hermógenes: Ese y muchos otros. Y no sólo eso (*Mete la mano en su bolsón.*) ¡Mire! (*Extiende un recorte de diario el que al trasluz deja ver la honesta figura de Somoza en toda su magnitud.*)
Hermia: ¡No le puedo creer! (*Mete la mano en su cartera.*) ¡Mire! (*Muestra otro recorte pero más pequeño.*) Claro que el suyo es más grande.
Hermógenes: Es que yo soy hombre. (*Le pasa el recorte de él.*) Tome.
Hermia: No es justo.
Hermógenes: Es más que justo. Hace un rato usted me iba a dar algo tal vez más preciado que....
Hermia: Se refiere a....
Hermógenes: Sí, me refiero a....
Hermia: Seamos valientes, ¿se refería a... al contacto... carnal. O más bien... cuasi-carnal al que estuvimos a punto de llegar?
Hermógenes: Sí, en parte, claro, pero a algo más importante....
Hermia: (*Ofendida.*) Yo pensé que era importante, de ahí mi esmero. Si usted piensa que todos los días yo....
Hermógenes: No, perdóneme. ¡No es que le reste importancia!
Hermia: ¿Entonces?
Hermógenes: Lo considero un medio... un medio para lograr un fin. ¿Me sigue?
Hermia: Lo sigo.
Hermógenes: Un apoyo logístico, en sentido figurado, claro.
Hermia: Claro.

Hermógenes: Pero diría derechamente que el fondo de nuestras relaciones está centrado o más bien tienen un nexo importante que es la esperanza (*se da cuenta que Hermia está más preocupada del niño que de su discurso y reparte su atención entre Hermia y el sitio hacia el cual ella mira*), la esperanza en un futuro, esa esperanza que no podemos perder de vista y que es constantemente amagada por el tremendo cansancio que provoca el deber cumplido. (*Pausa.*) La inercia, diría yo, por no encontrar una palabra más adecuada, que nos hace mantener este estado de azarosa tranquilidad. (*Pausa.*) ¿Nos hemos detenido a pensar realmente en nosotros? (*Pausa.*) ¿Hay un futuro próximo o lejano que nos aguarda? (*Pausa.*) ¿A ambos? (*Pausa.*) ¿Tenemos derecho? (*Pausa.*) ¿A buscarlo? (*Pausa.*) ¿Aquí o allá? (*Pausa. Tristemente despechado.*) No me está escuchando.

Hermia: (*Sin dejar de mirar fuera de escena.*) ¿Aquí o allá?

Hermógenes: ¿Quién?

Hermia: Es lo que usted estaba diciendo.

Hermógenes: Exacto, gracias. (*Se miran incómodos. Ella vuelve la vista fuera de escena.*)

Hermia: No hay de qué.

Hermógenes: ¿Cómo?

Hermia: (*Lejana.*) No hay de qué.

Hermógenes: Sí, claro, entiendo. (*Se desabrocha el marrueco, se saca la chaqueta y la pone encima de su falda.*) ¡Volvamos a intentarlo! (*Se sienta al lado de ella, le toma una mano y la desliza dentro de la chaqueta.*) Hace un rato estuvimos casi a punto. (*Ella retira la mano.*) ¿Qué le pasa?

Hermia: No sé. No estoy motivada. Por ahora. (*Mira fuera de escena y grita.*) ¡Yuuuuhuuuu!

Hermógenes: (*Saca sus binoculares.*) ¿Saluda a su niño o al hombre que lo acompaña?

Hermia: A ambos.

Hermógenes: ¿Quién es él? ¿Lo conoce?

Hermia: Sí.

Hermógenes: ¿Mucho?

Hermia: Algo.

Hermógenes: ¿Siente aprecio por él?

Hermia: No sé.

Hermógenes: ¿Cómo así?

Hermia: Todo es producto de una situación fortuita. De una confusión, un mal entendido.

HERMÓGENES: ¿Lo confundió con otra persona?
HERMIA: Sí.
HERMÓGENES: (*Mirando con los binoculares.*) Se ve una persona agradable.
HERMIA: Lo es.
HERMÓGENES: (*Baja los binoculares.*) ¿Lo confundió… conmigo?
HERMIA: (*Lo enfrenta.*) Sí.
HERMÓGENES: ¿Él se prestó, o mejor dicho alentó esa confusión?
HERMIA: No podría asegurarlo.
HERMÓGENES: ¡Pero tampoco podría asegurar lo contrario!
HERMIA: ¡No! Qué quiere….
HERMÓGENES: ¿La trató de abordar físicamente?
HERMIA: Bueno, en cierto aspecto podría decir que….
HERMÓGENES: No siga, doy por contestada la pregunta. ¿Además de encontrarse con él en este recinto público, lo ha visto en otros?
HERMIA: Sí. ¿Por qué?
HERMÓGENES: ¡Cuando usted anda sola no se le ha acercado, le apuesto!
HERMIA: No sé, me parece que….
HERMÓGENES: No, no me lo diga, estoy seguro que no, que se acerca cuando sale con sus niños.
HERMIA: No me acuerdo. Lo que sí sé es que los niños lo adoran.
HERMÓGENES: ¿Y usted?
HERMIA: ¿Si yo lo adoro? ¡Está celoso!
HERMÓGENES: No es eso. Dígame: a usted le ha hecho preguntas íntimas….
HERMIA: ¿Íntimas?
HERMÓGENES: ¿Acerca de su trabajo?
HERMIA: Sí.
HERMÓGENES: Y usted le ha contestado, por supuesto.
HERMIA: No veo qué hay de malo en eso.
HERMÓGENES: ¡No se da cuenta! Se estaba tratando de aprovechar de usted, de su candidez. Cómo pudo usted….
HERMIA: Yo creí que él era quien había contestado mis cartas….
HERMÓGENES: … O sea yo….
HERMIA: Sí.
HERMÓGENES: ¿Y el uniforme?
HERMIA: Usted igual se confundió hace un rato cuando creyó que era del Servicio Secreto.
HERMÓGENES: Bueno, uno nunca sabe….
HERMIA: ¿Ve?

HERMÓGENES: Quiero decir que él se aprovechó de esa confusión.
HERMIA: No sé, puede ser....
HERMÓGENES: No se preocupe. Está muy claro, no se trata de un caso de suplantación de personas, abuso de confianza y.... ¿No se da cuenta de la gravedad del asunto?
HERMIA: Yo pensé que lo hacía por mí. Que de algún modo él me... estimaba.
HERMÓGENES: ...¿Sí?
HERMIA: Sí, que me... amaba.
HERMÓGENES: Sí, sí. Claro... que la amaba. (*Saca los binoculares y mira.*)
HERMIA: ¡Por qué alguien no podría amarme!
HERMÓGENES: ¡Es el cuento de siempre! (*Le pasa los binoculares.*) Mire lo que le está haciendo al niño.
HERMIA: Le está leyendo.
HERMÓGENES: ¡Ve, ve! ¡Se imagina que le está leyendo! ¡Es un corruptor!
HERMIA: (*Mirando todavía.*) ¡Usted cree!
HERMÓGENES: Aún lo duda. Ya la engañó a usted una vez. ¿No le basta con eso? Páseme los binoculares. (*Ella lo hace.*) Por suerte estaba yo para poner atajo a este tipo de atropello. (*Se sube al asiento y con los binoculares en una mano y el revólver en la otra, dispara.*) Listo, justo en la cabeza. Si los demás no saben cómo cuidar su propio territorio, si no saben cumplir con su deber, allá ellos, pero yo....
HERMIA: Si lo dice por mí....
HERMÓGENES: (*Se baja del asiento y comienza a limpiar su revólver y a reemplazar las balas gastadas.*) No, no lo digo por usted. Usted ha sido sorprendida....
HERMIA: (*Coqueta.*) Usted cree....
HERMÓGENES: De su desamparo y fragilidad.
HERMIA: Hermógenes, quiero decirle....
HERMÓGENES: Dígame Memo, no más....
HERMIA: ¿No será mucha confianza?
HERMÓGENES: Por favor.
HERMIA: Bien.... Memo, quería decirte que....
HERMÓGENES: ¿Sí?
HERMIA: Me da vergüenza.
HERMÓGENES: Vamos, vamos....
HERMIA: Te lo diré pero deja de (*mostrando el revólver*) limpiar esa cosa, que no me puedo concentrar.
HERMÓGENES: (*Saca un paño y deja dentro de él las piezas sueltas del revólver envueltas encima del asiento.*) ¿Sí?

HERMIA: Quiero hacerte una confidencia.
HERMÓGENES: Di, Hermia.
HERMIA: Mina.
HERMÓGENES: Di, Mina.
HERMIA: Estoy muy emocionada y al mismo tiempo agradecida... porque... porque ...(*Al borde de las lágrimas.*)
HERMÓGENES: ¿Sí, Mina?
HERMIA: Porque... Memo... Nunca antes habían matado por mí.
HERMÓGENES: Eso, Mina, es porque a los otros nunca les importaste tanto como a mí.
HERMIA: (*Se miran con pasión y se dan un largo beso. Él la toma de la mano y la lleva hacia la gruta, ella se deja llevar pero de pronto reacciona.*) ¡El niño!
HERMÓGENES: Qué te importa, mi amor, pronto tendrás los tuyos propios. (*Ella duda pero al fin sucumbe ante la impetuosidad de Hermógenes.*)
HERMIA: Memo, no. No Memo, por favor. Memo, qué haces conmigo. Memo, memo, etc. etc....
HERMÓGENES: Mina, Minita. Vena, vena, podechita. (*Y otras huevadas dichas como a una niña chica. Desaparecen en la gruta haciéndose arrumacos. Aparece el niño corriendo como loco haciendo pucheros enfurecido, llorando de impotencia, mira para todos lados, va a la gruta y encuentra la puerta cerrada, grita.*)
NIÑO: ¡Mamá! ¡Mamá! (*Muestra las manos.*) ¡Sangre, sangre! ¡Mamá, límpiame! ¡Mamá! ¡Mamá! ¡Sangre no! ¡Sangre no! (*Busca dónde limpiarse las manos. Ve el paño donde Hermógenes ha dejado el revólver. Va a limpiarse en él. Abre el paño y se espanta al ver el revólver.*) ¡Mamá, mamá, sangre no! ¡Sangre no! (*Mira el saco y va a limpiarse en él. Pasa las manos sobre el saco y éste se mueve y emite sonidos. Niño se asusta.*) ¡Mamá, mamá... ma-má! (*Se acerca con curiosidad al saco y lo comienza a abrir. Aparece la cabeza de la mujer amordazada, luego medio cuerpo con las manos atadas a la espalda. Al salir por completo del saco nos damos cuenta que se trata de una joven notoriamente embarazada. El niño retrocede con desconfianza. Ella se acerca a él haciendo ruidos y gestos que interpretamos como ruegos para que la zafe de sus ataduras. El niño finalmente le suelta la mordaza de la boca.*)
MUJER: ¿Dónde está?
NIÑO: No saber que.
MUJER: Por favor, ¿donde está?
NIÑO: ¿Quién?
MUJER: El del uniforme.
NIÑO: No sé.

MUJER: ¿Qué te pasó en las manos?
NIÑO: ¡Lo mataron, está lleno de sangre!
MUJER: ¿Quién?
NIÑO: El amigo, el hombre.
MUJER: No sé de qué estás hablando, pero ayúdame a soltarme las manos.
NIÑO: No, a lo mejor usted fue la que lo mató.
MUJER: Cómo, si yo estaba amarrada y dentro del saco. Ayúdame.
NIÑO: Por algo la tenían dentro del saco. Algo tiene que haber hecho. Tía! ¡Mamá! ¡Tía!
MUJER: No grites que va a volver. Escucha, yo te voy a explicar.
NIÑO: No quiero que me explique nada, no quiero entender nada. No es bueno entender nada.
MUJER: Suéltame.
NIÑO: No.
MUJER: ¿Por qué?
NIÑO: Porque si la metieron en un saco algo tiene que haber hecho.
MUJER: Tu amigo el de la sangre, ¿hizo algo malo?
NIÑO: No.
MUJER: ¿Ves? Suéltame.
NIÑO: No. ¡Tía! ¡Mamá!
MUJER: Bueno, no me sueltes pero no grites y escucha. Nada malo te puede pasar si escuchas, ¿ya?
NIÑO: Pero no te voy a soltar.
MUJER: De acuerdo. Escucha. Yo tuve un hombre, es el padre del niño que estoy esperando.
NIÑO: ¿Esperando?
MUJER: Aquí, esto es un hijo.
NIÑO: Los niños vienen del Brasil de unos repollos que....
MUJER: ¡Conmigo no tienes que hacerte el idiota!
NIÑO: ¿Qué?
MUJER: Te lo noté en los ojos, a mí no me engañas, por mucho que te vistas de guagua.
NIÑO: Cuidado si dices algo. (*Va al paño en que está el revólver desarmado y con gran maestría comienza a poner las piezas en su lugar.*)
MUJER: Sabes bastante para ser un pequeñito indefenso, ¿no?
NIÑO: ¡Espérate no más! (*Se escucha un ruido de voces de la gruta. Ambos se miran y detienen sus acciones.*)

Mujer: Ya estamos los dos metidos en esto. Juntos, lo queramos o no. ¿Amigos o enemigos?

Niño: Amigos. Ni una palabra.

Mujer: De acuerdo. Vuelve a meterme dentro del saco. Por el momento. (*El niño lo hace.*) Y déjame un hoyo por donde mirar. (*Muy habilidosamente y con mucha fuerza él hace un hoyo en el saco. Corre detrás del banco y se tiende haciéndose el dormido.*)

Hermógenes: (*Sale abrochándose los pantalones.*) No, no, pues, no me eche toda la culpa a mí. Estaba a punto cuando se le ocurrió que había que salir a mirar.

Hermia: Fue sólo un momento, porque mentí que el niño había gritado, pero de ahí en adelante estuve más que dispuesta. ¿Y? ¡Nada! (*Mueve los dedos de ambas manos.*) Me siento como si hubiera amasado pan para un regimiento.

Hermógenes: Así fue como me pellizcó como cuatro veces, también pues.

Hermia: ¡Y cómo no! Si usted estaba con que ¡Apúrese, apúrese!

Hermógenes: ¡Y qué quería, que dejara ese cadáver en el parque a la vista de todos durante el día entero!

Hermia: Mire, no siga con....

Hermógenes: No, no sigo. Voy a cumplir con mi deber. (*Recoge un saco e inicia salida de escena.*)

Hermia: (*Burlona.*) ¿Con su deber?

Hermógenes: ¡Con mi deber! ¡Con el más importante! ¡Con el de ahora! Después podré pensar en el futuro!

Hermia: No hable tan alto que va a terminar despertando a mi niño. (*Hermógenes se detiene.*)

Hermógenes: ¿A "su" niño? (*Hermia no responde.*) ¡Conteste! Ese es "su" niño. (*Hermia no responde y acaricia al niño dormido.*)

Hermia: Es como si fuera....

Hermógenes: Sí, como si fuera... pero no lo es. Mire, Mina....

Hermia: Hermia si me hace el favor....

Hermógenes: Mire, Hermia. Los dos sabemos lo que andamos buscando, yo sigo pensando igual que hace un rato y estoy dispuesto a seguir intentándolo. ¿Y usted?

Hermia: ¿Yo qué?

Hermógenes: ¿Cómo qué?

Hermia: ¿Sí... qué?

Hermógenes: (*Grita.*) ¡¡¡No veo qué saca con hacerse la cartucha ahora!!! (*El niño se despierta sobresaltado.*)

Hermia: Ve, despertó al niño... grosero.

Hermógenes: Ya es bastante crecidito el pailón éste para que esté durmiendo la siesta como las guaguas. (*El niño sin que lo vea Hermia le da a Hermógenes una feroz patada en una canilla. Hermógenes intenta responder el golpe.*)
Niño: ¡Tía! (*Hermógenes simula arreglarse un mechón del cabello.*) ¡Tía, cuéntame un cuento!
Hermia: Sí, mi amor. Había una vez un hombre muy malo y muy gritón. (*Mira a Hermógenes.*)
Hermógenes: Tengo un trabajo que terminar.
Hermia: (*Sigue con el cuento.*) ... Pero que a veces parecía que era bueno....
Niño: ¿Era un viejo idiota, cierto?
Hermia: No estoy segura. Si lo estuviera....
Hermógenes: No tengo tiempo para esperar que termine el cuento, por lo tanto escuche: las cosas han llegado a un límite....
Niño: ¿Y tía?
Hermógenes: L... l... e advierto que no le rogaré ni le pediré perdón porque no me siento responsable de nada y porque sé positivamente que reconocer los errores es una debilidad y una mala costumbre....
Hermia: ... el hombre un día conoció a una muchacha....
Hermógenes: Es por eso que si usted quiere continuar el asunto yo me hago responsable de la palabra empeñada....
Hermia: ... una pobre muchacha que no sabía nada del mundo....
Hermógenes: ... y no sólo por la palabra empeñada, sino que asume el desafío con alegría y....
Hermia: ... y no sabía qué le deparaba el destino por delante....
Hermógenes: ... y agrado, me atrevería a agregar....
Hermia: ... así fue como pasaron algunos años, no muchos y se encontró sola... y... por último....
Hermógenes: Por último quiero decirle que usted sabe donde me puede encontrar. (*Sale con el saco vacío al hombro y una pala. Hermia detiene su cuento y se queda mirando hacia el sitio por donde salió Hermógenes.*)
Niño: ¿Y tía?
Hermia: ¿Sí...?
Niño: ¿El cuento?
Hermia: ¿En qué íbamos?
Niño: En que te encontrabas sola con el viejo idiota ¿cierto?
Hermia: ¡Qué!
Niño: En que se encontraba sola la niña del cuento.
Hermia: ¡Ah! Bueno y sola y sin futuro y pensando que al dejar pasar el tiempo... un día puede ser demasiado tarde... y no poder nunca más.... (*Abraza a*

Niño compulsivamente.) Te quiero mucho pero llegará el día en que.... (*Se levanta.*) Tengo que hablar con él.

NIÑO: ¿Con el hombre?

HERMIA: Sí. Vuelvo dentro de un rato. (*Sale Hermia. En cuanto ella ha salido el niño va al saco y lo abre y aparece la mujer.*)

MUJER: No creo que tengamos mucho tiempo que perder, así es que desátame los brazos de una vez.

NIÑO: Pero a mi tía no le....

MUJER: Qué tía ni qué ocho cuartos, oí y vi todo y por favor no te hagas el idiota conmigo, si me metieron en el saco es por la misma razón que mataron a tu amigo. (*Niño le desata los brazos.*)

NIÑO: ¿Usted también?

MUJER: Sí, yo también enseño igual que él.

NIÑO: ¿Son muchos ustedes?

MUJER: Tantos como ustedes, los que se hacen los idiotas con la diferencia que para nosotros es cada vez más difícil y como lo pudiste comprobar por lo que le pasó a tu amigo somos cada día menos.

NIÑO: ¿Y a usted cómo no la...?

MUJER: ¿Cómo no me mataron?

NIÑO: Sí.

MUJER: Por que al chancho ese si no le resulta el asunto con tu... "tía," tiene la esperanza de solucionar su problema con algo (*Se toca el bulto del embarazo*) que yo tengo.

NIÑO: ¿Por eso no la mató como al amigo?

MUJER: Por eso.

NIÑO: Y el padre de (*muestra la guata de ella*) eso....

MUJER: ¿No dijiste que los niños venían del Brasil?

NIÑO: ¡Por favor!

MUJER: Sí, el padre de él también estaba metido en el mismo asunto.

NIÑO: Y ellos no tienen sospechas de que nosotros.... (*Aparecen por el fondo Hermógenes y Hermia y se detienen sorprendidos. Hermia quiere intervenir, pero Hermógenes se lo impide.*)

MUJER: Puede que las tengan por eso es que están en una carrera contra el tiempo igual que nosotros. La diferencia es que ellos controlan la situación y....

HERMÓGENES: ... y la seguiremos controlando. (*Mujer trata de huir, entre Hermógenes y Hermia le dan caza y la amarran de las manos y con una soga en el cuello la dejan atada al banco. El niño paralogizado no se mueve de su sitio.*)

MUJER: (*Al niño.*) ¡Corre! ¡Arráncate! ¡Aprovecha que es tu única oportunidad! (*El niño no se mueve.*)
HERMÓGENES: Se da cuenta. Mientras más nos peleamos entre nosotros el mal se extiende.
HERMIA: Nunca lo hubiera creído.
NIÑO: (*Se sienta en el banco.*) ¿Tía que pachó tene chusto? (*Hermógenes y Hermia se miran.*)
MUJER: ¡No pierdas el tiempo, arranca!
NIÑO: Tía, hombre malo. (*Muestra a Hermógenes. Hermógenes le da un tremendo bofetón.*)
HERMÓGENES: ¡Hombre malo, ah! ¿Quieres seguir haciéndote el huevón?
MUJER: ¡Arranca!
HERMÓGENES: (*Le pega a la mujer. Esta cae al suelo.*) Luego arreglaremos cuentas los dos. (*A Hermia.*) Amarre su bestia que yo me encargo de la mía. (*Le pasa una cuerda.*) Aquí tiene, y hágalo luego porque está oscureciendo.
HERMIA: Déjeme a mí hacerme cargo de mis deberes.
HERMÓGENES: De acuerdo, pero yo no querría estar en su pellejo si se me vuela el pajarito.
HERMIA: Tuvo la oportunidad de hacerlo y no la aprovechó. ¿Por lo demás adónde iría? Cuide usted el suyo porque.... (*Hace un gesto con la mano por encima del estómago.*)
HERMÓGENES: Sí, y eso (*hace el mismo gesto*) puede ser una solución para los dos si lo "otro" no llegara a resultar.
HERMIA: Hasta mañana.
HERMÓGENES: Mañana será otro día.
HERMIA: (*Al niño.*) ¿Vamos?
NIÑO: ¿Tía?
HERMIA: ¿Sí?
NIÑO: ¿Qué va a pasar?
HERMIA: Vamos.
NIÑO: Lo siento tía.
HERMIA: Lo sé. Yo también lo siento....
NIÑO: Yo también lo sé. Pero lo siento, más por ti que por mí.
HERMIA: Yo no diría eso.
NIÑO: ¿Vamos tía?
HERMIA: Vamos. (*Salen caminando lentamente fuera de la escena.*)
HERMÓGENES: (*Hacia afuera.*) ¡Mañana a la misma hora! (*Comienza a oscurecer.*) Vamos a ver cómo está el bultito. (*Mujer está en el suelo todavía. Hermógenes*

la va a levantar pero ella deja escapar un quejido y se encoge en el suelo.) No me diga, no me diga. ¡El cuesco está por salir! (*La levanta y la sienta en el banco.*) Adelantemos trabajo, porque cuando salga... (*Toma la pala y empieza a hacer un hoyo en la tierra.*) ... un pasajero se queda y el otro sigue viaje.... (*Entona una cancioncita mientras trabaja.*) La – la – laa, hay que terminar antes que oscurezca.... (*De pronto se siente el estampido de un balazo. Hermógenes corre al sitio donde dejó su arma y no la encuentra.*).... ¡El muy carajo! (*Comienza a oscurecer por completo. Hermógenes saca una linterna y alumbra en todas direcciones, finalmente enfoca la cara de la mujer que estalla en una alegre carcajada....*)

FIN

Cuestión de oportunidad

La oficina está vacía y a oscuras. Se abre una de las puertas y entra Chantal seguida de Obrero Uno, ambos visten mameluco. Lugar de acción: Oficina de Max en su fábrica.

OBRERO UNO: ¿Dónde dejo los tarros?
CHANTAL: Métalos en esos cartuchos y después los guarda en ese estante.
OBRERO UNO: Claro, habrá que dejarlos bien guardados.
CHANTAL: Sí… y cuidado con la lengua, ¿no?
OBRERO UNO: ¿Cómo?
CHANTAL: Se portó usted muy bien.
OBRERO UNO: Claro que metí la pata con el primer rayado.
CHANTAL: ¿Porque puso asesino con zeta? No se preocupe, igual se entiende.
OBRERO UNO: Gracias por mantenerme la confianza, sobre todo ahora, con los rumores que corren.
CHANTAL: ¿Cuáles?
OBRERO UNO: Hay que tener mucho cuidado, dicen, porque…. (*Hace un gesto con el pulgar hacia abajo.*)
CHANTAL: Usted no corre peligro. (*Entra Max sigilosamente. Viste overall.*)
MAX: ¿Todo bien? (*Chantal asiente.*) Usted (*al obrero Uno*) a su puesto.
OBRERO UNO: Voy. (*Sale.*)
MAX: (*Señalando al que salió.*) ¿Cómo se portó?
CHANTAL: Bien.
MAX: ¿No le dije que era de confianza?
CHANTAL: Sí, pero no como para presidente del sindicato.
MAX: No discutiré más con usted acerca de eso. Usted manda. ¡Lo que es el acompañante que me tocó a mí era de lo más maricón! "Cuidado que viene gente" … "parece que nos están vigilando" … "no nos vayan a disparar" … Cuando le tocó escribir "Mueran los pulpos chupasangre" casi se cagó.
CHANTAL: ¡Bueno, es que les tocó la muralla de entrada de la fábrica!
MAX: ¿Usted cree que su teoría es correcta?
CHANTAL: La ciencia está de nuestra parte. Seis años no pueden haber pasado en vano.
MAX: ¿Seis años?
CHANTAL: En La Sorbonne.
MAX: ¡Ah! (*Suena el teléfono. Los dos se sobresaltan.*) Atienda usted.
CHANTAL: ¿Aló? ¡Sí! ¡Chantal! Sí, muy temprano. (*A Max.*) El Jefe. (*Al teléfono.*) Bueno, no es un sacrificio, simplemente cumplo con mi deber. Sí, aquí

está. (*A todo esto, Max se ha estado sacando el overall y queda vestido con un elegante chaquet.*)

MAX: (*Al teléfono.*) Sí, sí, sí. De acuerdo, de acuerdo, mi amor. Sí, ella está aquí … Porque trabaja conmigo, por eso…. Son más de 600 kilómetros de distancia, cómo íbamos a ir y volver en ese tiempo…. Ahhh, al Valdivia…. Cómo se le ocurre que iba a contratar a una sicóloga social con el sueldo que le pago…. Bueno, me fui sin avisarte porque te conozco. ¿Cómo siguió la fiesta? (*Chantal se ha sacado el overall y está con un discreto traje de calle.*) ¡El regalo, my goodness! Bueno, ya lo voy a arreglar…. Sí, sí…. Mire, voy a mandar un hombre para allá a buscar un terno, me vine vestido de padrino…. ¿Rotería? ¿Por qué? ¿Quién me va a ver aquí?… ¿Aló?… ¿Aló? (*Deja el auricular.*) Home sweet home!

CHANTAL: Yo encuentro que se ve de lo más bien así.

MAX: ¿Quiere que le dé un consejo Chantal?

CHANTAL: ¿Sí?

MAX: No se case joven.

CHANTAL: Lo malo es que me gustan mucho los niños.

MAX: Cásese con un viudo entonces.

CHANTAL: O con un separado….

MAX: No diga eso ni por broma. Es tan celosa que no me extrañaría que hubiese escondido una grabadora en alguna parte de la oficina. No sabe el lío que armó cuando supo que iba a dejar la fiesta de matrimonio en lo mejor.

CHANTAL: ¿Y estaba en lo mejor?

MAX: ¡Cómo se le ocurre! Una lata.

CHANTAL: ¿Por qué?

MAX: Había como cuatro grupos diferentes: uno en el jardín, otro en la terraza, otro en el comedor principal y otro en el segundo piso. Todos pelando a todos y yo entremedio repartiendo sonrisas, y la María Teresa dale con que había que estar al lado del novio.

CHANTAL: ¿Es el hermano menor de ella, no?

MAX: ¡Se le ocurre! ¡El tren ya lo había dejado que rato! Solterón y de malas costumbres más encima. Figúrese que llegó un lote de esos tipos raros que andan con camisas transparentes y collares – artistas, según mi mujer – y uno de ellos que no se haya puesto a llorar a gritos cuando el cura declaró a los novios marido y mujer.

CHANTAL: Y de qué grupo era ése?

MAX: De los del segundo piso. Se encerraron, supongo que deben haber sido los que mejor lo pasaron, porque lo que es los de la familia de la novia estaban ofendidísimos porque los habían dejado en el jardín. Por suerte la familia del novio estaba en el comedor, ahí me instalé con el teléfono mientras todos me miraban despreciativamente a cada llamado.

CHANTAL: Hacía rato que teníamos todo listo cuando usted llamó.

MAX: ¡No me diga nada la que se armó cuando me llamaron de Japón!

CHANTAL: ¿Lo llamaron? ¡No me había contado nada!

MAX: Qué eficiencia la de estos brutos, ¿no? No descansaron hasta que me ubicaron. (*Habla como chino.*) Palece que estal celeblando contlato anted de venta, dijo el señor Kamunara. (*Al citófono.*) ¿Llegó Bernardino?

VOZ CITÓFONO: Sí, don Maximiliano, le doy con él.

MAX: Bernardino, tráigame la carpeta Kamunara. ¡Qué gran pueblo ese, casi tan grande como el norteamericano! ¡Pueblos con dignidad, no como éste donde nos tocó nacer!

CHANTAL: Bueno, usted se recibió allá, así que....

MAX: No sólo eso. Mire, desde el kinder yo aprendí primero el inglés, después en el Grange, lo mismo. ¿Cómo iba a entrar a una universidad chilena? Hasta tuve una pelea con mi padre, el viejo nos había hecho socios del Colo-Colo para que conociéramos de cerca a los rotos que nos iba a tocar mandar después. No hubo caso, no descansé hasta que nos mandó a los States. Claro que harto contento que se puso el daddy cuando le mostré (*indica la pared*) el diploma de Master de Economía de la Universidad de Philadelphia. (*Golpes en la puerta*) ¡Adelante! (*Entra Bernardino, usa manguillas negras como los personajes de Chejov.*)

BERNARDINO: Aquí está el dossier Kamunara, don Maximiliano.

MAX: Déjelo ahí encima.

BERNARDINO: ¿Me necesita para algo más, don Maximiliano?

MAX: Lo llamaré si lo necesito. (*Bernardino va a salir. A Bernardino.*) Hoy es el gran día para usted, ¿no?

BERNARDINO: ¿Por qué, señor?

CHANTAL: ¿No es hoy la negociación colectiva, don Bernardino?

BERNARDINO: ¡Ah, eso! (*Mirando a Max.*) Nosotros no tenemos problemas.

MAX: ¿Nosotros?

BERNARDINO: Las tres secretarias y yo formamos un sindicato aparte y acataremos lo que usted diga, don Max. (*Se va.*)

MAX: ¡Que tipo más repelente! ¡Me enferma! Cuando veo tipos como éste me bajan serias dudas acerca de su plan. ¿Vio como ni siquiera se dio por aludido acerca del rayado mural? ¡Con todo lo que nos costó!

CHANTAL: Tenga confianza. Bernardino no es índice de nada.

Max: ¡Pero el huevón era el presidente del sindicato único cuando me hice cargo de la fábrica!
Chantal: Porque lo pusieron en ese cargo cuando devolvieron la empresa.
Max: ¡Claro, y echaron a los cuatrocientos operarios más revoltosos! ¡¡Y ahora cómo cresta consigo yo que se boten en huelga para declarar el lock-out y venderles la fábrica a los japoneses en las condiciones estipuladas!!
Chantal: No se altere.
Max: ¡Me altero todo lo que quiero! ¡Por algo soy gerente y co-dueño de esta porquería! ¡Nadie me da órdenes aquí!
Chantal: Cálmese por favor.
Max: ¡Toda la noche pintando murallas de mi propia fábrica con groserías en mi contra y nadie reacciona! ¡¡Ni un grito, nada!!
Chantal: Paciencia.
Max: ¡Paciencia! ¿Y si aceptan la proposición de la gerencia de bajarles a todos el sueldo en un 25,5%, ¿con qué cara me presento yo a la junta de socios mañana, ah? ¿Me va a conseguir usted una cara prestada cuando lleguen los japoneses? ¡¡No sabe que después del Proyecto Astillas quedaron quemadísimos con nosotros y seguro que anularían el negocio de la concesión del lago Ranco como depósito de deshechos radiactivos!!
Chantal: Tenga confianza, usted también es un científico, a su manera.
Max: Sí, pero parece que en este país los únicos que hacemos bien las cosas somos los economistas. ¿O no lee los diarios usted? ¡Ah!
Chantal: El plan no puede fallar. Fue probado en terreno, en "Les Usines du Rhone," y lo hemos seguido paso por paso.
Max: Pero allá tienen líderes, no como acá, pues.
Chantal: Hoy mismo tendremos uno aquí.
Max: ¿Sí? Eso se lo tenía guardado.
Chantal: ¡Mire! (*Le pasa una ficha.*)
Max: (*Leyendo.*) Iván Ilich Machuca…. Con sólo leer el nombre me quedo más tranquilo. (*Suena el citófono.*)
Citófono: Su señora… (*pero María Teresa ya ha entrado*) está aquí, señor.
Max: No me diga.
María Teresa: ¿Molesto?
Max: ¿Por qué?
María Teresa: Porque me miran con esa cara, pues. ¿Qué, lindo, quiere que me vuelva?
Chantal: Con permiso….

María Teresa: No, mija, quédese aquí no más. Así le puede dar una ayudita al sub consciente del caballero aquí.
Chantal: Esos son los siquiatras, señora.
María Teresa: Siquiatras, sicólogos, la misma lesera no más. Lo único que saben es sacarle plata a la gente. ¿Cree que no sé cuánto le pagan? ¿Y después qué? Ahí tiene a la Monona Vial, pues. A la tercera sesión ya estaba metida en la cama con el psiquiatra. El marido todavía debe andarla buscando.
Max: ¡Por favor!
María Teresa: ¿Por favor qué oye? ¿Crees que soy la Mujer Biónica o Los Ángeles de Charlie? (*Se sienta y llora.*) ¡Con todo lo que he tenido que pasar!... ¡Sola! (*Mira a los dos.*) ¡Sí, sola! No he tenido tiempo de cambiarme siquiera. Primero a la asistencia y disimulando, con una procesión medieval por dentro!
Max: ¡Hubo un accidente!
María Teresa: El niñito alocado ese, se cortó las venas....
Max: ¡No puede ser! ¡Christiancito!
María Teresa: ¡No diga tonterías! En la fiesta, el amigo de... Pelluco.
Max: ¡No me digas nada, el maraco que se puso a llorar en la iglesia!
María Teresa: No sé, no me di cuenta, no lo miré.
Max: Ese parecido a la Mia Farrow.
María Teresa: Eso mismo. ¿Cómo lo hallas? Y después vuelvo a la fiesta y me encuentro con... con.... (*Llora.*)
Max: ¿Qué pasó? (*Ella hace esfuerzos por contestar pero el llanto es más fuerte que ella.*) ¿Qué pasó?
María Teresa: ... el padrino....
Max: ¡El padrino era yo!
María Teresa: ¡... el padrino de la novia...!
Max: ¿Ese caballero con el tremendo anillo de oro?
María Teresa: El mismo... ¡qué horror!
Max: ¡Le robaron el anillo!
María Teresa: ¡No!
Max: ¡Le dio un ataque al corazón!
María Teresa: No, salió con una sorpresa....
Max: ¡También era maricón!
María Teresa: Le tenía un auto de regalo....
Max: Estupendo.
María Teresa: ... un auto japonés... de esos Sukusaka....
Chantal: Mitsubichi.

María Teresa: ¡No, peor!
Chantal: Toyota.
María Teresa: No, un Sucusucu.
Chantal: Susuki.
María Teresa: Eso, Susuki, gracias. (*Reacciona.*) Usted no tiene por qué meterse en esto. ¿O ya se cree parte de la familia? ¡Qué horror… qué horror! ¡y después… lo último!
Max: ¡Chocaste!
María Teresa: ¿Se te ocurre que más encima me iba a venir manejando? Me traje al chofer del tío Talo.
Max: ¡Bueno, pero qué pasó!
María Teresa: ¿Llegando acá con qué me encuentro? ¡Con todas las murallas rayadas igual que cuando… que atroz! (*Se quiebra. Chantal saca unas tabletas de su bolsillo y se las pasa junto con un vaso de agua. María Teresa las recibe.*)
Max: No veo qué tiene de raro.
María Teresa: ¡No ve qué tiene de raro! ¡Qué cinismo! Por lo menos ella se queda callada.
Chantal: ¡¡Me quedo callada porque no entiendo adónde va!!
María Teresa: De haber sido cierto que ustedes estaban aquí trabajando nadie se habría atrevido a pintar las murallas.
Max: Es por el lock-out.
María Teresa: ¿Como en Estados Unidos? ¿Cuando los negros se dedicaron al asalto y al robo? ¿Y cómo en la fiesta no se apagaron las luces?
Max: ¡Ese era el black-out!
María Teresa: Lo mismo, no más. (*Se echa las pastillas a la boca.*) ¿De dónde saqué estas pastillas?
Chantal: Yo se las di, son tranquilizantes.
María Teresa: Mire, si cree que puede librarse de mí así como así le advierto que he tomado todas las precauciones del caso. (*Se saca las pastillas de la boca.*)
Max: Ven, por favor, te lo explicaré todo.
María Teresa: No creas que te va a salir tan fácil como la otra vez que me conformé con el viaje a Europa y el auto nuevo.
Max: (*A Chantal.*) Por favor, me llama si me necesita, vamos a estar en la oficina de Bienestar del Personal.
María Teresa: ¿No encontraste nada más íntimo para discutir nuestros asuntos privados?
Max: Mi amor, esa oficina hace como seis años que no funciona. (*Salen María Teresa y Max. Suena el citófono.*)

Voz Citófono: Hay un hombre aquí que insiste en hablar con don Maxilimiano.
Chantal: Aquí Chantal Mateluna. ¿Me puede decir el nombre de la persona?
Voz Citófono: Machuca.
Chantal: ¿Iván Ilich?
Voz Citófono: Exacto.
Chantal: Yo lo atenderé. (*Golpes en la puerta.*) Adelante. (*Entra Machuca. Boina pequeña, barba en punta, semi calvo y aspecto levemente oriental.*) Adelante don Vladimir Ilich....
Machuca: Iván Ilich... pero dígame Machuca, no más. Quería hablar con el gerente (*saca un papel del bolsillo*), ¿don Maximiliano Somoza, no?
Chantal: El mismo.
Machuca: ¡No me va a decir que es usted!
Chantal: No, él es el gerente, pero puede hablar conmigo. Yo soy la responsable de que lo hayan contratado.
Machuca: ¿Usted es Jefe de Personal?
Chantal: Digamos que algo parecido.
Machuca: Espero que no le vaya a costar el puesto.
Chantal: Pierda cuidado. Lo que sí yo lo hacía trabajando a estas horas.
Machuca: Quería hablar antes con el señor Somoza por si ya se había presentado algún problema.
Chantal: ¿Por qué llegó atrasado?
Machuca: Si no llegué atrasado, llegué tempranito, lo que pasa es que leí el rayado mural frente a la fábrica y una voz en mi interior me dijo "Espérate Ilich." Ilich me dice siempre la voz interior, "Espérate porque si se arma algún lío con el primero que van a cargar es contigo."
Chantal: ¿Y usted le hizo caso?
Machuca: Si no le hubiera hecho siempre caso no estaría parado aquí, señorita.
Chantal: No me va a decir que se ha puesto oportunista, Machuca.
Machuca: ¿Cómo?
Chantal: No puede haber llegado en mejor momento, hoy es la negociación colectiva y usted ha sido elegido Presidente del Sindicato.
Machuca: ¿Cómo me iban a elegir si todavía no estaba trabajando en la fábrica?
Chantal: Nunca lo sabremos porque el voto era secreto. Uno de los misterios de esta vida.
Machuca: Lo siento, señorita, pero esta cuestión me está oliendo muy mal, así es que.... (*Inicia su partida.*)
Chantal: Ellos lo necesitan cerca, Ilich.
Machuca: Mi familia también. (*Sigue avanzando.*)

CHANTAL: Necesitan el Ilich de Lota, Ranquil, Mantos Verdes, Chuquicamata (*toma una hoja como ayudamemoria*) Potrerillos, El Teniente, Pisagua, el Estadio, Chacabuco....
MACHUCA: (*Vuelve al lado de Chantal.*) Está harto bien informada, ¿no?
CHANTAL: (*Rompe la hoja.*) Lo estaba. La gente lo necesita, Ilich.
MACHUCA: (*Duda un momento.*) Sí, creo que sí.
CHANTAL: ¡Bravo! Yo lo acompaño. (*Salen ambos. Apenas han salido entra María Teresa seguida del chofer.*)
ANDRÉS: Ya pues señora, dé la orden pa que abran la reja abajo pa sacar el auto, pues.
MARÍA TERESA: No, José....
ANDRÉS: Andrés, señora.
MARÍA TERESA: ... lo conozco bastante bien. Se espera.
ANDRÉS: Es que no soy na chofer suyo, pues.
MARÍA TERESA: Mi tío dijo que no lo iba a necesitar.
ANDRÉS: Por lo mismo quiero estar un rato tranquilo sin ese viejo pesao.
MARÍA TERESA: Ármese de paciencia, José....
ANDRÉS: Andrés, señora....
MARÍA TERESA: ... porque todavía tengo que hablar con la tipa esa... y deje de seguirme, por favor. No saca nada con andar a la cola mía. (*Sale. Suena el teléfono, atiende Andrés.*)
ANDRÉS: ¿Quién? ¿Somoza? Espérese un rato. (*Comienza a resgistrar los cajones del escritorio*)¿Kamura, dijo? Ah, Somoza. (*Saca varios sobres.*) Maximiliano Somoza, Maximiliano Somoza.... (*Entra Max.*) Oiga, ¿usted conoce a Maximiliano Somoza?
MAX: Maximiliano Somoza Risopatrón.
ANDRÉS: ¡Ah! Claro, Maximiliano Somoza Risopatrón, ¿con quién? ¿lo conoce?
MAX: Sí, soy yo.
ANDRÉS: Un momento, aquí está. Pa' usté.
MAX: Sí, con él. (*Durante este rato el chofer se pone a hurguetear.*) Ah, Alberto. Pensé que ibas a estar aquí temprano.... ¿Dónde? Aquí en tu oficina.... Sí, pero me había olvidado cómo eran los abogados chilenos... ¿Cómo? ¡No es ningún consuelo para mí que los ingenieros sean peores!... Sí, la financiera, el alza del petróleo y la baja en la bolsa.... Claro, pero resulta que cuando se trata de cobrar a fin de mes.... Te necesito, por un lío.... ¿Qué lío? No, hoy es la negociación.... ¿Quién te dijo que estaba metido en un lío? Ah, él... que se lo dijo él... y que andaban los de la.... Ah, no te preocupes, debe ser un error. Bien, te veo luego. (*Corta. Al chofer.*) ¿Y usted?

Andrés: ¿Usted qué?
Max: ¿Qué está buscando?
Andrés: Cualquier cosa importante.
Max: ¿Iván Ilich?
Andrés: Mire, con la otra ya tuve bastante así que llámeme como quiera.
Max: Necesita varios nombres....
Andrés: (*Cabreado.*) Claro, claro....
Max: Así que ya habló con ella.
Andrés: Sí.
Max: ¿Hubo algún inconveniente?
Andrés: Varios.
Max: Pero no habrá puesto marcha atrás, ¿no?
Andrés: ¿Cómo voy a haber puesto marcha atrás, no ve que estoy aquí?
Max: ¿Cuál fue el inconveniente?
Andrés: Es que a mí no me gusta estar encerrado, pues.
Max: Sí, el porcentaje de riesgos podría ser alto. Habíamos pensado que eso tal vez no le importaría dado su currículum. Pero eso se puede arreglar.
Andrés: ¿Cómo?
Max: ¿Cómo? Con plata, por supuesto.
Andrés: Bueno, si usted quiere.
Max: En cuánto usted evalúa las molestias.
Andrés: Bueno, el andar de acá para allá, la incertidumbre, el encierro.... ¿Cuánto cree usted que vale?
Max: Ponga una cifra y así hablamos.
Andrés: ¿Cómo andaríamos con unos mil? (*Entra María Teresa.*)
Max: ¿Dólares o marcos?
María Teresa: No le des un peso a este sinvergüenza, siempre anda sacando provecho de la gente.
Max: Tú conocías a Ivan Ilich.
María Teresa: ¿Iván Ilich? José se llama éste.
Andrés: Andrés, señora.
Max: ¿José?
Andrés: ¡Andrés!
Max: ¿Qué es esto, Iván Ilich?
Andrés: ¡Andrés! No le digo.
María Teresa: Este roto es el chofer del tío Talo.
Max: Cierto, por eso me parecía cara conocida.
María Teresa: Espérame abajo, José.

ANDRÉS: Andrés, señora.
MARÍA TERESA: Mire, déjese de majaderías. Cuando salga conmigo se va a llamar José como todos los chóferes que hemos tenido en la familia. Váyase de una vez, José. (*Chofer sale.*)
MAX: No le reconocí, que raro.
MARÍA TERESA: ¿Qué tiene de raro, lindo? Usted nunca ha sido muy observador. Y como fue educado en el extranjero no se ha dado cuenta de que todos los rotos son iguales.
MAX: Sí, me parece que por primera vez te encuentro razón en algo. Parece que todos los rotos fueran iguales.
MARÍA TERESA: Y las rotas son todas iguales de frescas.
MAX: ¿Cómo?
MARÍA TERESA: ¿Cómo te puedes haber metido con alguien que se llame Chantal Mateluna, qué poco gusto, qué falta de refinamiento.
MAX: ¡María Teresa, hasta cuándo, pues!
MARÍA TERESA: ¿También lo niegas?
MAX: ¡Por supuesto!
MARÍA TERESA: Bien, mayor será el bochorno. Me obligan a traer pruebas concretas. (*Sale raudamente.*)
MAX: María Teresa por favor déjese de…. (*Entra Chantal por la otra puerta.*) Chantal, usted vió "Infierno en la Torre."
CHANTAL: Sí, señor, pero llegué atrasada. ¿Por qué?
MAX: Porque si la vio podrá entender cómo me siento en este instante. Qué le habrá dado a esta mujer justo ahora.
CHANTAL: No se preocupe, cuando hayamos conseguido el lock-out todo se aclarará.
MAX: ¡Si es que lo conseguimos!
CHANTAL: Creo que Iván Ilich ya comenzó su trabajo desquiciador.
MAX: ¿Sí?
CHANTAL: Hay una gran agitación en los talleres.
MAX: ¡No me diga!
CHANTAL: Gente que sale subrepticiamente y vuelve cargada de paquetes….
MAX: ¡Armas!
CHANTAL: Botellas….
MAX: ¡Cocteles Molotov, seguro!
CHANTAL: ¡Nadie trabaja!
MAX: ¡Bravo, viva! ¡Esto tenemos que celebrarlo! (*Va al estante y saca una botella de champagne y dos copas.*)

CHANTAL: Yo esperaría un momento, antes de abrir la botella.
MAX: ¡Después de las noticias que me trajo! ¡Vivan las Ciencias Sociales, Marcuse, Levi-Strauss! (*Entra Bernardino muy colorado y nervioso.*)
BERNARDINO: ¡Don Max, la gente quiere que baje a los talleres! ¡Nadie trabaja! Dicen que nosotros también tenemos que bajar porque se acabaron los doce sindicatos que había, que ahora queda uno sólo!
MAX: ¡Bien, excelente!
BERNARDINO: ¿Llamo a la policía?
MAX: Por ningún motivo, Bernardino. ¡Póngase al lado que le correponde!
BERNARDINO: Yo siempre he estado al lado que me corresponde.
MAX: ¿Cuál es ese lado?
BERNARDINO: El mismo suyo, pues don Max.
MAX: (*A Chantal.*) ¿Por qué no lo adoctrina por favor? No vaya a ser cosa que lo eche todo a perder este huevón.
CHANTAL: ¿Usted nunca se ha sentido explotado, Bernardino?
BERNARDINO: Nunca.
CHANTAL: No ha... no ha.... (*Busca las palabras, Max se acerca a ella.*)
MAX: Lo de los ricos y los pobres.
CHANTAL: Gracias. ¿No ha notado que cada día los ricos son más ricos y los pobres más pobres?
BERNARDINO: ¡No diga esas cosas, señorita! Jamás he notado cosa semejante.
CHANTAL: Escuche Bernardino....
MAX: Basta, Chantal. Estamos perdiendo el tiempo con este pelotudo.¡Ya! ¡Se me queda en su escritorio y no va a ninguna asamblea! (*A Chantal.*) Si va, va a ir a puro cagarla. (*Bernardino lo mira desconcertado.*) ¡Partió el maraco! (*Sale Bernardino. Los dos se largan a reír.*)
CHANTAL: Ahora sí que podemos abrir el champagne. (*Va al estante y saca otra botella.*)
MAX: ¿Cuánto tiempo había que tenernos esperando, según su estudio?
CHANTAL: (*Busca en unos papeles.*) En "Les Usines du Rhone" los estuvieron esperando... veinte minutos.
MAX: ¡Es mucho para Chile, a lo mejor se arrepienten estos rotos cobardes y adiós huelga! ¡Y sin huelga, good bye lock-out!
CHANTAL: (*Saca unos cálculos escritos.*) Sí, es mejor no esperar tanto.
MAX: Debería haberme cambiado de ropa.
CHANTAL: ¿Se le ocurre? ¡Así parece la imagen misma del capitalismo! ¿No tiene el colero?

Max: Desgraciadamente lo dejé en la fiesta. ¡Bien: Strike – Strike, lock-out – lockout, here I come! (*Lo canta y repite el canto con Chantal.*) ¡Chantal, es usted un genio! (*La besa.*) ¡¡Allá voy!! Prepare bien el próximo paso. (*Sale. Chantal se sienta en el escritorio con sus papeles y sus cálculos. Entra María Teresa.*)

María Teresa: (*Está con la mirada fija y camina lentamente.*) ¡Qué espanto!

Chantal: ¡Qué le pasa!

María Teresa: Cómo iba yo a saberlo, también pues.

Chantal: Venga, siéntese. (*La lleva a una silla sin oposición.*) ¿Le doy algo de beber? (*Toma una de las botellas.*)

María Teresa: "Algo de beber" ... Esa parece frase de teleteatro de la tarde. ¿Un trago quiere decir usted? (*Mira la botella.*) Champagne, por ningún motivo. Además es del mismo que tenían en la fiesta.

Chantal: ¿Un whisky?(*Va al estante. Se detiene.*) Me parece que por aquí....

María Teresa: No se preocupe, sé toda la verdad.

Chantal: Sí, lo admito. (*Saca la botella y un vaso.*) Sé perfectamente donde está el whisky, pero no es porque....

María Teresa: Por favor, no me haga sentir más tonta de lo que me siento.

Chantal: (*Le sirve.*) ¿Por qué?

María Teresa: Porque acabo de confirmar que entre usted y Maximiliano....

Chantal: ¡Señora, no va a seguir con eso!

María Teresa: No hay nada, nada, nada, nada. (*Va repitiendo y disminuyendo de volumen.*) Nada, nada (*cambiando de idioma*) rien, nothing, niente....

Chantal: ¿Y eso es lo que la tiene deprimida?

María Teresa: ¿Cómo se dice nada en portugués?

Chantal: No sé.

María Teresa: Sí, eso es lo que la deprime.

Chantal: ¿Que su marido no la engañe?

María Teresa: Le parece poco lo que gasté en detectives privados, para que me hicieran un informe día por día (*saca de la cartera una montonera de hojas a máquina y se las pasa*) y todo parecía inculparlos, hasta que los rotos esos descubren a última hora que se trata de una simple sospecha.

Chantal: ¡Mejor para usted entonces!

María Teresa: ¿Y las indemnizaciones que pensaba pedir? El viaje a Europa no me importa tanto porque aquí se encuentra todo lo que una pueda comprar allá y mucho más barato. ¿Pero, y la cura de sueño con el doctor Wilinsky en Viena, con qué cara la cancelo? Y la Monona Vial que se quedó con los crespos hechos y la.... (*Chantal está aguantando la risa.*) ¿Y a usted le producen risa todas esas desgracias?

CHANTAL: Perdóneme señora, es que usted también andaba detrás....
MARÍA TERESA: ¿Detrás de qué?
CHANTAL: Detrás de su propio lock-out.
MARÍA TERESA: ¿Cómo? (*Aparece Max lleno de serpentinas y challas en la cabeza. Entra reteniendo su furia. A la pasada le saca el vaso de la mano a María Teresa.*)
MAX: Gracias, lo necesitaba. (*Se sienta y bebe abatido.*)
CHANTAL: ¿Qué pasó?
MAX: ¡¡Pasó que me saca de aquí todas sus porquerías de Marcuse, Levy-Strauss y todas sus porquerías y no quiero verla más por aquí!!
CHANTAL: ¿Hubo algún problema?
MAX: ¡No! ¡¡Ninguno!! ¡¡Absolutamente ninguno!! ¡Así que puede irse metiendo "Les Usines du Rhone" por donde mejor le quepan! Me tenían preparada una fiesta de camaradería. ¡Un agasajo de confraternidad antes de tratar la negociación colectiva!
CHANTAL: Pero eso es conciliación de clases.
MAX: ¡¡Qué!!
CHANTAL: Así se llama.
MAX: ¡¡Para mí tiene un sólo nombre: la ruina!!
CHANTAL: Pero Ilich....
MAX: ¡Era el alma de la fiesta! ¡Organizó un coro que cantó "La cucaracha" y "El barrilito"!
MARÍA TERESA: ¡Qué ordinariez más grande!
CHANTAL: Así es que nada.
MAX: Nada. Hasta tuvieron la desfachatez de pedirme la cuota para el asado. ¡Y querían que bailara cueca con la reina de la negociación! ¡Yo, bailando cueca! Con la reina de la negociación.
MARÍA TERESA: ¡Qué atroz!
MAX: A disaster, a complete disaster! (*A María Teresa.*) Give me another drink, please, darling. (*Ella lo hace. Entra el hombre del impermeable.*)
HOMBRE: Maximiliano Somoza.
MAX: (*Se vuelve.*) Yes! (*El hombre va donde él.*)
HOMBRE: Come with me, please. (*Le pone un par de esposas.*)
MAX: ¡Qué le pasa hombre!
HOMBRE: Take it easy, si no querís irte de fleta. (*Lo saca rápidamente de la oficina. Las dos mujeres se quedan paralojizadas.*)
MARÍA TERESA: ¡Lo que faltaba, un secuestro! Estamos tan de mala este último tiempo, nos van a sacar un ojo de la cara con el rescate. Con tal que no le saquen una oreja y la manden por correo. Con esas tremendas orejas que tienen los Somoza Risopatrón, ¡Qué plancha!

CHANTAL: Todo esto parece una pesadilla o una broma de mal gusto.
MARÍA TERESA: Eso mismo les dije yo a los detectives privados cuando me entregaron este informe. (*Chantal toma el informe.*)
CHANTAL: ¿Por qué?
MARÍA TERESA: Porque no querían seguir adelante. "Ya no nos corresponde a nosotros," dijeron. Y lo más macabro es que le entregaba el caso a una mujer, a una tía, supongo.
CHANTAL: ¿A una tía?
MARÍA TERESA: Sí, ahí en el informe está, una tal Ernestina, o Armandina.
CHANTAL: ¿Armandina? (*Lee.*) No habiéndose comprobado indicios de adulterio pero sí claras manifestaciones de conductas contra… hemos decidido entregar el caso a la…. (*Sale de la oficina corriendo.*) ¡Don Maxililiano! ¡Don Max! ¡Max! ¡Esperen! (*María Teresa queda sola. Aparece un hombre con abrigo y un maletín.*)
HOMBRE: ¡Se acabó! ¡Sí, sí, se acabó!
MARÍA TERESA: No tiene para qué ponerse nervioso.
HOMBRE: ¿Que no?
MARÍA TERESA: ¿Usted viene a cobrar el rescate?
HOMBRE: ¿Qué rescate señora? (*Se saca el abrigo y está con las manguillas, o sea es Bernardino.*) Soy Bernardino.
MARÍA TERESA: ¿No digo yo que todos los rotos son iguales?
BERNARDINO: Yo soy distinto, señora, por eso me voy. No puedo seguir aquí. La fábrica está sin cabeza. Los rotos están cantando abajo.
MARÍA TERESA: ¡No!
BERNARDINO: Siempre es igual, primero empiezan los cantos y después…. (*Suenan dos disparos.*) Qué le dije. ¡Se alzaron!
MARÍA TERESA: ¡¡Se alzaron!! (*Ambos levantan las manos y se vuelven a la puerta.*)
BERNARDINO: ¡No nos maten! ¡Nos rendimos! (*No hay nadie.*)
MARÍA TERESA: Mire en el suelo, Bernardino, parece que fue el champagne. (*Bernardino recoge los corchos y sube las dos botellas a la mesa.*)
BERNARDINO: ¿Se sirve un poquito, señora?
MARÍA TERESA: No, mire. Sírvame un poquito de whisky. (*Bernardino toma la botella de whisky.*)
BERNARDINO: No queda nada, señora. (*María Teresa se acerca a Bernardino.*)
MARÍA TERESA: En ese caso deme un poquito de champagne, Bernardino.
BERNARDINO: Como usted diga, señora. (*Le sirve. Se quedan inmóviles escuchando un coro cercano que canta "La cucaracha."*)

FIN

Cuestión de ubicación

Cuartucho de tablas con piso de tierra. El mobiliario se reduce a un camastro, un camarote de dos literas, una mesa debilucha, una cómoda y algunas sillas. Sobre un cajón, un equipo modular; colgada de cualquier parte una radio-cassette. Sábado después de mediodía. Elizabeth arregla una polera sobre la mesa. Su hermano, Cristián, manipula el equipo.

ELIZABETH: Ya po, apúrate pa escuchar algo; si no voy a poner mi radio.

CRISTIÁN: Es que no sé qué le pasó al balance, ¿no cachaste que este parlante (*señala*) tiene un ruido raro. (*Manipula.*)

ELIZABETH: A lo mejor quedó chicharriento aonde regaste mucho aquí; ¿no vis que a la corriente le pasa no sé qué cuestión con el agua? Déjalo así no más, mejor; después lo podís echar a perder y mi papá arma el tremendo cagüín.

CRISTIÁN: Chis, ¿qué tiene que armar cagüín él? Pa eso es mío po.

ELIZABETH: Aquí no hay ná tuyo. Too es de toos.

CRISTIÁN: ¿Y cómo voh te acobranaste con la radio casé?

ELIZABETH: Mi papá dijo que'ra pa mí. Yo tengo que'star encerrá aquí too el día haciendo las cosas. Y soy enferma po, ¿que no sabís?

CRISTIÁN: Vivaracha soy, no enferma; con la barreta de que no podís pasar rabias hacís lo que querís. Ahora te dio por andar con un torrante.

ELIZABETH: ¡El Genaro no es torrante!

CRISTIÁN: Ah, no, si es un ejecutío jóven; seguro que los sacos que anda trayendo al hombro los usa de James Bond.

ELIZABETH: ¡No te's tis riendo de'l; ya te dijo mi papá que yo no podía pasar rabias…! Ahora es cargaor no má, pero el dueño di una pilastra ya le dijo que lo ía a dejarlo a él a cargo cuando se arreglara un poco la cuestión.

CRISTIÁN: ¿Y quién va a entrar a comprarle algo, si hasta las moscas hacen arcás cuando lo ven? (*Yendo rápidamente hacia ella.*) No, no, son bromas no más; no te vaya a dar la cuestión de los desmayos y los viejos carguen conmigo después. (*Rascándose la cabeza.*) Güeno, ¿voh tenís anemia o's tai cagá de los pulmones?

ELIZABETH: No sé po; el viejo del seguro dijo que'staba desnutría, pero mi mamá dijo que cuando termináramos de pagar la tele íamos a ir donde un doctor güeno…. Pucha, pero ahora se jueron a meter en esa otra….

CRISTIAN: Es que los hace falta una a color; las en blanco y negro tan muy trillás ya.

ELIZABETH: (*Sin convicción.*) Claro.

CRISTIÁN: (*Volviendo a su equipo.*) Pucha, qué tendrá esta cuestión oh.... ¿Tará cerrao el taller de la otra cuadra? ¿Por qué no le vai a decir al Renato que venga un poco?
ELIZABETH: Chis, córrete; ese es más lanzao que un peñascazo; primero tira el agarrón y después pregunta qué querís.
CRISTIÁN: (*Serio.*) ¿Ti'ha hecho algo?
ELIZABETH: No, a mí no, pero sé como es. (*Volviendo a ponerse a coser.*) Y yo'stoy ocupá; tengo que terminar de arreglar mi polera de la onda disco pa antes de las cuatro, porque como el Genaro le acarrea los bultos al dueño de la Disco Legua's Star, los convidó porque juéramos a dar una güelta p'allá después del tiatro.
CRISTIÁN: ¿O sea que'testai haciendo una d'esas cuestiones amarrás al lao?
ELIZABETH: Claro po, si esa es la moa ahora; las poleras rayás. En la Disco Jolivú las presentaron la otra vé; púee ir con chor o con bluyín. ¿Pero yo's toi muy flaca pa ponerme chor, no cierto?
CRISTIÁN: Claro. Te parecríai a esas escobas que se quiebran y las viejas las amarran con un trapo. (*Se queda mirando la polera.*) ¿A ver?... ¿Qué's lo que hiciste? (*La toma.*) ¡Puta, m'hiciste tira la camiseta del Clú!
ELIZABETH: ¡Tenía que ponerle rayas po, si no tenía ninguna polera rayá! ¿Cómo voy a ir a bailar Grí vestía de otra manera? ¡tengo que ir con la moa Disco color po! ¿querís que las demás se rían de mí?
CRISTIÁN: ¡Pero es que la camiseta no es ná mía, es del Clú!
ELIZABETH: (*Gritando.*) ¡No me hagai pasar rabia; te voy a acusar a mi papá que te llevaste gritándome toda la mañana, te voy a acusar! (*Jadea.*)
CRISTIÁN: Déjate de gritar, loca e mierda, yo no t'hecho ná. Pero esto no va a quedar así....
ELIZABETH: Claro que no va a quedar así po: tengo que ponerle la insignia todavía.
CRISTIÁN: ¿Ah sí? ¿Insignia le vai a ponerle? Espérate que lleguen los viejos no más, ahí vamos a hablar. Y no le hagai ninguna lesera más a esa porquería; te ponís a hacer almuerzo al tiro.
ELIZABETH: Y te voy acusarte que me llevai diciendo flaca a cáa rato; ¿cómo yo no te digo ná que voh parecís humita de zapallo?
CRISTIÁN: No, si eso ya pasó ya; después lo vamos a arreglar. Ponte a hacer almuerzo no más.
ELIZABETH: No hay ná; mi mamá dijo qui'ba a traer el arró.
CRISTIÁN: Qué van a traer si van a venir ocupaos con la tele. Hácete cualquier cosa por mientras, tengo pura hambre.

Elizabeth: Yo también tengo hambre, parece que tuviera un núo en el estómago; pero lo único que quea es un poco e té.
Cristián: Noo, córrete, el té lava más las tripas. Ya parecimos chinos, cuando no es arró es té. ¡Yo quiero comerme un bisté, un bisté como los que se come la vieja del lao!
Elizabeth: Qué si's tan comiendo carne porque un camión les atropelló el caballo no más.
Cristián: ¡Pero comen a cada rato!
Elizabeth: Tienen que comérselo luego pa que no se les pudra po.
Cristián: Podría irse pa otro lao el olorcito…. Pa mí que'sta vieja ta soplando con un carton p'acá. (*Oliendo.*) Puta, y parece que l'echó ajito….
Elizabeth: ¡No hablís más de comía! Arregla luego esa cuestión pa escuchar un poco de música…. Voh almorzai en la pega, mi mamá almuerza en la pega; mi papá también…. ¿Y yo?
Cristián: No, si desde que subió el dólar que no púe almorzar más, ¿no vis que me subieron al tiro las letras del equipo? Y pa más recacha ahora no hay pega los sábados…. (*Escuchando.*) ¿Sentís? Parece que llegaron los viejos.
Elizabeth: (*Prestando atención.*) ¡Claro, es un auto! (*Corre hacia afuera. Regresa agitada.*) ¡Traen la tele, traen la tele, ven a ayudar! (*Cristián sale apresuradamente. Entran con Domitila y Emeterio. Los dos hombres cargan la tele.*)
Emeterio: Ya, dejémosla arriba de la mesa por mientras.
Cristián: No, es muy debilucha, se púee quebrar; pongámosla en el suelo.
Elizabeth: ¿Y si le cae tierra? El Cristián regó en la mañana, pero ya se secó.
Emeterio: Sí po, la Elizabeth tiene razón.
Domitila: Pero no va a's tar ahí too el día.
Cristián: Coloquémosla arriba de la cama un resto, pa descansar.
Domitila: No, ahí si que no, vos sabís como ha pasao le Eli estos días, tiene que llevarse tendiendo.
Emeterio: ¡Güeno, que alguien desocupe la cómoda entonces!
Cristián: No cabe, es muy angosta. ¡Dejémosla en el suelo no má!
Emeterio: ¿Querís dejarte de gritar? (*A Domitila.*) Junta dos sillas.
Domitila: Las sillas tienen las patas malas, es más peligroso que ponerla arriba de la mesa.
Cristián: Pucha, ¿sae qué más? Coloquémosla ahí no más, ya'stoi cabriao.
Emeterio: ¿No t'he dicho que hay que tener una sola palabra? Dijiste que se podía caer; ya's ta güeno que aprendai a defender tus convicciones ¡No se pone en la mesa aunque tengamos que'starla sujetando un año! (*A Elizabeth.*)

¡Ayúa de ahí! (*A Domitila.*) ¡Y tú agarra del otro lao! (*Quedan los cuatro sosteniendo la tele.*)
DOMITILA: ¿Y qué hacimos ahora?
EMETERIO: Sujetarla, po.
ELIZABETH: El Cristián tenía razón cuando dijo que la dejáramos en el suelo; yo no pueo hacer juerza.
DOMITILA: Claro po, Emeterio, la Eli está enferma.
CRISTIÁN: Sí po, no poímos tar así too el día.
EMETERIO: ¡Sujeta!
ELIZABETH: Era que hubiéramos comprao una mesa primero.
CRISTIÁN: O podían haberla traío con la caja.
DOMITILA: No seai tonto, cómo la íamos a traer con la caja; teníamos que darle una lección a la vieja Rosa, que se cree tan superimportante porque se sacó una porquería de catorce pulgás en un concurso. Cuando me llamó pa mostrármela decía que tenía gabinete acústico, sintonía con memoria y too eso; le había borrao la marca, pero yo caché altiro que'ra una "Teco" desechable; o sea más malas todavía que las Samsung y las Kolín, ¿no vís que las "Teco" son corianas y como Corea tiene menos habitantes que Hong Kong, saben menos de hacer televisiones? Pero parece que la vieja los había sentío hablar cuando los juimos esta mañana, así que no quería salir; si no es porque los cabros le pegan el pelotazo a la ventana, todavía taríamos en el taxi esperando que se asomara. ¿Envidiosa la vieja guevona, ah?
ELIZABETH: Oiga poh mamá, ya's toi cansá. Y me van a venir a buscar pa ir al tiatro … ¿y si pusiéramos diarios en el suelo pa dejarla mientras le buscamos lao?
CRISTIÁN: (*Cansado.*) Justo.... Ahí sí que le atinaste.
DOMITILA: ¿Güeno, Emeterio?
EMETERIO: Sí, la idea es güena, pero tenimos que caminar con cuidao pa no levantar polvo. (*A Elizabeth.*) Ya, anda a buscar diarios.
ELIZABETH: (*Suelta. Se pone a buscar.*) Pucha, no hay. De veras que los vendimos tóos.
EMETERIO: ¿Y el de ahora? ¿Que no vinieron a dejar El Mercurio?
CRISTIÁN: Sí vinieron, es que no teníamos pa dejarlo.
DOMITILA: Trae cualquier cosa, ¿querís? Ya se m'están durmiendo los deos. (*Señalando con la cabeza.*) Trae ese mismo trapo no má.
ELIZABETH: ¡Es mi polera!
CRISTIÁN: ¡M'hizo tira la camiseta del Clú pa hacerse esa cuestión…! (*A Emeterio.*) ¡Guarde que se le está soltando!
DOMITILA: ¡Pone eso no má oh! ¿no vis que se los puée caer?

ELIZABETH: ¡Pero es que yo tengo que salir!
EMETERIO: (*A gritos.*) ¿No te'stán diciendo que la pongái?
DOMITILA: ¡Sujétenlo, sujétenlo!
CRISTIÁN: ¡Apúrate po! (*Elizabeth estira la polera en el suelo a regañadientes. Dejan cuidadosamente la tele encima. Se sientan en cualquier parte, agotados.*)
ELIZABETH: (*Mirándola desconsoladamente.*) Se va a ensuciar toa, se v'arrugar....
CRISTIÁN: Chitas la cuestión pa pesá.
DOMITILA: Es que es a color.
EMETERIO: (*Acezante.*) Claro, eso debe ser.
CRISTIÁN: No, si no es ná eso, lo que pasa es que'stamos fallos al caldo.
DOMITILA: (*Quedo.*) ¡No hablís tan fuerte que te pueden oir! (*A Elizabeth, casi gritando.*) ¡Eli ve si el pollo está bien dorado!
ELIZABETH: (*Mirando la polera.*) ¿Qué pollo?
DOMITILA: (*Quedo*) Mi's que será bien.... (*Se levanta, toma la tetera. Saliendo.*) ¿Pa qué me trajiste pan de molde? ¿Que no sabís que a tu padre le produce vinagrera?
CRISTIÁN: (*A Emeterio.*) ¿Lo conoce? Yo lo he visto en las puras vitrinas. (*Se queda pensando.*) ¿Salió con la tetera? (*Se pega en la frente.*) ¡Chucha, otra vez va a hacer té!
ELIZABETH: (*Por la polera.*) ¿A qué hora la vamo a sacar? El Genaro....
EMETERIO: ¿Qué Genaro? ¿El cargador? ¡Ya te dije que no quería extremistas en mi familia!
ELIZABETH: ¡Pero si él no ha ío nunca a la iglesia!
EMETERIO: Yo lo ví, lo ví con mis propios ojos cuando'staban preparando la cuestión del boicó, andaba con bandera y too.
CRISTIÁN: Nosotros también andábamos con bandera, pero la de nosotros era la que valía.
ELIZABETH: ¿Por qué la d'él era de papel? Pero era una bandera chilena también: son iguales.
CRISTIÁN: Claro, si las banderas son iguales, pero lo que cambia son las personas; o sea el moo de usarlas, ¿no cierto papá?
ELIZABETH: ¿Güeno y voh qué tenís que meterte?... Tai picao porque t'hice tira la camiseta.
EMETERIO: No, el Cristián tiene razón, esa vez tu famoso Genaro taba gritando mucho más atrás; o sea que estaba protestando contra los que protestábamos por el boicó.
DOMITILA: (*Entrando rápidamente.*) Si no, Emeterio, lo que pasó jué que detrás de nosotros llegó un tremendo lote a gritar a favor del boicó.

ELIZABETH: Claro, si esa vez él llegó atrasao, por eso se perdió el boicó.
EMETERIO: ¿Y por qué apretó cueva cuando llegaron los pacos?... Yo tengo muchas dudas con ese Genaro.... (*Piensa.*) A ver, ¿qué música le gusta?
ELIZABETH: ¿Qué música? El Brí po, qué música le va a gustar.
CRISTIÁN: Ah, ¿no vís como te caíste? El Brí se baila, no se canta ná con la mano en alto así como's taba él.
DOMITILA: ¿No seai pollerúo, querís? No te metai cuando tu padre'sté diciéndole algo a tu hermana.
EMETERIO: Nosotros, los que no los metimos en política somos los que producimos, los únicos que l'estamos poniendo el hombro pa reconstruir el país.
ELIZABETH: Chis, ¿y quién le va a poner el hombro más que'l, que's cargaor?
DOMITILA: No le discutai a tu padre, oye; él sabe muy bien lo que dice.
EMETERIO: No, déjala que discuta no más, pa ir aclarándole las dudas, a veces es güeno tener una conversación así, pa que después no les metan el deo en la boca; el tal Genaro será cargaor, mijita, pero no'stá ubicao donde le corresponde, no se sabe ubicar bien dentro del contesto histórico; es intrínsecamente perverso.
ELIZABETH: Oiga, no, po papá, ¿cómo va a ser eso que dijo? Él me quiere.
CRISTIÁN: ¿Qué le dijo? No cacho ná.
EMETERIO: (*Orgulloso de sus conocimientos.*) Intrínsicamente perverso.
CRISTIÁN: Ah, ¿y qué's eso?
EMETERIO: (*Ganando tiempo.*) ¿Ah?... ¿Qué's lo que's intrínsicamente perverso?
DOMITILA: (*A Cristián.*) Los que están contra él po, si lo dijo bien claro tu padre.
EMETERIO: Güeno, yo no quiero política aquí. (*A Elizabeth.*) Además que voh, de cabra chica que's tai acostumbrá a tener radio, tele y toas esas comodidades; y él no va a venir a dártelas, ya se ve que le interesan más otras cosas.
DOMITILA: Sí po, Eli, ahora que te vio enferma en vez de convidarte a bailar poía haberte dicho si necesitabai algo; esas son las cosas que tenís que ir viendo.
CRISTIÁN: Güeno, solucionemos el problema de la tele pa que podamos almorzar alguna vez, po. (*Se acerca al televisor.*) ¿Aónde lo vamos a poner?
EMETERIO: (*Señalándola.*) Eso tiene que verlo tu madre, aquí todos tenemos una tarea. Ya t'he dicho que organizando bien la familia primero, vamo a poder organizar bien el país después; porque un padre que no piensa bien las cosas es igual que un presidente que no piensa bien las cosas; y pensar bien es hacer primero lo que hay que hacer primero.
CRISTIÁN: O sea ponerse metas y irlas cumpliendo.

EMETERIO: No, metas no, las metas son pa los puros caballos, lo que uno tiene que acomodar primero son los plazos, fijarse un objetivo.
CRISTIÁN: ¿La otra vez no me había dicho que era al revés la cuestión? ¿O sea que importaban las metas y no los plazos?
DOMITILA: ¡Ya te dijo tu padre que no quería política aquí!
ELIZABETH: Claro, ya's ta güeno que se cabreen con eso. ¿Vamos a tomar té o no?
CRISTIÁN: Chis, cómo vamos a tomar té otra vez. ¿Que ustedes no iban a traer cuestiones pa hacer almuerzo?
DOMITILA: No los alcanzó pa pasar a la feria, así que vamo a tener que apretarlos un poco. Hay que asegurar las letras primero pa poer tener güen crédito.
CRISTIÁN: (*Olfateando.*) ¿Sienten?
DOMITILA: (*Haciendo lo mismo.*) ¿Qué?
ELIZABETH: (*Acercándose a la pared, olfateando.*) ¡La vieja Rosa ta friendo carne!
EMETERIO: (*Rápidamente.*) Güeno, vieja, ¿aónde habís pensao poner el televisor?
DOMITILA: No sé po. ¿Por qué no cabrá encima de la cómoda, cuando los otros que'mos tenío cabían lo más bien?
EMETERIO: Es qu'el primero era chico, y el que vendimos pa dar el pie d'este era de 17 no má. (*Elizabeth se soba el estómago, se toca la cabeza.*)
CRISTIÁN: (*A Emeterio.*) Oiga, a este trátelo con más cuidado, al otro l'echó a perder usté el selestor, por eso los dieron tan poco.
EMETERIO: ¿Cómo que lo eché a perder yo? ¿Así que no sé usar un televisor?
DOMITILA: Parece que el jueves, cuando dijeron que los Sandinistas tenían acorralado a Somoza, lo apagaste muy juerte. (*Mirando a Elizabeth.*) ¿Qué te pasa? (*Se acerca a ella.*)
EMETERIO: No la apagué juerte, lo que pasa es que las mentiras que vienen de ajuera por el satélite, me ponen furioso. El cono sur....
CRISTIÁN: ¿El cono sur? Parece que Somoza está pa otro lao.
EMETERIO: Claro que sé qu' está pa otro lao. Pero cuando en un cajón se pudre una manzana....
CRISTIÁN: No la embarre po, no hable de comía ¿no ve que las tripas me empiezan a zapatiar al tiro?
EMETERIO: ¡Déjame hablar! Te digo que cuando una manzana se pudre, pudre a toas las demás; eso es lo que quiero que entendai.
DOMITILA: (*Tocándole la frente a Elizabeth.*) Parece que tiene fiebre.
CRISTIÁN: No, tiene hambre. El olor de la carne que's ta friendo la vieja del lao a mí también me dejó medio mariao. (*Pausa.*) Hace como dos semanas que tengo pesadillas con un bisté. Es grande, jugocito; viene a golpiar y cuando le abro la puerta, se ríe y sale corriendo, a veces viene acompañao de unas

papas dorás así.... Pucha, y yo lo sigo y lo sigo toa la noche.... Por eso cáa día toi más cansao y hambriento. (*Cerrando los ojos.*) Pero cuando lo pille lo voy a cortar por la mitá de un mordisco. Chis, si esta cuestión (*se toma el estómago*) es puro grupo no más; toi hinchao de puro pan; ya tengo las carretillas gastá de tanto masticar marraquetas. Pero pal reajuste....

DOMITILA: ¡No hablís más de comía oh! (*Llevando a Elizabeth hacia la cama.*) Ven, tiéndete un rato.

ELIZABETH: ¿Y mi polera? Tengo que ir a la "Disco Legua's Star" con el Genaro; ayer tuvimos ensayando el último paso de Brí que dieron por la tele....

EMETERIO: ¡Ya te dije que no quería desclasaos en mi familia!

DOMITILA: Déjala tranquila ahora, ya vamo a conversar d'eso.

ELIZABETH: Me prometió que él ía a ir con una camisa de manga corta, con un bluyín prelavao que su hermano se compró en el "Niú y almo nií."

CRISTIÁN: ¿Adónde?

DOMITILA: En el Niúu almos niúu po. (*New, almost new.*)

CRISTIÁN: Ah, ahí donde 'stan las estrellas, sí sí he visto; pero es importao el puro nombre no má po; pa llenar de ropa toos los locales que se han abierto tendrían que andar toos los gringos en pelota. (*Se para, se acerca a la tele.*) Güeno, enchufémosla.

EMETERIO: ¡Cómo la vai a enchufar en el suelo, hombre!

DOMITILA: Oye, Cristián, ¿por qué no vai a ver si hirbió la tetera? No le vaya a dar enfriamiento a esta niñita otra vez.

EMETERIO: Tápala bien, porque dijeron que podía quear tullía.

DOMITILA: Sí, aquí me voy a quedar cuidándola.

CRISTIÁN: (*Examinándola.*) Pucha, ¿sae qué más? Esta tele no tiene hoyo pa enchufar el Beta Max.

EMETERIO: (*Acercándose a ver.*) ¿Video-cassette? (*Hurgando.*) Tiene que tener.

CRISTIÁN: No, no video casé; Beta Max, otra cuestión más moderna que salió.

DOMITILA: ¿En serio que no tiene?

ELIZABETH: Que no me pisen la polera, dígales que no me vayan a sacar las guardas que le puse. Las tengo hilvanás no más.

DOMITILA: No, si no la's tan pisando. (*Se acerca a ellos.*) ¿Qué's lo que le falta? Oye Emeterio, tenimos que ir a reclamar al tiro.

EMETERIO: Ya's tá cerrao, los sábados no trabajan en la tarde. Pero no, esta'stá puro escapando, cómo le va a faltar algo si es importá, no iban a ponerse a traer cuestiones juleras. (*Señala.*) ¿No vís que ahí dice clarito: "Made in Hong Kong"? Y encima trae el sello, qué más legítima querís que sea.

DOMITILA: ¿Y cómo este dice que le falta algo?

CRISTIÁN: No, si a lo mejor ta por ahí el hoyo, veámola bien primero.
DOMITILA: Yo creo que lo mejor es que la probemos.
CRISTIÁN: No sacamos ná. Si el Beta max es una cuestión que viene aparte.
EMETERIO: ¿O sea que no los dieron eso?
CRISTIÁN: Es aparte, hay que comprarlo aparte; pero vale como tres veces más qu'el televisor.
DOMITILA: ¡Allá no los dieron ninguna cosa! (*A Emeterio.*) ¿No vis? Yo te decía que revisáramos bien.
EMETERIO: Entiende po, eso lo tenimos que comprar aparte, es pa otra cosa.
DOMITILA: ¿Pa qué?
EMETERIO: (*A Cristián.*) ¿Pa qué es?
CRISTIÁN: Es un aparato pa ver películas que vienen en cassete.
EMETERIO: Video-casete po, ¿No t'estaba diciendo?
CRISTIÁN: No po, es otra cosa, esto es distinto.
DOMITILA: Güeno, ¿pero la tele sirve o no sirve sin esa cuestión?
CRISTIÁN: Claro, si no tiene ná que ver.
DOMITILA: ¿Y entonces, cómo decís que le falta eso? No, esta cuestión tenimos que probarla al tiro.
EMETERIO: ¿Y aónde la vamos a poner?
ELIZABETH: (*Débil.*) Mamá po, cuándo vamo a tomar té.
DOMITILA: Espérese pues, mijita, ¿no ve que tenimos que ver aonde vamo a poner el televisor?
CRISTIÁN: Yo creo que lo vamos a tener que dejar aquí mismo no más.
EMETERIO: ¡Cómo vamos a tener un televisor a color en el suelo! ¡Piensa bien en lo que tai diciendo!
CRISTIÁN: Es que no hay otra parte, si no tendríamos que afirmar la mesa con unas tablas.
DOMITILA: Quedaría muy ordinaria, y además no podríamos verla mientras comimos.
EMETERIO: (*Se rasca la cabeza.*) Pucha, qué podríamos hacer entonces. Este es un problema de ubicación.
CRISTIÁN: Y como no tenimos ubicación estamos sonaos.
DOMITILA: Déjate de leseras ¿querís? Voh sabís que a mí no me gusta la chacota.
CRISTIÁN: No, si yo lo digo en serio, no hay lao.
EMETERIO: ¿Por qué no se quedan callados? Tenimos que solucionar este problema como sea.
ELIZABETH: Mamá... Mamá....
DOMITILA: (*Pensativa*) ¿Qué?

Elizabeth: Dígale a Genaro, que yo....
Emeterio: ¡Ya sé lo que vamos a hacer!
Elizabeth: ... ¡No'staba enojá con él!
Cristián: ¿Qué dice? ¿Qué dice la Eli?
Domitila: (*Hacia Elizabeth.*) Ya voy. (*A Emeterio.*) ¿Qué pensaste?
Emeterio: En vez de ponerle las tablas a la mesa, hagámosle un agregao a la cómoda, y así no los queamos sin tener aónde comer; total es por unos días no más. (*A Domitila.*) Desocupa un par d'esos cajones que tenía en la cocina.
Cristián: (*Tomándolo sorpresivamente de un brazo.*) ¿A ver?
Emeterio: (*Extrañado.*) ¿Qué?
Cristián: (*Mirándolo fijamente.*) ¿Qué tiene en la cara?
Emeterio: (*Cortado.*) ¿En la cara? (*Se pasa la mano.*) N'a, qué voy a tener.
Domitila: (*Mirándolo.*) ¿Aónde?
Cristián: Ahí al lao de la boca.
Domitila: (*Limpiándole.*) No tiene na, no tiene ninguna cosa.
Cristián: (*Acercándose más a él.*) Recién me vengo a pegar la cachá. ¿A ver? écheme el aliento.
Emeterio: (*Retrocediendo.*) Déjate de tonterías, ¿querís? (*Señalando el televisor.*) Tenimos que....
Cristián: ¡Pasaron a servirse un rober al Burger!
Domitila: ¿Qué te pasa a voh? ¿Por qué decís eso como si juera un crímen? (*Absurdamente violenta.*) ¡Qué te habís imaginao, moco...!
Emeterio: (*Atajándola.*) No.... Él tiene razón, Domitila, jué malo lo que hicimos, hay que tener sentido de la autocrítica, hay que andar siempre con la verdá.
Domitila: ¿Por qué va a ser malo comerse un especial? Los queó un resto y le dije al viejo que me convidara. Hacía tanto tiempo que no andábamos juntos.
Emeterio: Claro, los alcanzó pa un puro especial en el Bahamondes; qué íbamos a ir al Burger, si teníamos que dejar pal auto.
Domitila: Túo güeno.... O sea, no el especial, tar ahí los dos, eso era lo güeno ¿entendís? Yo tenía un poco de pena; no sé po. ¿Por qué cambiarán tanto las cuestiones? Antes el tiempo era como calmao, como juguetón así; ahora parece un animal que va a saltar encima di'una. ¿Te acordai que cuando pololiábamos íamos al tiatro toas las semanas y después los metíamos a bailar en alguna quinta. Y cuando nacieron los cabros íamos con ellos p'al parque o p'al cerro; yo no pensaba trabajar toavía, porque no habían salío toos estos adelantos (*señala los artefactos*) con lo que voh ganabai los alcanzaba demás. ¿Te acordái que los pasábamos riendo? ¿De que los reíamos tanto?

No mi'acuerdo.... No los ha pasao ninguna desgracia, pero di a poco los juimos olvidando de reírlos.

EMETERIO: No llorís por el pasao Domitila; ya no somos jóvenes pero tenimos too lo que hay que tener.

DOMITILA: No, si jué un rato no más. Después cuando pensé en lo que habíamos ío hacer me entré a conformar. Me hubiera gustao que alguien los hubiera preguntao a toos los que'stábamos ahí, que'stábamos, pa poer decirle que nosotros habíamos ío a buscar una tele a color. ¿Vos creís que alguno d'esos que'staban en el Bahamondes tenía tele a color? No, po, ninguno.

CRISTIÁN: Igual que allá en la fábrica, ¿quién va tener un equipo d'esos. (*Lo señala*) Yo creo que ni los futres; este es un "Payoner" po.

EMETERIO: Eso es pa que veai que no somos cualquier cosa. Y en cuanto llevemos unas pocas letras d'este (*el televisor*) los vamos a meter al tiro en esa cuestión que dijiste, pa tener too diun viaje.

DOMITILA: Pucha, lo que a mí me gustaría tener es uno d'esos refrigeradores que dicen en la tele que's el más premiao y vendío de Europa. Tienen too independiente, o sea que voh ponís la carne en un lao, la verdura en otro, la fruta en otro y así, too aparte. Y esos con friser incorporao y selestor automático de temperatura, así que no tenís na que'star esperando; el hielo sale al tiro, y voh ni lo tocai, porque viene por una canal así y cae al vaso. Valen $72.424 pesos, pero los entregan con 2.427 de pie y 68 letras de 2.000.

EMETERIO: ¿Ta bien, ah? Las letras de 2.000 ni se sienten. Pero tenimos que completar la línea electrónica primero.

CRISTIÁN: Güeno, ¿y no los íamos a poner acomodar esta cuestión?

EMETERIO: Ah, claro; pongámoslo a trabajar al tiro mejor pa prenderla di una vez.

CRISTIÁN: ¿Y si almorzáramos primero? Quizás qui'ora es ya.

DOMITILA: No, voh me dejaste cachúa con esa cuestión de que le faltaba el hoyo pal Beta max; veamos eso primero (*Lo empuja.*) Ya, vamo a desocupar los cajones. (*Salen.*)

EMETERIO: (*A Elizabeth.*) Oye, ¿aónde's tará ese tarro con clavos que tenía?

ELIZABETH: ¿Ah? ¿Tarro?

EMETERIO: (*Acercándose a ella.*) ¿Qué tenís? ¿Te duele algo?

ELIZABETH: No, tengo frío... pero en algunas partes tengo calor así. Parece que m'estuviera cayendo, pero cayendo por dentro. No quiero dormir.... No quiero caerme....

EMETERIO: ¿Cómo te vai a caer si's tai acostá? Esa debe ser debilidá. Deja que acomodemos el televisor y vamos a tomar té al tiro. (*Entran Domitila y Cristián con los cajones.*)

Domitila: ¿Estos decíai voh?
Emeterio: (*Yendo a tomar una.*) Claro, pero los vamos a tener que hacer tira.
Elizabeth: No quiero dormirme, el Genaro dijo que los íamos a juntar a las cuatro; va a creer que'stoi enojá con él....
Domitila: Tenís que hacer como una repisa así.
Cristián: Como un andamio será, po. Déjeme a mí no más, yo le pego re harto a esta cuestión. (*Golpea uno de los cajones con un pedazo de fierro.*)
Elizabeth: ... Es güeno el Genaro, a veces me trae fruta picá de la que quea en la pilastra....
Domitila: ¡No vai hacer tira las tablas po!
Emeterio: ¿Y el tarro con clavos?
Elizabeth: ... Me dice "¿Por qué tenís los ojos así como tristes, flaca? ¿La pasai mal?"....
Cristián: ¿Sae qué más? No busque más, usemos estos mismos clavos no más. Ya po, ¿vamos a dejar la cómoda ahí mismo o la ponimos ahí (*señala*) pa que la veamos toos cuando'e temos acostaos?
Emeterio: (*A Domitila.*) ¿Qué decís vos?
Domitila: (*Intentando correrla.*) A ver, espérate.
Elizabeth: ... No's toi ná triste, lo que pasa es que a veces me da vergüenza que me vea tan flaca.... ¿Qué me habrá pasao ahora que parece que tuviera un hoyo helao en el cuerpo? Si no pueo salir va creer que'stoi enojá....
Domitila: ¿Sabís? Dejémosla aquí no más. (*Toma unas tablas.*) Ya, hagamos el encatrao luego. (*Acomoda las tablas.*) Ya, ven, Emeterio, clava ahí, yo te sujeto.
Cristián: No, usté siga desarmando ese otro cajón, yo clavo. (*Lo hace.*)
Elizabeth: ... No es ná un hoyo, es como si hubiera corrío mucho, mucho.... ¿Y aónde llegué? He estao aquí no más....
Emeterio: Pero pónle clavos lanceros; clava así de lao, no derecho.
Domitila: ¿Qué dice la Eli?
Cristián: No sé, no le entiendo. ¡Sujeta po!
Domitila: ¡Guarda con mis deos!
Elizabeth: ... Él s'iba a poner el bluyín prelavable y yo ía a ir con mi polera ...
Emeterio: Aquí hay más tablas. Pucha, pero esa cuestión ta queando muy debilucha.
Cristián: No, si le vamo a poner otra cruzá y ahí se afirma. Déjeme a mí no más, si va quear flor.
Domitila: Pero tan re fea que se va ver.
Emeterio: La tapai con un paño, si es por unos días; la otra semana termino de pagar el préstamo y ahí pío otro al tiro pa comprar la mesa. (*Probando la armazón.*) ¿Voh creís que's ta firme?

Cristián: Claro que's ta firme; pongámosla no má.
Emeterio: (*A Domitila.*) ¿Qué decís vos?
Domitila: (*Probando.*) Sí, yo creo que sí.
Emeterio: Güeno, entonces pongámosla. (*Cojen el televisor, lo llevan hacia la cómoda.*)
Elizabeth: ... Genaro, Genaro.... No's toi enojá. no's toi enojá....
Emeterio: ¿Lo soltamos?
Domitila: Sí, si's ta firme, pero suéltenlo despacio. (*Las tablas ceden.*)
Emeterio: ¡Guarda que se los cae!
Cristián: ¡No lo suelte po!
Domitila: ¡Dejémosla en el suelo otra vé! (*Cuando van hacia el vestido.*) A ver, espérese; aguántenla un poco entre los dos. (*Suelta y acomoda el vestido en otro sitio.*) Ya ahí quea al lado del enchufe.
Emeterio: ¿Pensai prenderla ahí mismo?
Domitila: Claro, si no no la vamos a probar nunca.
Emeterio: Güeno, préndela mientras descansamos un rato, y así aprovechamos de ver las noticias.
Domitila: (*Encendiéndola.*) Tanto que lesiamos y al final queó aonde mismo.
Cristián: No, y menos mal que la'stábamos asujetando cuando se partieron las tablas.
Emeterio: Yo te decía que teníai que haberle puesto clavos lanceros; ahí podíai clavar a lo derecho po.
Domitila: (*Mirándola.*) Por suerte que la Eli se queó dormía. (*Ademán de salir.*)
Emeterio: ¿Pa ónde vai?
Domitila: Hacer té po. (*Sale.*)
Voz Locutor: ... Tras una heroica defensa, el seleccionado chileno de fútbol fue derrotado cuatro goles a cero por el poderoso representativo de Mozambique....
Domitila: (*Desde adentro.*) Ya, Cristián, ven ayudarme.
Cristián: (*Sin moverse.*) Ya voy.
Voz Locutor: ... -me Fillol y Hans Gildemeister fueron eliminados en la segunda vuelta del abierto de Bolivia....
Domitila: ¡Ven, poh, Cristián, que yo también quiero ver las noticias!
Emeterio: ¡Anda, po, hombre! ¿Que no teníai tanta hambre? (*Cristián va a regañadientes.*)
Voz Locutor: Nadadora chilena que pretendía cruzar el Canal de la Mancha, sufre calambres antes de comenzar su travesía.

CRISTIÁN: (*Entrando con dos tazas servidas.*) Putas que's tamos güenos pal deporte. A lo mejor esos gallos también toman puro caldo e tetera.
EMETERIO: Deja oir, ¿querís?
VOZ LOCUTOR: Este fue un resumen de las principales noticias del país. Y ahora las noticias internacionales. General Somoza habría desalojado a los rebeldes en la ciudad de Estelí....
EMETERIO: (*Levantándose entusiasmado.*) ¿Oíste, oíste eso?.... ¡Viva Somoza! ¡Viva Somoza, mierda! (*Se abrazan los tres. Luego Domitila va a despertar a Elizabeth.*)
DOMITILA: Eli.... Eli, despierta. (*La remece.*)
EMETERIO Y CRISTIÁN: (*A coro.*) Somoza, amigo.
DOMITILA: Eli.... Eli.... (*A ellos*) Ta helá. (*Gritando.*) ¡Eli.... Eli...!

FIN

Carrascal 4000: Una calle

Fernando Gallardo

PERSONAJES:

Don Ruperto Tolosa	Jefe de Taller
El Lalo	Obrero joven
Gonzalito	Obrero, ex artista
Armijo	Obrero
Don Rodrigo	Jefe Sucursal Banco
Zoraila	Dueña del bar
El Mago	Propagandista popular
El Financista	Funcionario
Cargador	

Lugar de la acción:

Un taller metal mecánico.
Un bar pobre.

Todo transcurre en Chile.

Carrascal 4000 se estrenó en el año 1980 por la Compañía Pedro de la Barra, Sala del Ángel, en Santiago de Chile con el reparto siguiente:

Lalo	Oscar Hernández
Armijo	Sergio Aguirre
Gonzalito	Jorge Gajardo
Don Ruperto	Fernando Gallardo
Zoraila	Gabriela Medina
El Mago y el Financista	Fernando Farías

Los fragmentos entre corchetes [ ] señalan partes del texto que en el manuscrito original están tachadas, como si se hubiesen eliminado de la representación.

Primer Cuadro: Taller

En el escenario tenemos un taller metalmecánico con máquinas viejas y mesones. Todo tiene mucho uso y está desordenado. Las cosas han sido reparadas, las máquinas funcionan permitiendo trabajar. Las vestimentas sucias y remendadas por ellos mismos, con imaginación y humor.

Al entrar el público a la sala se escuchan golpes en planchas de fierro. El escenario sin cortinas muestra el taller en penumbras.

Al comenzar se apaga la luz de sala, todo queda a oscuras y el ruido aumenta de volumen e intensidad, dando la idea que se está en una maestranza o industria en plena producción. Luego se suman los destellos de luz de la soldadura al arco que está al fondo del escenario y las chispas del esmeril en verdadera llamarada muestran que el trabajo comienza.

Gonzalito y Armijo trabajan en sus bancos con cinceles que golpean contra las planchas de fierro. Lalo comienza en el esmeril y continúa en el taladro de pedestal que está ubicado en el otro extremo, quedando los mesones al centro.

Al iluminarse el taller, los ruidos bajan y nos quedamos con la idea de este pequeño lugar de trabajo, olvidando la imagen grandiosa de los ruidos iniciales. El taller nos muestra las etapas de la construcción de cajas acústicas metálicas compactas. Comienzo crisis en Chile.

LALO: Lo primero que me compraría sería una casa y un auto.

ARMIJO: Yo me compraría un barco pesquero y me construiría una cabaña a la orilla del mar... pasaría pescando... me gusta mucho el pescado frito.

GONZALITO: Yo me compraría un bus y formaría una compañía de revistas, recorrería todo el país, con los mejores artistas.

LALO: En ese negocio, en dos meses se gasta la plata y queda en la miseria nuevamente.

GONZALITO: A usted con la casa y el auto le pasaría lo mismo... la patente, los impuestos, las amistades que vendrían a visitarlo. A todos ellos tendría que atenderlos con cosas finas... con ese tren de vida terminaría pidiendo limosna.

ARMIJO: Yo echo las visitas a la calle... no estoy para nadie... el pescado me lo como en mi barco en el mar, y a la cabaña iría a dormir para no encontrarme con nadie. Y el pescado sobrante lo vendería.

LALO: Usted se pondría miserable. La gracia es ser millonario y no cambiar.

GONZALITO: Con el barco también se va a pique. ¿A quién le vende los pescados?.. Necesita camiones frigoríficos, locales comerciales y los comerciantes que

están instalados ¿usted cree que se van a quedar tranquilos que vengan a quitarles los clientes? Ellos son capaces de matarlo a usted... y si no mueren ellos.
Lalo: Es cierto... es complicado tener plata, la cantidad de problemas que se vienen encima.
Gonzalito: En el impersonal mundo del dinero, no vuelan pájaros como uno, no sabe qué hacer usted con tanto dinero. Uno está acostumbrado a vivir de su trabajo y su sueldo mensual y nada más.
Armijo: Si no es tanta plata treinta millones. Onassis tenía plata, y él sí se sabía manejar en el frío e impersonal mundo del dinero.
Lalo: Usted no sabe nada de Onassis.
Gonzalito: ¿Qué sabe usted de Onassis? Ese viejo murió muy triste... y, ¿qué no tenía ese hombre? Y cuando estaba viejo y enfermo salía a navegar sin rumbo... ¡solo!... y cuando estaba en alta mar botaba la plata al agua, la botaba para no dejársela a nadie, porque no tenía amigos, todos los que andaban con él lo hacían por interés. Se peleaban como pirañas la fortuna del viejo, y él, solo y triste.
Armijo: Bueno, ¿y la Jacqueline Kennedy no agarró nada de plata?
Gonzalito: Nada, si esa mujer quería todo para ella....
Lalo: Dicen que era buena para comer ketchup.... Creo que la hija de Onassis la paró.
Gonzalito: La hija fue... cuando el padre se iba a casar con la Jacqueline, la hija de Onassis puso todo a su nombre, y cuando el padre murió la Jacqueline no agarró nada, toda la fortuna estaba a nombre de la hija, la Jacqueline la quería matar. [Por eso que la muchacha se casó con uno del cáucaso comunista, para no darle en el gusto a la Jacqueline.
Armijo: Pero, la plata no se la llevó para la Unión Soviética, no ve que el viejo era griego.]
Gonzalito: ¿Quién ha visto la bastarda de diez?
Lalo: Encima de la sufridera la estoy viendo.
Gonzalito: Estúpidos, la dejan encima de la sufridera y se llena de grasa... y esta es la lima nueva.
Armijo: ¿Nueva? tiene un año de uso.
Gonzalito: Es nueva, si una lima se cuida puede durar mucho.
Armijo: Pero se pierde tiempo. Yo trabajé en una maestranza de un mineral de cobre del norte, con unos gringos. Todos los meses cambiaban las limas, daba gusto trabajar. Las viejas, el que quería se las podía llevar para su casa. Ellos

pensaban que era más útil cambiar las limas, que tenerlo a uno limando con las limas que no gastan nada. Son muy organizados los gringos.

GONZALITO: ¿Organizados? Eso tiene que haber sido un desorden si les permitían llevarse las limas para la casa.

ARMIJO: Lo permitían. Lo único que no te podías llevar era cobre, el resto de las cosas no les importaba nada.... Roben, roben decía un gringo, pero que no te pille porque te echo, y no por ladrón, sino por tonto.... Era buen amigo ese gringo. Era una buena persona... sencillo, hombre de trabajo. No como los ingenieros nuevos, esos perfumados que no saben nada, cuando llegan al trabajo lo tienen que aprender todo de nuevo, porque la universidad no les sirve para nada, pura teoría.

LALO: ¿Y qué le pasó que no siguió trabajando ahí?

ARMIJO: Es que me entusiasmé y me casé, y para trabajar ahí teníamos que ser solteros.

LALO: ¡Bah!... ¿que los gringos eran homosexuales?

ARMIJO: No, si era para no crearle problemas a la empresa. ¿comprende?

LALO: No, no comprendo.

ARMIJO: En el norte es así la cosa. Si usted es soltero le dan su cama y nada más. Con familia es imposible. Que la casa con todo instalado, la escuela para los niños, almacenes... muchos implementos... o sea gastos inútiles para la empresa... esos son lugares de trabajo: de la familia mejor olvidarse. Con hombres solteros la empresa economiza más.

GONZALITO: ¿Se debe ganar mucho dinero en esos lugares?

ARMIJO: Es sacrificado, pero se gana, pero también se gasta, en tragos, en mujeres... cuando el hombre está solo así es la vida.

LALO: Pero... ¿no estaban en economía?

ARMIJO: Sí, pero... ¿cómo le explico? ... En uno de los "Staffs" (así le llaman los gringos a los dormitorios) se instalaban las niñas, o sea las putas.... Cuando llegaba una niña nueva, tremendas colas que se hacían porque todos querían conocerla.

GONZALITO: Esta lima no gasta nada.

ARMIJO: Usa la lima fina.

GONZALITO: No ve que estoy devastando.

ARMIJO: ¿Hasta cuándo?... empiece a pulir... use la fina.

GONZALITO: Esa deja todo rayado, le pongo tiza a la bastarda y me queda mejor.

ARMIJO: Cuando está sucia la lima raya.... Use el limpiamina. Es cómodo usted... si no encuentra la herramienta lista no la usa. A mí me toca todo el tiempo estar arreglando herramientas para poder empezar a trabajar.

LALO: ¿Achaflanó las perforaciones Gonzalito?
GONZALITO: ¿No ve que estoy devastando? Y este material es muy duro.
ARMIJO: Pero es cuestión de refrigerar y afilar la broca de nuevo.
GONZALITO: ¿Y con qué voy a afilar? La piedra esmeril está redondeada donde meten esos tremendos fierros.
LALO: Yo terminé mi trabajo y el achaflanado no está listo, parece que voy a tener que hacerle su trabajo también Gonzalito.
GONZALITO: Hágame el achaflanado usted Lalito. A usted le queda muy bien.
LALO: Los halagos están bien, pero el pago está mal. ¿Esto lo pagará usted con una buena cerveza supongo?
GONZALITO: Usted sabe que su amigo no falla nunca.
VOZ: (*Zoraila desde el lado.*) ¡Teléfono para don Ruperto!
RUPERTO: ¡Ya voy!... gracias.
LALO: ¡Ya va!
GONZALITO: Don Ruperto, la voz del amo: lo llama la señora.
LALO: ¡Bueno! ¿Vamos a tomar cerveza o no vamos a tomar cerveza? No entendí su respuesta.
RUPERTO: ¿Qué chacota es ésta?... Ahora es la cerveza, denantes fue la Jacqueline, el Onassis, los gringos en el norte.... ¿Quién trabaja aquí? Todo es conversar y conversar.... ¿Tú qué estás haciendo?
LALO: No se enoje patrón, se conversa y se trabaja. Yo terminé mi trabajo.
RUPERTO: ¿Y qué estás haciendo ahora?
LALO: Estoy esperando las planchas, les falta el achaflanado.
RUPERTO: ¿Y tú crees que el achaflanado se va a hacer solo? Toma esas planchas y ponte a trabajar.
LALO: Pero este trabajo no me corresponde hacerlo. Acuérdese de las órdenes que da.
RUPERTO: Siempre me acuerdo de las órdenes que doy. He ordenado más de diez mil veces: No quiero que se pierda el tiempo conversando en el trabajo.
VOZ: Don Ruperto, el teléfono lo está esperando.
RUPERTO: Se van a dedicar a trabajar, y no a conversar brutalidades todo el día..... No quiero repetir esta orden ... (*Sale.*)
LALO: ¿Qué le pasa a este viejo bruto? Cuando no tenemos trabajo está mal, ahora que tenemos mucho está peor. No se puede trabajar tranquilo.
ARMIJO: Está enojado con las pérdidas de tiempo.
LALO: No te puede ver tranquilo. Es un viejo de mierda mañoso.
ARMIJO: Está nervioso con la pega de las cajas... son mil cajas que tenemos que hacer, el compromiso es grande.... Esta semana se han cerrado tres nuevas

industrias en Carrascal, varios dueños han ido a la cárcel por no pagar las deudas y los impuestos. Eres insolente con el viejo, es mal genio, pero no puedes negar que en el fondo es buen amigo.

LALO: Claro, muy en el fondo, yo siempre he reconocido que él me enseñó a trabajar los fierros. Pero cuando recién llegué ¿cómo se enojaba conmigo? Las patás más grandes que he recibido en mi vida me las ha dado este caballero en forma amistosa.

ARMIJO: Antes de trabajar aquí lo único que sabías era jugar pool. A todos nos ha enseñado a trabajar en los fierros. A mí no me trató nada de bien cuando llegué. Tienes que limar parejo me decía, y le ponía la escuadra al fierro... no puede pasar la luz... y todo el día limando, se me llenaban de ampollas las manos. Pero cuando uno parte con un pedazo de fierro inservible y sientes que con la lima amasas el fierro dándole una nueva forma. Cuando la pieza está terminada dices mirándote las manos: ¡qué fantástico soy! Este viejo me enseñó así a trabajar en fierro, con cariño, amor, devoción.

GONZALITO: ¿A mí? Este viejo me liquidó. Yo antes fui artista de variedades. Trabajé en el circo, hasta en la TV trabajé. Hice un programa para niños. Hicimos una gira y nos fue mal.... Volví a la capital y conocí a don Ruperto... cambié de oficio.... Nos fue bien en el Taller... pero de nuevo me entusiasmé en otra gira y me fui sin avisarle... estaba contento porque volvía a mi mundo, las luces, escenario, los aplausos, el público... pero nos fue mal de nuevo, no ganamos ni un solo peso. Cuando volvía al Taller Ruperto me trató como a un perro.... "Don Ruperto, si ésta es una cuestión cultural...." ¿La cultura? me dijo, es como un vicio que se te ha metido; otra vez que te pille metido con la cultura te voy a echar del taller para siempre.... (*Pausa*). Por eso vendí la peluca de toni.... (*Zoraila trae jarros con leche en una bandeja que coloca sobre el mesón.*)

ZORAILA: ¡Ya!.... Llegó el rico veneno, la lechecita para las guaguas.

LALO: ¿Está calientita?

ZORAILA: Sí, pero la leche; yo estoy muerta de frío, con la lluvia de anoche se me mojó la ropa de cama. Estaba tan cansada que no desperté... creí que se me había meado la niña, y era una gotera que justo caía encima de la cama.... Estoy indignada [choriá].

LALO: ¡Mierda! que está caliente la leche.

ZORAILA: Yo le dije al estúpido (vaca) que estaba caliente.

LALO: ¿Pero por qué me trata así mijita? Si yo soy sólo amor con usted.

ZORAILA: Tú estás lleno de proposiciones. Pero no cumples con tu polola y fanfarroneas con otras mujeres.

Lalo: ¿Y usted por qué se deja influenciar por estos chanchos? ¿Qué le he hecho yo? ¿Por qué se enoja conmigo?
Zoraila: Así soy yo, puñete que me dan, puñete que pego.
Armijo: Rocky.
Zoraila: ¿Y qué te metes tú? A ti, que tu mujer te pegó en la nuca con el carnicero.
Gonzalito: ¡Ay!, por eso en tu casa se come tanta carne.
Lalo: Armijo, convídame un churrasco.
Armijo: No sea mal hablada.
Zoraila: He visto a tu vieja cuando se va a la carnicería a comprar. ¿Cómo se arregla? Se pone la falda corta y se pinta el hocico, y mueve el culo como coctelera. ¿A cómo tiene la carnecita? le pregunta. Y el bigote de mosca del carnicero se pone colorado y le contesta... fresquita se la tengo, ¿cuánto quiere que le cobre?.... Lo más barato que se pueda. Usted sabe que en el camino se arregla la carga, le dice el viejo, y ella se hace la tonta.
Lalo: Es que a tu vieja le gusta mucho el pedacito de carne....
Armijo: Yo la tengo acostumbrá a cosas buenas.
Zoraila: ¿A las cosas buenas del carnicero?
Armijo: ¿Y tú todavía te acuerdas que el pedacito es tan bueno?
Zoraila: ¡Ya!.... Basta de bromas.... Yo soy vegetariana. Ya se pusieron tontos. Los jarros por favor que me voy.
Armijo: ¡Chiss! en la mejor parte de la película se va.
Zoraila: ¿Y qué más voy a hacer aquí?
Lalo: Bien buena estaba su lechecita.
Zoraila: No ofenda, la leche es de vaca.
Armijo: Esto no es de vaca, es puro polvo con agua.
Zoraila: Mañana les traigo caviar... los tiempos han cambiado.
Gonzalito: (*Con voz a bajo volumen.*) Yo estoy leyendo en una revista el caso de un preso que lo quieren matar envenenándole la comida y el preso se da cuenta; para seguir con vida separa y separa en la comida todo lo bueno para comer y escribe en las murallas: "Amo la vida por sobre todas las cosas, pero doy mi vida si es necesario por mis ideas."
Lalo: Debe ser jodido eso.... Pero ¿nosotros no estamos presos? Estamos presos o no estamos presos nosotros también?]
Zoraila: (*Pausa.*) ¿Quién sabe de una pieza que se arriende?
Lalo: ¿Que te quieres cambiar Zoraila?
Zoraila: No les digo que la pieza se me llueve entera. Y la vieja que me arrienda se niega a arreglar el techo. Y estoy pagando 35.000 pesos de arriendo, yo

no puedo areglar el techo, ni baño tiene. Cuando llueve, con paraguas tengo que salir a hacer las necesidades al baño de damas.
ARMIJO: Pero, si te vas, vamos a liquidar nosotros también. ¿Cómo vamos a pagar solos este tremendo caserón? ¿Por qué no te vas a vivir conmigo? Yo tengo baño dentro de la casa.
ZORAILA: ¿Para que tú te pongas a mañosear y tu mujer me eche a la calle? Machista ... si en tu casa manda tu vieja... bueno, chao, si saben de algún arriendo me avisan. (*Sale.*)
LALO: Está buena la Zoraila, yo me sacrificaría. ¿Te has fijado cómo se ha puesto? (*Gestos.*)
ZORAILA: (*Entrando y mirándolo a los ojos*) ¿Con quién te vas a sacrificar tanto? El toro reproductor.... Tomen, aquí están las cartillas, a mí no me pongan esta semana, porque no tengo la plata para apostar. ¿Todavía no me arreglan la bicicleta de la cabra chica?
LALO: Mañana en la mañana está lista.
ZORAILA: Mañana en la mañana. La niña va a crecer y le va a quedar chica. (*Sale.*)
LALO: No se enoje, la bicicleta está lista mañana en la mañana. Palabra de sastre.
ARMIJO: ¡Ay! cartilla maravillosa, que todas las semanas me haces soñar que mi destino miserable cambiará por la vida maravillosa de un gran millonario. Entre fútbol y apuestas está la oportunidad para que el sueño sea realidad. Hagamos la cartilla. Esta semana le tenemos que poner cuatro dobles.
GONZALITO: ¿Ya te volviste loco?
ARMIJO: Si en esto hay que arriesgar como en cualquier negocio.
LALO: Si la semana pasada le hubiéramos puesto dos dobles más, le habríamos acertado a la cartilla de 13 puntos.
GONZALITO: ¿Cuánto habría costado la cartilla? ¿3.000 pesos?
ARMIJO: Entienda que si se mete en esto tiene que arriesgar.
GONZALITO: Habría costado 500 pesos la cartilla. ¿No creen que es mucho dinero para arriesgar? Hay que pensar que en la casa la gente tiene que comer.
LALO: ¿Y si se la saca? ¿Y si se la saca? ¿Se imagina los millones en el bolsillo? Tú, pobre ser, con 180 millones. Es cierto lo que usted dice compadre, hay que arriesgar y hay que invertir digo yo. Concepto básico en economía moderna. ¿Cómo vas a sacar utilidades si no inviertes? En toda inversión hay un riesgo, y el que no arriesga no pasa el río.
GONZALITO: O sea los negocios son como una ruleta rusa. La pistola tiene sólo una bala, aprietas el gatillo y si sale la bala eres hombre muerto, y si no sale sigues con vida.

Armijo: No es bueno el ejemplo. Es cierto que te puedes morir. ¿Pero si ganas? Si ganas la vida es nueva para ti, todo será más fácil... el dinero es muy importante para vivir....

Lalo: El dinero lo hace todo... maldito dinero.

Armijo: Maldito cuando no está en tu bolsillo; bendito cuando está....

Gonzalito: Bueno... yo no apuesto esta semana si hacen una cartilla tan cara. A mí me hace falta la plata para comer en la casa. Si se hace una cartilla chica, bueno, pero grande, no.

Armijo: Eso es lo que no me gusta de usted González, siempre dudando, temiendo, achicándose. Usted no va a surgir nunca en la vida, siempre va a ser un dependiente.

Gonzalito: Hace tiempo que me anda provocando usted. Se me terminó la paciencia. (*Se dan empujones.*)

Armijo: No me empujes, imbécil, cabeza de chancho.

Lalo: ¡Basta! ¡Ya!.... No se pongan a pelear ¡Ya!

Ruperto: ¿Qué pasó? ¿Qué pasa? Basta... basta. ¿Qué se han imaginado?... salgo un segundo y se ponen a pelear como niños... a perder el tiempo. Estamos jodidos.... Jamás nos había tocado vivir una situación más difícil. ¡Y los perlas peleando! ¿Por qué es la mocha?.... Contesten.

Armijo: Perdone don Ruperto, pero ocurre que la ignorancia mal interpreta las palabras y crea conflictos donde no los hay.

Gonzalito: ¡La ignorancia... cínico! Yo no tengo por qué aceptar ofensas tuyas.

Armijo: Nadie lo ha ofendido.

Ruperto: Todavía no entiendo. ¿Por qué estaban peleando?

Gonzalito: Este infeliz que viene a uno a tratarlo de dependiente. ¿Qué te imaginas de mí? Nosotros en mi familia, teníamos campo, tierras en el sur, no somos cualquier cosa.

Ruperto: Todos somos dependientes, todos dependemos de los demás... y tú dependes de mí. ¿Entiendes?... Hay países dependientes. Chile es un país dependiente. ¡Ya! Pónganse a trabajar. No quiero más discusiones imbéciles. ¿Me oyeron? Aquí se trabaja.

Lalo: No se enoje don Ruperto que me asusta; y usted sabe que yo hago cualquier cosa para que usted no pase malos ratos. El achaflanado lo voy a dejar del uno. ¿La broca está mala? Ningún problema, porque su perro faldero toma la broca y bailando estilo ballet... tra tra tra tra... echo a andar el esmeril. [y para que la película sea en colores... me doy un zapateíto por aquí, otro por acá, tra tra tra tra... y empieza una película gigantesca, internacional, superproducción que se llama: "Jugando bajo la lluvia" ... Es linda la vida cuando se juega, porque eso es típicamente humano, y en Chile todavía podemos jugar don Ruperto, pero con eficiencia....] Mire cómo quedó el ángulo de corte de la broca. (*Mientras ha bailado y jugado ha realizado el trabajo*)

RUPERTO: Muchos están contentos porque tenemos hermosos autos en el mercado, TV a color importados, radios modernas ... toda la última palabra en las vitrinas ... ¿Cuánto nos costará todo esto? Las fronteras se abren para permitir que entren los productos importados... y nuestras industrias no pueden competir con las grandes empresas extranjeras... cierres, quiebras por cientos.... Estamos en un hoyo del cual no podemos salir. Cuando salí de la Industrial, donde estudié, me dijeron: la obligación de los mecánicos es crear muchos talleres y trabajar bien en la industria.... Chile tiene materias primas y obreros y técnicos inteligentes, capaces de construir una industria que elabore los metales, las maderas. Somos un país subdesarrollado, nos decían, ustedes podrán hacer de Chile una nación de economía sólida.... Generaciones y generaciones luchando por construir una industria nacional. [Llegan los chicagos.] Importaciones, miseria, cesantía.... ¿Cuánto nos costará esto, Dios mío?

GONZALITO: Perdone, don Ruperto.... ¿Se siente bien?

RUPERTO: Mandaría todo a la mierda.... Me duele la cabeza, tengo los ojos llenos de arena.

ARMIJO: Debe ser el cansancio de tanto soldar. Póngase un trapo húmedo en los ojos, eso le hace descansar.

RUPERTO: ¡Qué trapo húmedo ni nada...!

ARMIJO: Póngaselo, usted tiene la vista cansada.

RUPERTO: Déjenme tranquilo... (*Lo toman y lo sientan en una silla, obligándolo*)

ARMIJO: ¿Cómo se siente?

RUPERTO: Me llamaron de la empresa, para decirme que ya no necesitan las cajas.

GONZALITO: ¿Cómo?

RUPERTO: Las cajas ya no las necesitan.

ARMIJO: No puede ser....

LALO: Ahora sí que estamos bien. Todo el material que se compró, ya está cortado y perforado.

ARMIJO: Pero ellos, tienen que responder, hicieron el pedido; una cosa así no se puede tratar por teléfono.

RUPERTO: No... si el gerente me invitó a almorzar para explicarme el problema.

LALO: Dígale que usted no puede deshacer el negocio ahora... ellos tuvieron tiempo para comparar y elegir presupuesto, y se decidieron por nosotros, ellos tienen que responder.

Ruperto: No fueron ellos.
Armijo: ¿Cómo es el lío entonces?
Gonzalito: Pero usted compró los materiales.
Ruperto: La firma que nos mandó a hacer las cajas, importa aparatos electrónicos. Hicieron el cálculo y les salía más económico traer los amplificadores solos, sin las cajas acústicas, que son muy pesadas. Los fletes, los impuestos... decidieron hacer las cajas acá, por eso estábamos haciendo el trabajo. El pedido se hizo al Japón por los amplificadores solos, y los japoneses contestaron: que por las buenas relaciones comerciales, comprendiendo la situación económica chilena, etc. etc. etc. Los japoneses vendieron los amplificadores y regalaron las cajas acústicas. Por tanto nosotros, las cajas que ya hemos hecho nos las podemos meter en buena parte, porque el trabajo está anulado; los japoneses regalan lo que nosotros íbamos a hacer más barato.
Lalo: ¿Regalaron las cajas?
Ruperto: Con parlantes, todo instalado. Listas para usar.
Armijo: ¿Qué vamos a hacer nosotros ahora?
Lalo: Hace tiempo pienso, la única cosa que podemos hacer es comprarnos una corbata y con un maletín salir a vender televisores a color a domicilio, o, lo otro es mandar los papeles a una embajada.
Ruperto: Mandar los papeles a una embajada... qué fácil suena eso.... Aquí nací, aquí me formé y aquí tengo que trabajar.... Y nosotros somos mecánicos y no vendedores ambulantes. Toda mi vida he trabajado con overol, con mis manos y me siento orgulloso de eso.
Gonzalito: (*Bocina de camión.*) Don Ruperto, el camión con más planchas....
Ruperto: (*Se sube a un cajón. Imita un discurso militar.*) La industria nacional durante años ha sido poco eficiente y ha sometido al país al consumo de productos caros y de mala calidad....
Gonzalito: Baje el volumen don Ruperto....
Ruperto: El manejo económico, en busca del progreso, para poner al país en contacto con lo más moderno de la técnica, señala un nuevo criterio de importaciones para el país.
Armijo: Baje el volumen....
Zoraila: Se escucha todo al lado... baje el volumen....
Ruperto: (*Igual.*) La nueva política señala además que en Chile existirá plena libertad de mercado en donde la industria nacional tiene claros objetivos trazados.... Competir con eficiencia o perecer. Mientras tanto el pueblo podrá, como nunca antes lo pudo hacer, gozar del derecho a consumir buenos productos y de bajo costo.

Todos: Cállese por favor... nos van a llevar a todos presos.... Se escucha en la calle....

Ruperto: (*Igual.*) Pero el pueblo no se dejará engañar. Viva el mercado de capitales. Viva la libertad de comercio. Chile ofrece hoy garantías a todo capital extranjero que se quiere instalar acá. Viva la privatización. (*Apagón lento.*)

Segundo Cuadro

El cambio se hace a vista del público con una luz azul. Se escucha una radio que toca música popular alegre. Al darse la luz se ve un bar muy pobre, llamado Quinta de Recreo "La Quintrala." A un costado, un mesón para atender público, detrás una estantería con licores y cervezas. Mesas y sillas desordenadas. Zoraila está detrás del mesón, agachada arreglando botellas.

Lalo: (*Entrando al local, sin meter ruido y sin ver nadie, Zoraila está detrás del mesón.*) ¡Permiso!...

Zoraila: ¡Ay!... me asustaste....

Lalo: Tranquila... soy Lalo.

Zoraila: Ya sé que eres tú. Pero cuando una está distraída, a punto de cerrar el negocio y llegas tú de repente... ¿cómo no se va a asustar una?

Lalo: Usted es una mujer con experiencia. Un hombre más, un hombre menos. [En este país la gente no puede vivir con miedo siempre. El miedo se domina.]

Zoraila: A esta hora me pongo nerviosa, empieza a oscurecer, ustedes dejan de trabajar al lado... cuando voy por ese pasillo oscuro para el fondo, parece que ya se me va a tirar el vampiro encima.

Lalo: Usted está muy nerviosa, debiera ver un doctor.

Zoraila: ¿Doctor? Claro que estoy nerviosa... un hombre se me debería tirar encima.

Lalo: Un médico no le haría mal....

Zoraila: Buena la pomada. Cobran cualquier cantidad de dinero por la consulta, más los remedios, y a una no le hacen nada. Hicieran algo, una se callaría.... ¿Pero si la gente reclama, por algo será?

Lalo: Es cierto, caros son los médicos.

Zoraila: Por eso digo yo, ¿por qué no traen médicos chinos o japoneses? Esos tienen que costar más baratos, no ve que curan con puras agujas.

Lalo: No hablemos de los japoneses, que nos dejaron sin pega.

Zoraila: ¿Y, qué tienen que ver ellos con ustedes?

Lalo: Estábamos haciendo unas cajas acústicas, y los japoneses, para asegurar un negocio grande, regalaron las cajas y nos dejaron con todo el material cortado... Mejor no hablemos de esos idiotas..., ¿No han venido los chiquillos?

Zoraila: No, los chiquillos no han venido. Temprano se dejó escuchar ruido al lado.

Lalo: Deben andar tomando.

Zoraila: Yo he sido muy tonta en mi vida, cuando era niña los hombres andaban como tontos detrás mío, y yo los asustaba con la historia del matrimonio con libreta. Ahora lo haría por deporte, para dejarle la experiencia a las generaciones jóvenes.

Lalo: El problema del taller fue grande, no sé qué vamos a hacer. La gente se desmoraliza y se ponen a tomar. Dan ganas de irse de este país y olvidarlo todo.... Legué a la casa como todos los días y me tendí en la cama a descansar, estaba pensando....

Zoraila: No piense tanto. Usted es joven todavía. La cama no es para pensar.

Lalo: Es verdad.... Llegaron las viejas a preguntarme por ellos. No me pueden ver tranquilo en la cama.

Zoraila: ¿Qué te quieres servir?

Lalo: ¡Ahh!... vino, no voy a estar tomando whisky como los huevones.... ¡Perdone! es que estoy muy enojado con el problema del taller.

Zoraila: No se enoje, apréndame, yo en la vida estoy sola, con una hija que educar y jamás se me ha caído el ánimo y estoy llena de compromisos, el arriendo, el internado de la niña.... Si no fuera por la leche que dejo en los talleres y el cocimiento que preparo el día viernes, yo habría tenido que cerrar este negocio hace tiempo.... Venga. (*Toma vasos y un jarro con vino y se sientan en una mesa.*)

Lalo: Zoraila, ¿le puedo hacer una pregunta indiscreta? ¿Me lo permite?

Zoraila: ¿En este momento? Tómate tu vino primero, después me pregunta todo lo que quiera.

Lalo: No... lo que quiero preguntarle es... ¿por qué no se ha casado?

Zoraila: ¡Ay!... Me tocaste la herida... los hombres son muy buenos, ¿para qué lo voy a negar? Yo estaba locamente enamorada de él... era muy bueno el tonto... la cosa estaba empezando, le faltaba elaboración y yo me puse apurona y.... Me quedé esperando, le dije. El pobre se asustó tanto que se arrancó para Venezuela.... Allá está ahora, esta muy bien, me ha mandado a buscar varias veces. Pero no... el amor con dinero es otra cosa. Además ¿qué voy a hacer en Venezuela si yo soy tan inculta?

LALO: Pero si en Venezuela también hay incultos. Y si él está bien allá ¿por qué no se va?
ZORAILA: El hombre tiene que estar con una en las buenas y en las malas, con libreta o sin libreta.... ¡Salud!... mañana me tengo que levantar temprano para comprar carne para el cocimiento.... Yo no sé qué habría hecho sin pega.
LALO: El día viernes es cuando tiene más trabajo. La gente recibe su plata en la pega y se vienen para acá.... Comen para toda la semana... lo cocina bien usted... es sabroso su cocimiento.
ZORAILA: ¡Ay Lalito! ¡Si tú supieras las cosas que sé hacer yo!
LALO: El problema del taller... yo no sé qué va a hacer don Ruperto.
GONZALITO: (*Entrando abrazado de Armijo.*) ¿No te dije que aquí íbamos a encontrar al degenerado?
ARMIJO: ¿Y vienes a tomar solo maricón?
LALO: ¿Cómo que solo? ¿Y la Zoraila no es nadie?
ARMIJO: Yo digo por tus compañeros de trabajo.
ZORAILA: ¿Y yo, qué soy entonces? Claro que soy compañera de trabajo. ¿Quién les prepara la leche todos los días? Sinvergüenzas que se van a tomar a otro lado.
ARMIJO: No hemos tomado nada, andábamos sólo buscando al Lalo.
ZORAILA: ¿Buscando al Lalo?.... Vienen a hacerse los inocentes.
GONZALITO: Nunca me habían humillado tanto.... Estamos molestando Armijo, mejor vámonos....
ZORAILA: ¡Ya! Vengan a tomarse un trago conmigo los mentirosos y traidores....
GONZALITO: Uno solo, que me siento mal, después tengo que hacer.
ARMIJO: De tanto buscar al Lalo nos dio sed.
ZORAILA: Y a mí de tanto esperarlos también me dio sed... ¡salud!... todos venimos de donde mismo y para donde mismo vamos.
LALO: Y pensar que hay gente que cree que la vida la tiene comprada.
ARMIJO: Yo siempre he dicho que la vida es un tanto efímera.
ZORAILA: (*Mirando a Lalo.*) A veces es como un sueño.
GONZALITO: (*Mirando a Lalo y Zoraila.*) ¡Ahh, ya todo está claro! Voy a brindar por las damas presentes... elevo mi copa hasta ver el fondo claro y cristalino de esta copa, claro y cristalino como la contextura moral de todos los aquí presentes. ¡Salud!
ZORAILA: Ahora que estamos juntos ¿por qué no jugamos una mano de naipes?
GONZALITO: Buena idea.
ZORAILA: Oro es triunfo y nos vamos de parejas.
GONZALITO: ¡Ya! ¿Cómo nos vamos? Saquen su carta. (*Sacan su carta y Gonzalito hace pareja con Zoraila.*) Parece que te voy a quitar la pareja. (*Apagón, luz*

azul, paso de tiempo en el mismo lugar. La noche ha avanzado, se oye música de la radio con tocadiscos. Zoraila y Lalo bailan. Armijo y Gonzalito conversan en el mesón.)

[ZORAILA: ¡Pongan la música más despacio. Estos.... (*murmullo.*) Todo el mundo está durmiendo. Se olvidan que hay toque.... (*Gonzalito baja el volumen.*) Y no hablen leseras de política, que las murallas tienen oído..... Cambiemos de tema que las murallas tienen oídos.]

ARMIJO: Este es un barrio proleta, aquí somos todos trabajadores, todos le hacemos empeño, todos hacemos lo que podemos... nos liquidaron los japoneses....

GONZALITO: El Japón es un gigante de barro. Tiene industrias, pero dependen de la materia prima que le compran a otros países como nosotros. Nosotros tenemos la materia prima, pero no tenemos las industrias.

ARMIJO: Los japoneses, después de la guerra, levantaron su país comprando millones de tornos y los pusieron a trabajar como locos. Así empezaron....

GONZALITO: Eso es lo que tenemos que hacer nosotros, comprar tornos, máquinas.... No hacer esa locura de comenzar a comprar TV a color y Toyotas. Primero la industria, después el Toyota. ¿Está de acuerdo conmigo? Repita entonces: primero la industria, después el Toyota, primero la industria, después el Toyota....

LALO: ¡Ya! ¡Ya! ¿Por qué no bailan mejor?

GONZALITO: Porque estamos tratando cosas importantes.

ZORAILA: Sí, ya está bueno que bailen; [si viene la patrulla van a pensar que se habla de política aquí.]

GONZALITO: Está bien, está bien. Bailemos compadre.

ARMIJO: Bailar entre compadres no es pecado.

ZORAILA: Así me gusta... la fiesta comienza. Yo voy a preparar algo caliente, [para olvidar, hay que olvidar.]

GONZALITO: (*Baila seriamente con Armijo.*) Bien bueno el análisis que está haciendo compadre. Pero, ¿y los chinos? ¿qué pasa con los chinos?

ARMIJO: ¿Sabe cuántos tornos tenían los chinos para empezar? Tres millones cuatrocientos mil tornos. ¿Se da cuenta? Son los chinos los que vienen ahora.

GONZALITO: ¿Entonces hay que declararle la guerra a los chinos?

LALO: ¿Declararle la guerra a los chinos? No, ellos son muchos... el mundo no quiere guerra... el mundo quiere pega.... (*Lalo se incorpora al baile pasándole una escoba a Gonzalito.*)

ARMIJO: Los chinos y los japoneses son iguales. Si no míreles los ojos, iguales. La única diferencia es que los japoneses pelean karate y los chinos kung-fu.

Lalo: Pero si no importamos Toyotas ¿en qué se moviliza la gente?
Armijo: En buenas bicicletas y nos ahorramos el problema del petróleo. ¿Y se imagina el buen estado físico de la gente, y la ciudad sin smog?
Gonzalito: Todo Chile en bicicleta.
Zoraila: ¡Ya niños! a tomar el rico caldito caliente. (*Lo ha preparado detrás del mesón.*)
Armijo: ¿Se imaginan? Todo Carrascal en bicicleta. Lleno de bicicletas que en las mañanas se van a la pega.
Gonzalito: ¿A qué pega?
Lalo: Yo, mañana me voy a conseguir una bicicleta prestada y voy a ir pedaleando hasta la falda de la montaña. A respirar aire puro. Esta ciudad me tiene ahogado.
Armijo: ¡Qué buena está su sopa Zoraila!
Gonzalito: Gusto a poco tenía.
Lalo: ¡Qué mal agradecido eres! Al miserable le dan la mano y se toma el pie... eres un mal educado. Zoraila, no le hagas caso... ¿Por qué no bailas como la Maggy Lay?
Armijo: Ya Zoraila, báilese un mambo.
Zoraila: ¿Quieren que baile como la Poroto Verde?
Gonzalito: Báilate un mambo sabroso vieja loca, que con tu ritmo todos vamos a volvernos locos.
Lalo: (*Lalo pone un disco. Zoraila baila y todos se contagian. Bailan hasta terminar extenuados.*) La Zoraila baila mejor que las brasileñas.
Gonzalito: ¡Bravo! es un espectáculo la Zoraila.
Armijo: ¡Silencio! que quiero decir un discurso. Silencio: elevo mi copa en esta cascada de copas y corazones. (*Llena y rebalsa la copa con vino que es recibido por las otras copas que se han puesto debajo para recibir la cascada de vino.*) Para brindar por la felicidad, que muchas veces se empaña, en un día como hoy, sin darnos cuenta penetran momentos en nuestros pensamientos que confunden la verdad del mañana y a pesar de ello la patria y su cordillera, más el tricolor, pero... como estaba hablando de la cordillera que nos baña....
Lalo: El mar es el que baña.
Armijo: Eres un ignorante y un intruso.
Lalo: Pero si la cordillera no baña.
Armijo: ¿Y los ríos?
Lalo: Los ríos bañan, pero tú dijiste la cordillera.
Armijo: ¿Y, de dónde nacen los ríos?
Lalo: En nuestro país todos los ríos nacen de la Cordillera de los Andes.

Armijo: ¿Ves que eres intruso? Yo iba a decir: de la cordillera que nos baña con sus ríos.
Lalo: Pero, ¿esa tremenda vuelta te das para hacer un discurso?
Armijo: Esa vuelta, ignorante, es una cuestión literaria. ¡Ya! Se terminó la cascada.
Gonzalito: ¡No! No se puede acabar la cascada. Esta tiene que ser una cascada eterna. Yo tengo la solución. Brindemos por el mar y por la cordillera que nos baña. ¡Salud!
Todos: ¡Salud! (*Apagón y destello de luz.*)
Lalo: ¿Qué pasaría?
Armijo: ¡Qué raro!
Zoraila: ¿Como si hubiera pasado un ángel?
Lalo: En bicicleta.
Gonzalito: Esta comadre se curó... fue un relámpago.
Lalo: ¿Con apagón? De susto, se me heló el que te dije.
Zoraila: Tiene que ser un aviso... algo... una tragedia Dios mío.
Armijo: Una vez, en el norte pasó lo mismo, y se murieron como diez mineros. Yo estaba durmiendo y a la intemperie, en medio del desierto, ni una sola nube, el techo estaba estrellado, cuando de repente el cielo se iluminó. Quedamos medio enceguecidos. Un minero que estaba cerca se puso a gritar arrodillado y levantando los brazos al cielo: ¡misericordia! ¡misericordia! Y se escuchó el movimiento de tierra del derrumbe... de los que estaban trabajando, ninguno pudo salir. Qué gusto daba ver el entierro lindo que se les hizo a esos hombres, de todas partes llevaron flores, de esas de papel... ¡Qué se veía lindo el desierto todo florecido!
Zoraila: Déjate de hablar. Dios mío que me pones nerviosa.
Gonzalito: Estas cosas son como pesadillas despiertas. El hombre no descubre todavía muchos misterios que hay en la vida. A mí por ejemplo: todas las noches, todas las noches... (*golpea en la mesa, fuerte y sopresivamente*) me vienen a golpear el velador.... ¡Salud!
[Lalo: ¡Salud por los misterios!
Zoraila: Por los ángeles que pasaron.
Armijo: Por los mineros que han muerto trabajando en el salitre.
Gonzalito: Yo tomo por los relámpagos. (*Apagón.*)
Lalo: Otro apagón más... me voy para mi casa. (*Aparece hombre vestido de riguroso negro. Con capa elegante.*)
Armijo: Cállate Lalo. No puedes salir a la calle.]
Lalo: ¿Qué pasa?
Armijo: La cruz, la cruz, cruza los dedos.

ZORAILA: Nunca lo había visto por acá. (*El individuo se ubica frente al mesón, como para pedir algo al paso.*)
[ARMIJO: Cálmese Zoraila, yo creo que esto es serio.
LALO: ¿Quién invitó al caballero?
ZORAILA: ¡Lalo cállate!
ARMIJO: Yo a éste lo he visto en alguna parte.
GONZALITO: Yo también parece que lo he visto.
LALO: Yo no estoy tan curado. ¿Por qué no me presentan la visita?
ARMIJO: Cállate animal... yo creo que lo he visto... en la tele... en la TV lo he visto.
GONZALITO: En los diarios, digo yo.
ARMIJO: (*Deteniendo a Lalo, que se va.*) ¿Para dónde vas tú?
LALO: Es que... me mié....
ARMIJO: ¡Mocoso! Pisas un corcho y te curas.
LALO: No me reten más por favor.] ¿Saben quién es ése?
ARMIJO: ¿Quién es?... ¡Habla!
GONZALITO: Cuando se cura se pone tonto. Pégale una cachetada y que hable.
ARMIJO: ¡Ya!... Habla, mierda!
LALO: ¡Drácula!
ZORAILA: ¡Ay!... por favor, chiquillos.
GONZALITO: ¿Drácula?
ARMIJO: Doña Zoraila, cálmese, confíe en nosotros.
GONZALITO: El mismo Drácula es.
ARMIJO: Verdad que se parece. (*Se acerca a mirarlo.*) Es él... es él....
ZORAILA: Yo hace rato que me di cuenta quién es.
ARMIJO: Tengan mucho cuidado con este tipo. Es fulminante. Te muerden el cuello y te chupan la sangre. Eso lo sabe todo el mundo.
ZORAILA: Tienen que estar muy mal en Europa para que vengan a molestar por acá.
ARMIJO: ¡Mira, está abriendo las alas!
LALO: En la noche salen de las tumbas.
ZORAILA: ¡Cállate Lalo!... por favor, háganlo callar.
LALO: A éste tienen que haberlo mandado en barco. ¿Cómo no lo pararon en la aduana? Un ataúd ahí se abre.
ARMIJO: Yo no lo abro.
LALO: Yo tampoco, pero el aduanero tiene la obligación de revisar todos los bultos que llegan al país.
[ARMIJO: Parece que quiere pedir algo.
GONZALITO: Usted es la dueña del negocio. Atiéndalo.

ZORAILA: Me muero de susto.]
ARMIJO: Atiéndalo si no se puede enojar.
ZORAILA: Pero no lo pierdan de vista chiquillos. ¿Qué se sirve?... perdóneme, pero no le entendí... yo soy muy tonta cuando estoy asustada....
ARMIJO: La Zoraila es muy tonta. No escucho lo que quiere el vampiro.
LALO: Sangre le tiene que estar pidiendo.
ARMIJO: Yo le parto una silla en la cabeza.
LALO: Hay que enterrarle una estaca en el corazón.
ARMIJO: Eso es para darles una muerte honrosa; yo no voy a gastar finezas; yo le parto la silla en la cabeza; peleo a la chilena, silletazos y patadas en el hocico.
ZORAILA: Una cerveza y un coñac ¿si quiere le sirvo?
LALO: La Zoraila, las tonteras que le ofrece.
ARMIJO: Está bien. ¿Qué quieres que le ofrezca?
LALO: Una prieta, eso los tranquiliza.
GONZALITO: ¡Qué terrible es la ignorancia!
LALO: ¿Quieres que le ofrezca vino? El vino les quema el alma, éstos son anti-Cristo. El vino es la sangre de....
GONZALITO: Tienen que estar muy borrachos para hablar tanta ignorancia. Estos tipos no hacen nada.
LALO: ¿En qué mundo vives? ¿No lees los libros, no ves las películas?
GONZALITO: Estoy mejor informado que ustedes. Estos vampiros pertenecen a una familia muy unida que vive en Rumania, en una población de puros castillos... son anti-burgueses.
LALO: Anti-Cristo.
GONZALITO: Anti-burgueses. Atacan a la burguesía a muerte. Por eso se encierran en sus castillos para no meterse con nadie.... [Viven rodeados de burgueses... y, dentro de los castillos tienen unos escritorios con huesos humanos, calaveras, y libros... muchos libros, libros, libros. No ve que] Además son intelectuales... por eso los persiguen. Pero, como en Chile somos un pueblo hospitalario, yo los voy a invitar a tomar un trago con nosotros.
ARMIJO: ¡No! ¿Cómo se atreve compadre?
LALO: Gonzalito es por tu vida, no hagas locuras.
GONZALITO: Déjenme... así vamos a tener turismo algún día.
ARMIJO: Se arriesga mucho Gonzalito.
GONZALITO: Perdone que me entrometa en su individualidad, pero con todo respeto, me permite que lo invite a servirse algo con nosotros, aquí somos todos amigos ... con toda confianza, pase por acá... chiquillos les presento

al caballero.... ¿Se sirve un vinito? (*El individuo le contesta al oído.*) Tinto... Zoraila, vino tinto para el caballero.
LALO: Se le va a secar el alma.... (*Todos beben y miran asustados como bebe el extraño.*)
ARMIJO: Se lo tomó todo.
LALO: No le pasó nada.
GONZALITO: Vinito chileno....
MAGO: Gracias.
GONZALITO: ¿Habla castellano? No les dije que era una persona culta... perdone que me entrometa en su persona... ¿pero usted me parece que es una persona conocida?
MAGO: Yo soy muy conocido.
LALO: Yo lo he visto en la TV.
GONZALITO: Perdone... ¿cuál es su nombre?
MAGO: ¿Mi nombre?... No interesa.
LALO: Se niega.
GONZALITO: Nadie sabrá nada de lo que aquí se hable... nosotros somos como tumba... perdone.
ZORAILA: Tumba no, idiota, por el amor de Dios, diga ¿quién es usted?
LALO: Le nombró a Dios, lo liquidó.
MAGO: Es cierto que soy muy conocido en todas partes.
LALO: Yo lo he visto en televisión.
MAGO: Y en la prensa también.
ARMIJO: (*A Zoraila.*) Llame a los pacos, pero que no se dé cuenta.
MAGO: Yo, mis queridos amigos, soy muy amigo de toda la gente humilde, mi vida es un eterno compromiso con los desposeídos.
GONZALITO: ¿Usted es rumano?
ARMIJO: Apuesto que lo que más le gusta de Chile es su gente, su vino, su cordillera y las empanadas.
MAGO: Y, la sencillez y amistad del pueblo chileno.
LALO: Yo ya me aburrí... si no contesta, tú le pegas el silletazo.... Basta de palabras sueltas.... ¿Cómo se llama usted?
MAGO: Hoy mi nombre no interesa... pero yo soy más conocido con el nombre de....
ZORAILA: ¡Drácula!
MAGO: El Mago de la Polla Gol.
ARMIJO: ¿El Mago de la Polla Gol?
LALO: No puede ser.... ¡Maguito lindo!

Gonzalito: El ángel de los pobres.
Mago: Sí, mis amigos, yo soy el famoso Mago... que esta noche camino solo y triste por las calles.
Armijo: Yo lo conocí de inmediato.
Mago: He batido el record mundial en aciertos a la Polla Gol... 14 veces los 13 puntos y 24 veces los 12 puntos. Y en cartillas publicadas en diarios, radios y televisión... 32 veces los 13 puntos y 48 los 12.
Zoraila: ¡Qué fantástico! ¿Cómo puede acertar tanto?
Mago: Yo nací en este barrio. Hoy estaba en una fiesta y me sentí solo... salí a caminar. He sufrido, mis amigos, una desilusión amorosa y sólo deseo olvidar. Ella me conoció humilde, sin nada, ni dinero ni bienes materiales... nos enamoramos perdidamente, ella me quería más que a su vida... y desde que obtuve fortuna y dejé de ser pobre, ella me dejó de querer... señor, señor, mi fortuna por su amor....
Lalo: ¡Qué mujer más rara...! Hay mujeres muy raras.
Mago: En la soledad de la calle, busco mi consuelo. Pienso que las sombras de la noche me devolverán su sonrisa, miro los maniquís de las vitrinas y ahí está ella, flotando en el aire.
Zoraila: ¿Y en qué trabaja ella?
Mago: Estudia secretariado bilingüe, dos idiomas.
Armijo: No se preocupe maguito. Aquí está entre buenos amigos... todos tenemos nuestras penas y, siempre hay cabida para una pena más.
Gonzalito: Qué lindas palabras Armijo, lindas palabras.
Mago: Salud por esta maravillosa amistad que recién comienza... así es Chile, país de amigos... en todas partes hay un amigo esperando poder ayudarte generosamente.
Todos: ¡Salud!
Lalo: ¡Viva el Conde Drácula!
Zoraila: Cállate idiota....
Mago: ¿Y por qué no?... salud por el Conde Drácula. (*Aulla.*)
Zoraila: Ya se puso tenebroso el panorama. ¿Por qué tengo que tomar por este idiota?
Armijo: Porque somos amigos.
Zoraila: Pero ése mata a la gente.
Gonzalito: La vida es a veces así, para que unos vivan otros tienen que morir.
Lalo: Mentira... salud por el Conde Drácula, porque es un perseguido más en esta tierra.

Mago: Ha llegado el momento mis amigos, en que yo les diré algo importante.... Yo tengo un secreto que me permite obtener los resultados de la Polla Gol. Y no para beneficiarme, sino para ayudar al que nada tiene. Mi vida está llena de generosidad para el desposeído. ¿Cuántas veces el lustrabotas no puede mirar hacia arriba, poque tiene que atender su trabajo y sólo puede mirar la bota que lustra, hasta sacarle un brillo reluciente, brillo que le permite ver el cielo. Cielo que se refleja en el producto de su trabajo... y es como un premio, el premio de ver el cielo, y en ese cielo, el rostro de su madre. ¿Y qué hay más hermoso en esta vida que el rostro de una madre? Nada... nada.
Lalo: ¿Cuántos niegan a su madre?
Armijo: No interrumpas.
Lalo: ¿No se puede opinar?
Mago: Tienes razón... ¿Cuántos niegan a su madre? ¿Qué es lo peor que puede hacer un hombre? Negar a su madre.
Gonzalito: Salud por la Organización Mundial de las Madres.
Mago: ¿Qué hora es?
Armijo: Ya está aclarando.
Mago: Son las cinco y media... qué tarde es.... Amigos míos, yo me retiro. El sol ya está por salir y yo me tengo que ir volando. Pero ustedes me han hecho olvidar mi tragedia... por eso les voy a dar lo más grande que yo tengo... la fórmula secreta de la Polla Gol. Con esta formula he acertado los 13 puntos, haciendo feliz a muchos hogares humildes. Aquí está, para ustedes, para todos ustedes, aquí está.
Zoraila: Maguito lindo, Maguito....
Armijo: Amigo... amigo... amigo. (*Lo abraza.*)
Lalo: Maguito lindo, amigo mío....
[Gonzalito: En lo alto de un árbol florido
se paró una golondrina viajera
el ave su corazón traía herido
por culpa de una bala
que disparó el criminal.
El sol generoso esa mañana
le brindó su calor y su amistad
pero, ¡ay! el ave no cantaba
por culpa del disparo criminal... (*Canta.*)
Adiós te vas
hermosa golondrina
quiera Dios

que al llegar al más allá
encuentres dicha
encuentres alegría
y por fin libre
te atrevas a cantar.]

ARMIJO: Es un poeta el idiota.

LALO: Bravo Gonzalito... muy bonito. (*Lee la fórmula*) Se suman los goles a favor y se restan los goles en contra; se divide por el lugar en la tabla de posiciones que ocupa el equipo, se restan las tarjetas rojas y los penales y se multiplica por la edad del guardalíneas del lado izquierdo, sector norte.... Esto es una cuestión científicamente comprobada.

GONZALITO: Se ve que es una cosa seria, contundente.

ARMIJO: ¿Y cómo vamos a saber la edad del guardalínea?

RUPERTO: (*Entra con el maletín en la mano.*) Aquí están los compadres. Como nos está yendo tan bien, los muchachos se ponen a tomar y trasnochar a mitad de semana. (*Entra al taller y sale con una caja y papel para hacer un paquete.*)

LALO: Patroncito lindo... estuvo el Mago de la Polla Gol y nos dio la fórmula.

RUPERTO: Vayan a lavarse la cara, que hoy tenemos mucho que trabajar.

ARMIJO: ¿Y para qué nos vamos a lavar la cara? ¿Nos vamos a mirar las caras mientras llega trabajo al taller?

RUPERTO: Es cierto que no tenemos trabajo, pero si éste no llega al taller, vamos a tener que salir a buscar trabajo a la calle.... No nos vamos a quedar con los brazos cruzados esperando.

LALO: El Mago nos dejó la fórmula de la Polla Gol.

RUPERTO: Eso es un engaño, una estafa. Todo Chile soñando sacarse la Polla Gol ¿y quién trabaja aquí? ¿quién trabaja? El Mago aconseja y los pelotas apuestan la plata que no tienen... y después sueñan. Qué buen propagandista es el Mago y la prensa que publica sus consejos. Yo les apuesto que sin saber nada de todo esto hago cruces con los ojos cerrados a la cartilla, y saco más puntos que el famoso Mago.

GONZALITO: Usted no puede ser así, tan determinante.

LALO: ¿Desafía al Mago?

RUPERTO: Dame esa cartilla... yo no sé dónde se marca esta mugre....

ARMIJO: No puede ser así.

LALO: ¿Sin mirar?

GONZALITO: Yo le tapo la vista.

RUPERTO: Eso, tápame la vista... y marco sin ver nada....

ZORAILA: Este es un juego loco... yo apuesto a esa cartilla.

Armijo: Tres dobles le puso.
Ruperto: ¿Tres le puse?... mira aquí hay otro más, cuatro.
Armijo: Cuatro dobles le puso, cuatro dobles.
Ruperto: ¿Cuánto cuesta esta porquería?
Gonzalito: Tres mil pesos.
Ruperto: ¿Tres mil pesos? ¡Qué estafa!... tomen, sólo tengo quinientos pesos; no tengo más plata.
Gonzalito: ¿Y todo ese dinero que tiene ahí?
Zoraila: ¿No tiene dinero?
Lalo: Miserable.
Ruperto: Esta es la única plata que tengo para pagar el pasaje para ir a la ciudad de Chillán. Voy a tratar de vender las cajas. ¿Quieren que se pierda todo el material que está cortado y perforado en el taller?
Zoraila: Yo pongo quinientos pesos.
Gonzalito: Entre todos apostamos, yo pongo quinientos pesos.
Armijo: Póngame a mí compadre. Después yo le pago.
Gonzalito: Ya, cincuenta pesos hemos puesto los dos.
Lalo: Yo pongo el resto que falta.
Ruperto: Yo pongo la cartilla y les comprobaré que el Mago es un engaño nacional. Bueno, vamos andando, que hoy hay que trabajar muy duro.
Armijo: ¿Cómo trabajar? Son recién las 5:30.
Ruperto: Era un cuarto para las ocho cuando salí de la casa, estaba escuchando las noticias y dieron la hora. Deben ser las ocho de la mañana. Ya vamos a trabajar.
Zoraila: Las ocho. Me voy a quedar sin carne para el cocimiento de hoy. ¡Cómo se pasa la hora! (*Sale.*)
Ruperto: Armijo, tráeme otra caja que esté bien terminada, fíjate que la pintura no esté saltada. Es para llevar de muestra y ofrecerlas en Chillán. Allá se venderán, estos modelos aún no los conocen.
Armijo: De inmediato don Ruperto Tolosa Manríquez, patrón mío y jefe absoluto de la usina de Carrascal 4.000. (*Sale.*)
Ruperto: Ya, dije a trabajar.
Lalo: Está bien... no será la primera vez que trabajo con el cuerpo en mal estado.
Ruperto: Y tú, artista de cuarta categoría. Dije muy claro... ¡a trabajar!
Gonzalito: Sé que no soy un gran artista, pero lo tengo dentro de mí... dentro.
Ruperto: Lo único que tienes dentro es una buena borrachera....
Gonzalito: Está bien, está bien. Una vez más triunfa la brutalidad por sobre la sensibilidad y la inteligencia....Ya llegará el día en que yo saldré del gran

Teatro envuelto en aplausos y admiración....Usted, en medio de la masa, querrá tocarme, mirarme a los ojos y yo pasaré a su lado ignorándolo....
ARMIJO: Aquí está la caja....(*Ruperto hace el paquete con las dos cajas.*)
ZORAILA: (*Entra poniéndose el abrigo.*) Armijo, toma la llave del local. Tú cierras. Yo me voy al matadero a comprar carne. Me voy derecho. (*Sale.*)
RUPERTO: Yo voy a ir a Chillán y voy a vender las cajas.... ¿Ustedes creen que voy a andar en taxi? No, a pie voy a recorrer la ciudad.... Estoy seguro que me va a ir bien.... Y cuando esté recorriendo las calles, cansado, voy a pensar que ustedes están trabajando. Nuestro taller no va a cerrar sus puertas, vamos a seguir.... [seguir. El dinero para importar se va a terminar... y tendremos nuevamente que hacer las cosas aquí... no habrá plata para comprarle al Japón... vendrán duros días de lucha para levantar el Chile arruinado] ... Nuestra batalla será en este taller.... Bueno, bonito y barato, pero chileno, mierda, ganaremos la pelea. (Apagón.)

II ACTO

PRIMER CUADRO: TALLER

En el taller, Armijo trabaja en su banco y Lalo duerme debajo del mesón del taladro.
[ARMIJO: Paskinel... Paskinel, despierta.... La patria está en peligro, y tú te quedas dormido.... ¿Eres o no el guardián de la libertad?
LALO: Me gustas cuando callas
porque estás como ausente
y mi voz no te toca.
ARMIJO: Basta de poesía, tú no sirves para eso.... Ya, ya, ya, levántate de ahí. (*Golpea el mesón.*)
ZORAILA: ¿Qué pasa aquí? Te volviste loco.... Ya amanecimos como vulgares chilenos en día lunes....
ARMIJO: Paskinel se quedó dormido y ligerito va a llegar el enemigo.
ZORAILA: Es cierto, el enemigo debe estar por llegar y entonces van a llover las patadas.... ¿Qué es eso de Paskinel?
ARMIJO: Paskinel es un indio que luchó por la libertad.
ZORAILA: ¿Por la libertad?
ARMIJO: Sí, pero en la televisión.]

ZORAILA: Aquí les dejo la leche para que repongan fuerzas los soldados.... Toma el diario. Qué fatales somos... una sola persona se ganó la Polla Gol en Santiago.
ARMIJO: (*Leyendo el diario.*) Expulsados del país.... Asalto a un Banco en el norte, un millón se roban.... Nuevo apagón.... Empate.... Ganó Magallanes, perdió Colo Colo.... Un solo ganador, 34 millones 840 pesos se gana esta semana....
LALO: Paskinel perdió.... Le pusimos empate al Colo.
ARMIJO: Ya está bueno.... Levántate.... Sale de ahí, arriba.
GONZALITO: (*Entrando.*) ¿Y don Ruperto? ¿No ha llegado?
ARMIJO: Dijo que hoy lunes llegaría temprano de Chillán. Ojalá le haya ido bien en la venta de las cajas y traiga algo de dinero.
GONZALITO: Yo no sé qué hacer.... A mí se me terminó el crédito en el almacén.... En la casa tuvimos que tomar té sin azúcar.... Yo le puse unas pastillas de menta que me quedaban en la chaqueta.
ARMIJO: A mí no me digas nada. Yo estoy peor que usted.
GONZALITO: Y a éste ¿qué le pasa? (*Señala a Lalo.*)
ARMIJO: Desde el viernes que anda inspirado y todavía no aterriza.
GONZALITO: ¡Que se levante!... Que tome cualquier cosa, un café con Pepsi Cola hace bien... si no aquí van a empezar los gritos, y yo no quiero escuchar más gritos.... ¿Sabes lo que me pasó la noche que estuvimos brindando con el Mago de la Polla Gol? Llegué a mi casa creyéndome Tarzán, me abrió la puerta mi suegra... me pidió explicaciones... me dió tanta rabia que yo le pegué un puñete ¡pang!... en pleno hocico le pegué.
ARMIJO: Tu familia te echó a la calle....
GONZALITO: No... me hice más el curado... como que veía visiones, fantasmas.... Por suerte me creyeron y me llevaron a la cama. Me pusieron unos paños fríos en los pies y en la cabeza.
ARMIJO: Y cuando se mejoró lo echaron a la calle.
GONZALITO: ¡No!... Aquí es donde viene lo terrible. En la mañana despierto, y, ¿sabe quién está a los pies de mi cama arrodillada rezando?
ARMIJO: ¡No!
GONZALITO: Mi suegra con la boca así (*Gesto.*).... Señor mío, Dios mío, perdónalo, no sabe lo que hace. Sálvale su alma, para que cuando muera no se le salga la mano del cajón. Mi suegra es campesina y cree en esas cosas.
ARMIJO: Pero si es cierto.... Cuando niño vivía en el campo. Un día un idiota le pegó un puñete a su padre. Y cuando se murió se le salía la mano del cajón. [En las noches se escuchaban los aullidos llamando a su padre para que lo perdonara. Su alma no podía descansar en paz. El cura del pueblo tuvo que venir a exorcizarlo.]

Gonzalito: ¿Me quieres asustar? A mí se me podría salir la mano del cajón... pero en este país llamado Chile hoy, hay algunas personas a las que se les saldría el cuerpo entero del cajón, si hubiera justicia contra los que atentan contra el prójimo.
[Armijo: Prójimo.
Gonzalito: Eso, el prójimo... prójimo. Pero yo tengo el orgullo de decir: por lo menos en mi casa derribé la tiranía. Cosas que no pueden decir muchos en este país.
Armijo: ¡Ya!... es mejor que te pongas a trabajar.
Gonzalito: Que se levante éste también. (*Muestra al Lalo.*)
Armijo: Estoy cansado de despertarlo.... ¡Ya! Paskinel.] Ya despierta.
Lalo: ¿Cómo terminó el partido de Naval?
Armijo: Perdió con Magallanes 2 a 1.
Lalo: ¡Nefasto! El triunfo era indispensable. Las derrotas ya no sirven. ¡Basta de derrotas por favor!
Armijo: De las derrotas también se aprende compadre.
Lalo: Las derrotas son derrotas. No soporto más los que pretenden, para levantar el ánimo, dar vueltas las derrotas en victorias. Se nos está olvidando ganar, necesitamos ganar... [victorias... aunque sean pequeñas... pero victorias verdaderas.]
Armijo: En mucho tienes razón, pero es aquí donde hay que construir las victorias, es aquí donde hay que trabajar.
Lalo: En Australia necesitan soldadores. A Paskinel le ofrecen el pasaje y contrato de trabajo, lo mismo que le dieron al compadre Jorge. Él está bien allá, trabajando sin problemas.
Armijo: ¿Has leído las cartas que ha mandado Jorge?... No, no las has leído, él tiene muchos problemas allá... [El exilio no es para Paskinel... él se queda en esta tierra, luchando hasta la muerte.... El compadre Jorge fue otra cosa... él fue un indio piel roja de una tribu sin pega.... Es aquí donde hay que trabajar, este taller va a salir adelante.] Estoy seguro que a Don Ruperto le va a ir bien vendiendo las cajas acústicas. [Quédese aquí y construyamos una victoria grande... los chilenos la pasan mal en el extranjero.]
Lalo: Soy joven y tengo toda una vida por delante. Me puedo adaptar a cualquier clima y ambiente. Aquí ya no tengo nada que hacer [defender; ya no hay búfalos... victorias... tiran para diferentes lados. Hay que cambiar directores técnicos en el equipo; tenemos que jugar en forma diferente. Nosotros no tenemos problemas para ponernos de acuerdo, nada tenemos que perder y sí

mucho que ganar. Pero... los que dirigen el club se pelean unos con otros... y nosotros... esperamos que se pongan de acuerdo.

ARMIJO: No hay nada que esperar... a nadie... por eso le pido que se quede... tenemos que hacer muchas cosas de nuevo.

LALO: Ya nada tengo que hacer. Nunca he dirigido un equipo, no me he preparado para eso. ¿Usted pretende dirigir el nuevo equipo?

ARMIJO: Sí, y aprenderé... nos costará mucho, pero vamos a ganar.

LALO: Cuando estén unidos volveré.

ARMIJO: Ya no será necesario.

GONZALITO: ¡Ya compadre Paskinel...! se va a tomar este café con Pepsicola, pero con fe para que se le pase la congestión. (*Le da en la boca como a un niño.*)

LALO: (*Bebe.*) ¡Despacio...! Mierda me ensuciaste.... (*Gonzalito deja el jarro en el mesón.*) Soy un fracaso... nunca se me pasará la borrachera... cuando esté solo en Canadá.... Paskinel echará de menos a su gente, sus mares, cordillera, valles, estaré solo y sin amigos....)

GONZALO: ¡Ya ...! compadre Paskinel, como un buen indio americano,] tómese el café con Pepsi y póngase a trabajar.

LALO: El sábado en la mañana presenté los papeles en el consulado [de Canadá], me dijeron que estaba en la edad, necesitan soldadores... es seguro aunque todo sale bien... y me voy.

GONZALITO: Tú piensas así porque no tienes familia.

LALO: [Yo no pienso así, yo no sé quien piensa todo esto... no me queda otra cosa.] En la casa es un infierno, todos los días mi madre: que la plata, la plata, la plata. Y mi viejo: sinvergüenza, búscate otra pega, ¿tú crees que éste es un camino fácil? ¡No! éste es el camino más difícil. Dejar la patria por una miserable pega. ¿Por qué crees que estoy borracho? [¿Porque tomo? ¡No! Estoy borracho de espanto. Paskinel se va de Chile...] soy un metalmecánico que no tiene salida.

GONZALITO: Perdone Don Lalo, yo no quise decir eso.

LALO: Si supieran cuánto quiero a mi país....

GONZALITO: Donde usted vaya, donde usted esté va a seguir siendo chileno.

LALO: ¿Tú crees que podré seguir siendo chileno?

GONZALITO: Eso nadie te lo puede quitar....

LALO: ¿Cuántos puntos sacamos en la Polla Gol?

GONZALITO: Ocho puntos.

LALO: Para ganar se necesitan trece puntos, y sólo sacamos ocho. Don Ruperto tenía razón, el Mago es una estafa popular. (*Se pone la chaqueta para salir.*)

Gonzalito: No te vayas así, tienes toda una vida por delante... despídete trabajando en.... (*Lalo sale y lo acompaña Armijo. Gonzalito tira unos fierros al suelo. Pone la radio con música alegre y luego recoge lo que ha votado. Se pone a trabajar. Entra Don Ruperto con un maletín de viaje. Ha viajado 8 horas.*)

Ruperto: Buenos días... ¿qué?... (*Se miran sin entender nada*) Tú estás cada día más raro. (*Se cambia ropa.*)

Gonzalito: Don Ruperto, ¿cómo le fue en Chillán? ¿Vendió algunas cajas?, ¿trajo longanizas, plata? Ya entiendo todo, no me diga nada, por la cara se le nota... las desgracias.... (*Ruperto se ríe.*) ¿Quéee, le fue bien...? No me diga que le fue bien....

Ruperto: Logré vender... logré vender la mitad de las cajas... quinientas cajas vendí. $250.000 me dieron por adelantado... el material, el fierro, las planchas están financiadas.

Gonzalito: ¡Vamos a tomar té con azúcar de nuevo!

Ruperto: ¿Y los demás dónde están?

Radio:: Volvemos a repetir la información que diéramos hasta las últimas horas de la transmisión de ayer: que se ponga en contacto con nuestra emisora el feliz poseedor de la cartilla ganadora número 26041983 jugada en la agencia 4552 de Carrascal. Hasta el momento no aparece el único ganador del concurso 26. Volvemos a repetir: que se ponga en contacto ...

Gonzalito: (*Primero ha escuchado a Ruperto, luego solo. Hablando mientras la radio transmite. Ruperto primero escucha a Gonzalito, luego sólo escucha la radio.*) No, es que Lalo se sentía mal... el muchacho se desespera, es muy sensible... presentó los papeles al Emperador.... ¿Emperador? ¡Sí!... del Canadá.... ¿Qué le pasa? Le estoy hablando algo importante y no me hace caso. Nuestros problemas a usted no le interesan, son tonterías... cuando yo fui artista usted se portó cruel conmigo....

Ruperto: (*Hablando por teléfono con la emisora.*) ¡Con el locutor de planta por favor...! Pásame la cartilla, en la chaqueta....

Gonzalito: ¿Dónde?... ¿Qué?

Ruperto: En el bolsillo de mi chaqueta....

Gonzalito: La chequera tiene sólo....

Ruperto: En el otro bolsillo... la cartilla....

Radio:: Pero, un momento... un momento, señores auditores. En estos precisos instantes se está poniendo en contacto con nuestra emisora un posible ganador.

Gonzalito: Aquí está.

Ruperto: ¡Apúrate!

Carrascal 4000: Una calle   97

RADIO: Aló señor.
RUPERTO: Aló... con él....
RADIO:: ¿Cuál es su nombre y el número de su cartilla por favor? (*Gonzalito le pasa la cartilla.*)
RUPERTO: La 26041983. Ruperto Tolosa Manríquez, es mi nombre señor.
RADIO:: ¿En qué Agencia la jugó señor, por favor?
RUPERTO: En la 4552 de acá, de Carrascal... la calle larga con la palmera grande frente a la Municipalidad.
RADIO:: ¿Cuál es su número de carnet, señor?
RUPERTO: 4.244.321 de Santiago, Ruperto Tolosa Manríquez es mi nombre.
RADIO:: Don Ruperto Tolosa. Nuestra emisora desea decirle a usted lo siguiente señor: efectivamente don Ruperto Tolosa, usted es el único ganador de la extraordinaria suma de 34 millones 842 mil pesos.
GONZALITO: (*Sale gritando.*) ¡Lalo!.... ¡Armijo!.... ¡Zoraila!
RADIO:: Los felicitamos don Ruperto Tolosa. Y cuéntenos don Ruperto ¿por qué se demoró tanto en confirmar su premio? ¿cómo se siente con esta noticia?
RUPERTO: Bueno... este... perdóneme que haya demorado tanto... yo estaba en Chillán, en el sur... vendiendo las cajas... perdóneme, pero yo soy un pájaro, vuelo mucho.
RADIO:: No me pida perdón, señor por favor. Lo felicitamos. ¿En qué trabaja usted don Ruperto?
RUPERTO: En el taller... la gente acá están todos muy contentos... gracias... muchas gracias... me pongo tonto yo a veces, perdóneme... no puedo hablar... estoy muy nervioso... dígale a la gente de la radio que me perdone... no puedo.... (*Cuelga el teléfono. Todos vuelven y se abrazan llorando de emoción, son millonarios.*)¡ Le apuntamos muchachos... le apuntamos, mierda!
ZORAILA: Don Ruperto... qué alegría....
LALO: Nunca más, nunca más volveremos a... Viejo con suerte....
ARMIJO: Es demasiado para nosotros, es demasiado....
GONZALITO: Viejo de mierda... cara de chancho. Y, no tenía idea cómo se jugaba.
RUPERTO: La marqué mirando para arriba.
GONZALITO: ¿Mirando para arriba? Venga para acá. Tómenlo ustedes de ahí. ¡Ya! arriba. (*Lo mantean a Ruperto.*)
RUPERTO: ¡No! ¡Cuidado! Locos... locos.... ¡No!
GONZALITO: (*Lo dejan en el suelo. Le toman los testículos para impedir que pueda silbar.*) Silba, viejo de mierda... viejo con suerte... silba... silba. (*Ruperto logra silbar. Se apaga la luz. Se escuchan gritos de la gente del barrio enterada de la noticia. Acuden a pedir ayuda. Trabajo. Dinero.*)

Deportivo Carrascal
a luchar, a luchar
sin descansar

En la cancha damos todo
nos jugamos por entero
hasta el final

MUJERES: ¡Viva el Centro de Madres de Carrascal!
MUJER: Una ayuda para los comedores infantiles.
HOMBRE: Para el Club, regálenos un juego de camisetas.
HOMBRE: No te olvides de los pobres.
RUPERTO: Cierren la puerta del taller. Zoraila tranca la puerta, llama los pacos, que no entre nadie.
VOZ: Ahora que tienen plata, convídennos pega....
RUPERTO: ¿Ahora todos quieren trabajar?
VOZ: Viene la prensa .. los periodistas... periodistas.
VOZ: Déjenme pasar por favor... no me empujen... debieran tener más educación... ¿no se fijan?
VOZ: Perdone señorita periodista... ¡oyeron los rotos de mierda que tienen que ser más educados!
TODOS: Ya, está bien, que hable luego la pituca.
VOZ: Don Ruperto, para la prensa por favor... ¿qué piensa hacer con el dinero que ha ganado?
RUPERTO: ¿Yo?... bueno... le voy a declarar la guerra al Japón. Vamos a seguir trabajando como locos, pero ahora con dinero para comprar materiales y herramientas. [La Toyota y la Mazda serán arrasadas de este país. Los japoneses no podrán competir con nosotros.] Trabajo y eficiencia... eso es lo que voy a hacer con el dinero.
VOVES: Bien, don Ruperto, todos vamos a tener pega.... ¡Viva Chile, mierda! Dejen entrar, no se escondan... ahora que es millonario no se olvide de los pobres, sus amigos....

SEGUNDO CUADRO: QUINTA DE RECREO

Foco concentrado en primer plano. Se realiza el cambio con un ritmo de gran urgencia. Con palos largos que atraviesan la escena se trancan las puertas para evitar el ingreso de los pobladores. Quinta de recreo. Los gritos disminuyen con la llegada de la policía.

ZORAILA: (*Telefonea.*) Para eso está la policía, para resguardar el orden público. Capitán, venga a tomar un trago con nosotros y a compartir nuestra felicidad. Hace una semana que estamos celebrando. Imagínese, de la noche a la mañana ... millonarios. Es para volverse locos... la gente del barrio ya está tranquila. Don Ruperto les convidó como cincuenta kilos de carne.... ¡Cómo comían! [El próximo viernes entregan el dinero del premio pero los comerciantes desesperados por vender, la falta de dinero, nos mandan a crédito todo tipo de mercaderías. El bigote de mosca del carnicero nos ha mandado cien kilos de carne, del supermercado nos mandan vinos y tragos fuertes.... Lo estamos pasando como en un sueño.... Vengan más tarde... hay un rico asado a la parrilla... hasta luego....] lo voy a estar esperando (*Cuelga.*) Las relaciones públicas no se pueden olvidar.

Rodrigo: Don Ruperto, confieso que yo no supe tener visión de futuro con usted cuando le negué el préstamo para trabajar. Pero, ¿quién confía en un hombre de trabajo hoy en nuestro país?... Nadie.... El trabajo ya no vale nada, sólo el capital es el que vale. [Mire esta tarjeta de propaganda de nuestro banco: eternícese en nuestro banco, le ofrecemos la vida eterna para usted y los suyos. Deposite en nuestras cuentas a corto, mediano y largo plazo. Usted puede morir, pero su capital jamás.] En nuestras oficinas su capital no muere jamás.

Ruperto: Usted se portó como un chancho conmigo cuando le pedí dinero para trabajar en mi taller.

Rodrigo: Es verdad, no lo puedo negar, pero usted tiene que entenderme, yo sólo soy el jefe de una de las oficinas del banco. Y, le confieso que no puedo entender el sistema en que estamos metidos. El banco consigue 300 millones de dólares en Estados Unidos que debemos pagar a un porcentaje de un 12 porciento anual. Y nosotros prestamos este dinero en el país, exigiendo un 5 porciento mensual de interés.

Ruperto: Eso es lo que yo quería que cobraran por el préstamo que les pedía.... Yo no le puedo pedir a los Estados Unidos que me preste dinero para comprar fierro al 12 porciento anual y, estoy obligado a pedir al 5 porciento mensual.

Rodrigo: Tenemos orden de no prestar a industriales, pues todos están quebrados con sus empresas. [Y cuando esto ocurre el banco sólo recupera los fierros viejos y máquinas que no tienen ningún valor hoy en el país.] ... no recuperamos el dinero que hemos presentado.

Ruperto: Pero, ¿a qué nos vamos a dedicar en este país?

Rodrigo: Don Ruperto, ya se lo dije, a importar. Importe cualquier cosa y el banco le presta dinero sin problemas.

Ruperto: Pero si no se produce nada... consumir sin producir es un crímen.

Rodrigo: Los Estados Unidos están en crisis en la venta de sus productos industriales. [Nos prestan dinero para que compremos sus productos. Si nos ponemos a producir ellos no venden.] Para producir a nosotros no nos prestan dinero.

[Ruperto: Ellos saldrán de la crisis y nos hundirán a nosotros. ¿Quién nos salvará a nosotros de nuestra crisis?
Rodrigo: Milton Fridmann dice que este sistema es seguro. Y por ello le dieron el Premio Nobel de economía.
Ruperto: Si las cosas fallan, ojalá le quiten el premio. Bueno, ¿qué es lo que quiere usted de mí?
Rodrigo: En primer lugar que me perdone, y en segundo lugar, que me ayude.
Ruperto: ¿Yo a usted? ¿El hombre más importante de Carrascal necesita de mi ayuda?]
Rodrigo: Nuestro banco es un gran banco. Pero nuestra oficina está a punto de cerrarse porque está en un barrio pobre. Don Ruperto, Carrascal no puede quedar sin banco.
Ruperto: ¿Carrascal barrio pobre? ¿Cuántos días llevamos en fiesta Zoraila?
Zoraila: Una semana.
Ruperto: Una semana sin hacer nada con mis manos. Yo cuando no hago nada con mis manos me pongo a pensar más... no puedo pensar en lo que nos espera en el futuro. [Me parece que fue ayer nada más cuando estuvo en este barrio el finao, el que no se puede nombrar]... pásame un tiesto, mujer, y un delantal, ponle un par de huevos que voy a batir... no puedo... me estoy poniendo a pensar, tengo que hacer algo con mis manos.
Zoraila: Póngase el delantal, tómese un buen trago... no se ponga triste ahora, aquí está el tiesto.
[Ruperto: Vino a inaugurar industrias... hay que trabajar y producir más que nunca, para que nuestro pueblo consuma... por primera vez el pueblo tiene derecho a consumir.... Todo se debe hacer en el país, no podemos importar.... Si producimos más se podrán aumentar los sueldos y así se consumirá lo que producimos... en las calles se pintaban murales, se construían parques infantiles, se construían escuelas, policlínicos; los niños tomaban leche...
Rodrigo: Don Ruperto, baje el volúmen.]
Zoraila: Bata esos huevos....
Ruperto: Sí, pon el sartén, con tocino, pimienta y ajo, ponle ají también... vamos a hacer algo especial....
Rodrigo: ¿Se acuerda de esas películas que veíamos cuando éramos niños? Cuando en carros tirados por caballos atravesaban el desierto, entre los indios, con los dineros de un banco instalado en un pequeño pueblo distante. Por eso que Estados Unidos es un país grande; luchó por sus bancos, [se sacrificó por ellos. Don Ruperto, mi jefe me acaba de autorizar para abrirle una cuenta con un millón de pesos en crédito. El premio, el dinero se lo darán el viernes,

pero usted tiene hoy nuevas obligaciones que cumplir. Usted ha pasado a ser una persona importante y debe firmar cheques para hacer sus negocios.] No le quito más tiempo, firme usted estos papeles y le haré entrega de un libreto de cheques con un millón de pesos de fondos. El viernes cuando usted reciba su premio, lo deposita de inmediato en su cuenta y ésta contará con 300 millones. Así salvará a Carrascal de quedar sin banco.

RUPERTO: (*Firmando los papeles.*) ¿Usted me da una chequera con plata?
Rodrigo: Sí. Hasta luego don Ruperto, lo felicito y que lo pase muy bien. Se lo merece. Adiós. (*Sale.*)
ZORAILA: ¿Qué va a preparar con este sartén con tocino y aliños picante?
RUPERTO: Vamos a preparar algo especial. Un guiso original. En una fiesta, una vez, yo estaba con varias mujeres... y todas se volvieron locas con un tipo que llegó diciendo que él era húngaro... y, yo me quedé solo, porque todas querían estar con el húngaro. ¿Será igual en todas partes, que a la mujer le gusta tanto el extranjero?... Bueno, el húngaro para llamar la atención de las mujeres le ponía mermelada al consomé de gallina. Yo me dí cuenta que el tipo no era húngaro, sino chileno. Me dio tanta rabia que le pegué al húngaro por cochino... bueno... siguiendo con la receta del húngaro, le vamos a poner mermelada a los huevos con tocino....
ZORAILA: ¡Qué cochinada! Lo dulce nunca se mezcla con lo salado. En las mesas decentes siempre se le dice a la servidumbre: niñas, retiren lo salado para servir lo dulce.
RUPERTO: ¿Y cuándo los decentes han tenido buen gusto? Cocinar bien es como una poesía.... Neruda y su caldillo de congrio, néctar de dioses en materias de pescado bien cocinado.... (*Ruidos en la calle, se escucha la voz de Armijo.*)
ARMIJO: (*En la calle.*) Déjenme pasar... yo vivo aquí....
[Voz: Yo también quiero pasar.
Voz: No se puede pasar por orden superior.
Voz: Le quiero ofrecer un buen negocio.
Voz: No se puede pasar.
ZORAILA: Es el Armijo que quiere pasar y no lo dejan.
RUPERTO: Déjelo pasar mi cabo, él vive aquí también.
ARMIJO: (*Entra quejándose de dolor de espalda.*) Venía entrando y me dieron un lumazo.]
RUPERTO: ¿Dónde andabas?
ARMIJO: Yo soy un hombre de trabajo... me siento mal... no puedo andar tantos días en fiesta... salí a caminar, me pasó algo muy raro... caminando... caminando, recorrí el centro, miré vitrinas y me dieron ganas de consumir...

de comprar todo, nunca me había sentido así, estoy muy asustado, don Ruperto. No me di cuenta cuando entre luminosos letreros, vitrinas y calles me encontré soñando. Volaban a mi alrededor refrigeradores, jugueras, telas importadas, radios. Era el cielo moderno.... Ví a Dios en un gran auto Ford, al joven Jesucristo en una moto Kawasaki de 1200 centímetros cúbicos. San Pedro estaba instalado con un grandioso supermercado gigante, y por unos parlantes decía.... ¡Ven a consumir, de un alfiler a una locomotora, todo gratis para ti. Subí por una escalera automática, de pronto me encontré rodeado de maravillas: tornos, fresas, soldadoras, limadoras, rectificadoras... las máquinas más hermosas que jamás haya visto nunca. Se me acercó la Virgen María y me dio unos catálogos. Me dijo: 30 porciento de pie y el resto en cómodas cuotas mensuales, se aceptan hasta 36 cuotas con sólo el 5 porciento de interés mensual. (*Miran los catálogos.*)

RUPERTO: Son buenas máquinas... alemanas, son buenas máquinas.
ARMIJO: Y, mire estas otras... son más baratas.
RUPERTO: ¡Ahhh ... no! éstas son japonesas.... (*Ruperto distraídamente firma un cheque.*) Estamos en el baile y seguimos bailando... toma, tienes un cheque en blanco, tú le pones la cantidad por el valor de la máquina.
ZORAILA: Don Ruperto, está listo el guiso.
[ARMIJO: Gracias... usted no se va a arrepentir... el mejor taller de Carrascal, con modernas máquinas....
RUPERTO: Quedó rico el guiso... Armijo, ven para acá... sorpresa... sorpresa....
ARMIJO: ¿Qué es eso?
RUPERTO: Algo especial... pruébalo... tocino, huevos, pimienta, ajo, y, mermelada.... No arrugues la nariz. Está bien preparado por tu patrón, a la húngara. (*Armijo no come.*)
ARMIJO: Vuelvo en seguida. Voy a buscar a los muchachos.
RUPERTO: ¡Ay! ¡qué delicadas están las señoritas! ¡Ya! ¡Ya! Todo el mundo a comer huevos con mermelada... apúrense....
LALO: Estamos preparando el asado, don Ruperto. (*Entrando.*)
GONZALITO: Estamos cuidando la carne, se puede quemar. (*Entrando.*)]
RUPERTO: En fila (*A Lalo.*) Ya toma. (*No le gusta. Sale corriendo.*)
GONZALITO: Yo voy a ver el asado, mejor....
RUPERTO: ¿El asado? ¡Ya! Abre la boca.... ¿Cómo está?
GONZALITO: Está bueno... bien bueno....
RUPERTO: ¿Te gustó?... Toma, cómetelo todo.
GONZALITO: Gracias. (*Come a gusto.*)
RUPERTO: Yo sabía que tú tenías sangre húngara.

LALO: Don Ruperto, brindemos por Carrascal.

RUPERTO: Ya que estamos en el tema. Vamos a brindar por Carrascal, barrio que nos vió nacer.... Si ustedes supieran lo que yo quiero a mi barrio.

ZORAILA: Antes la gente venía aquí a divertirse los fines de semana, con sus familias completas. Almorzaban, se divertían toda la tarde, hasta orquesta teníamos. Ahora no. Todo esto se ha muerto.

RUPERTO: Vamos a hacer una sociedad. Le vamos a dar vida de nuevo a esta propiedad... [vamos a embaldosar... todo embaldosado. Vamos a poner azulejos en la cocina, en los baños... y vamos a echar abajo esa muralla y vamos a poner unos mesones largos.] Vamos a hacer una disco donde se sirvan porotos con cuero de chancho, vino y fruta con helados.

ZORAILA: ¡Qué cosa más linda! [Me dan ganas de llorar de emoción cuando lo escucho.]

RUPERTO: Vamos a poner buena música, el merequetengue, la huaracha y el merecumbé. Y cuando lleguen los turistas que les gustan esas cosas... "sivuplé" "sivuplé"... "tipical"... folclórico... vamos a poner un estacionamiento afuera. Sí, los negocios para que sean buenos tienen que tener su personalidad.

GONZALITO: Don Ruperto, yo estoy pensando en que podríamos instalar un escenario y se podría hacer una buena revista aquí. [Yo conozco muchos artistas que vendrían gustosos a trabajar aquí. Yo podría ser el director de escena....]

RUPERTO: Tú te quedas a cargo de eso. Y ahora te vas a colocar un vals, porque vamos a bailar un vals doña Zoraila.

LALO: Armijo, ven al baile.

GONZALITO: El número cinco es un merequetengue de Strauss. (*Coloca un disco.*)

RUPERTO: Esos son lindos. (*Bailan simulando el día de la inauguración. Cantan todos.*)

TODOS: Carrascal, Carrascal (bis)
   Cuatro mil (bis)

RUPERTO: (*A Lalo que se ríe mucho.*) Y... tú... lo estás pasando bien ¡Ahh!... así mismo lo vas a pasar en Australia [Canadá]... (*Le da un puñete en broma.*) Te mato... te mato, animal....

ZORAILA: ¡Qué lindo! si parece un sueño en colores.

RUPERTO: ¡Qué sueño! todo esto será verdad. El viernes cuando entregue la cartilla premiada nos darán los 300 millones.... En esta cartilla tengo el poder total.... (*Canta y baila.*) Todo el poder, todo el poder
   para los mecánicos de Carrascal

Carrascal, Carrascal, Carrascal
por ti vamos a ganar.
(*Ruido en el techo del local. Es el financista que al no poder entrar por la puerta se ha subido al techo. Hombre elegante, de terno y corbata, con maletín de documentos, una pierna del pantalón se le ha rajado en el techo, se le ven los calzoncillos a rayas.*)

FINANCISTA: Ruego por favor me disculpen... no deseo molestarlos, es urgente, por favor....

GONZALITO: ¿Quién anda ahí?

ZORAILA: Bájense, se van a caer.

RUPERTO: Échenlos para afuera.

LALO: Yo le pego, don Ruperto.

TODOS: ¡Ahhhh! (*Aparece Financista con pantalón rajado.*)

FINANCISTA: No se preocupen de mi ropa. Es un casimir inglés desechable. Mi real interés es abrir ante ustedes un amplio abanico de posibilidades de inversión al corto, mediano y largo plazo, con o sin garantías hipotecarias, worrents o avales....

ARMIJO: No se preocupe por nuestras inversiones. Nosotros estamos decididos a seguir trabajando en nuestro taller. Vamos a comprar máquinas nuevas y....

GONZALITO: No señor...nada de máquinas. Yo estoy hasta aquí con los fierros. Lo que está decidido es hacer una disco a la chilena y además una compañía de revistas.

ARMIJO: ¿Compañía de revistas? ¡para que terminemos comiéndonos las palomas del mago?...

GONZALITO: Cállate tú, bruto, animal, insensible. No sólo de palomas vive el hombre.

ARMIJO: No sólo de pan vive el hombre.

GONZALITO: ¿Qué tiene que ver el pan con esto? Lo que pasa es que para ti la vida sólo son los fierros, y estoy hasta aquí con los fierros. Yo quiero vivir como hombre y también soñar en cosas hermosas. Ahora que tenemos dinero....

ARMIJO: Despierta y déjate de soñar.

GONZALITO: Te voy a matar....

RUPERTO: ¡Ya basta! se callaron... me aburrí, no vamos a hacer nada... me oyen... nada.

GONZALITO: Pero, don Ruperto... ya se había tomado un acuerdo.

RUPERTO: Silencio he dicho... todavía no tenemos el dinero en nuestras manos y ya estamos peleando como fieras hambrientas. No les da vergüenza... frente al caballero... ¿qué se va a imaginar de nosotros?

FINANCISTA: No se preocupe por mí señor. Siempre que hay dinero pasan estas cosas.... Ustedes tienen un gran problema, pero es fácil de solucionar. Yo nunca pierdo la esperanza que el mundo viva algún día en paz. No perdamos nuestra condición de seres humanos por el miserable dinero. Yo le ruego a usted (*A Armijo.*) que no traiga al debate económico negocios obsoletos, malos, sin futuro, limitados por un mercado potencial en el que la pequeña industria no tiene ningún papel que jugar, y, eso en el mercado nacional, porque si quiere arriesgar en las exportaciones... se encontrará con una realidad dura, saturada y con una tasa de retorno negativa, indiscutiblemente. ¿Me entiende, maestro?

ARMIJO: ¿Tasa de retorno negativa? (*Se encoge de hombros.*)

FINANCISTA: Hoy vivimos en un mundo moderno, donde el estado no participa en las gestiones productivas. El hombre hoy se divide en dos grupos: el que trabaja para producir dinero y, el que en la etapa superior, el que hace trabajar el dinero para él. En este último caso el hombre descansa, disfruta de la vida....

GONZALITO: Hay otros que trabajan para ser felices.... Nosotros vamos a instalar una compañía de revistas en este local. [Con números originales, la gente que tiene muchos problemas va a venir aquí a revivir, a soñar para retomar fuerzas para seguir luchando por la vida....]

FINANCISTA: Perdone que lo interrumpa señor. Mire, nuestra firma, además, representa al consorcio RW Picturer Inc. Tenemos video-casettes. Los más grandes espectáculos grabados para su TV casera, por ejemplo Frank Sinatra por 30 dólares; el Lido de París con todas sus bailarinas por sólo 35 dólares; Julio Iglesias por 20. ¿Puede usted competir con estos precios? No. Bien, sigamos. Ustedes cuentan con un apreciable capital y están a punto de entrar a la etapa superior del hombre; todo depende de la decisión que tomen ahora. Ustedes están en condiciones de no trabajar más en sus vidas.

RUPERTO: ¿Usted dice que se puede ganar dinero sin trabajar?

FINANCISTA: Exactamente, señor. Yo le ofrezco a usted una carpeta llena de valores, [bonos hipotecarios, brockers, que le permitirán a usted una renta líquida mensual sin tener ningún problema.] Supongamos que yo le ofrezca un miserable interés del 3,4 porciento mensual por sus $34.840.000. Esto le daría una renta mensual líquida de $1.034.610. Al día $34.587. A la hora $1.441. Y al segundo $24. Vale decir que mientras usted piensa está perdiendo cualquier cantidad de dinero. Mire usted mi reloj... cada segundo que pasa usted pierde $24, $24, $24....

RUPERTO: ¡Basta!... está bueno.

FINANCISTA: Y, yo le ofrezco una carpeta de mayor rentabilidad. Esta carpeta contiene valores al 3.5 porciento mensual, que le daría a usted $30 por segundo. $30, $30, $30... ¿se da cuenta?
RUPERTO: ¿Qué debo hacer?
FINANCISTA: Muy simple, usted me da la cartilla ganadora de la Polla Gol y me firma aquí, para cobrarla. Y yo le doy a usted esta carpeta con los valores que le darán una renta mensual.
RUPERTO: ¿Usted deposita el dinero de la cartilla?
FINANCISTA: Exactamente, por eso recibe usted la renta mensual. Y, si usted no retira dinero en un comienzo, su capital crecerá. Primero será poco, luego otro poco, luego otro poco, lo que en la línea de inversión indicará un leve ascenso, luego otro poco y aquí la línea nos dará un salto pequeño. (*Indica la línea en el aire.*) Pero pronto vendrá otro salto más grande y luego otro salto más grande y aquí viene lo que se llama hoy día en economía "el despegue"... (*La mano en alto en saludo nazi.*) El capital logra su expresión máxima y usted no sólo disfruta de la vida, sino que entra usted a jugar un papel histórico cuando el hombre logra dominar al capital y éste le otorga la felicidad eterna.
RUPERTO: (*Firma documento.*) ¡Ya! he firmado ...
FINANCISTA: Me alegro... lo felicito... gran decisión ha tomado.
RUPERTO: ¿Yo ya puedo contar $30, $30, $30, a mi favor...?
FINANCISTA: Sí, don Ruperto Tolosa, ya puede comenzar a contar a su favor.... Un teléfono... debo llamar a la oficina.
RUPERTO: Préstenle el teléfono (*Cuenta.*) 30; 60; 90; 120....
ARMIJO: ¿En qué quedó la compra de las máquinas? ¿En qué quedó el mejoramiento del taller mecánico?
RUPERTO: Cállate, que me haces perder la cuenta, animal, 240; 270; 300....
ARMIJO: Uno se aburre sin trabajar, aunque gane muchos intereses... me oyes viejo loco y estúpido... lo vas a perder todo por tonto y ambicioso.
RUPERTO: Eres como campesino, duro de cabeza, no entiendes nunca.... Te di un cheque para que compraras las famosas máquinas... pero sigues molestando ¿qué quieres de mí?... déjame en paz.
ARMIJO: Aquí está su cheque... no lo firmó... con ese papel no puedo comprar nada.
RUPERTO: Son detalles que se le escapan a uno. (*Firma.*) [Yo tengo que pensar en todo ... toma, esta es tu parte del premio... porque la parte nuestra está acá al 30 para adentro... 330, 360, 390....
ARMIJO: Gracias... todo está listo. (*Sale.*)

ZORAILA: ¿Y el local no lo vamos a comprar y arreglar como se había pensado?
GONZALITO: Ese asunto de Frank Sinatra, pensando con calma. No es lo mismo un espectáculo en vivo, que envasado. ¿Y cuánto cuesta él en vivo?... Podemos competir don Ruperto, podemos competir....
RUPERTO: 540; 570... no me hagan perder la cuenta. Habla con el caballero, él entiende de inversiones... 570; 600; 630....]
GONZALITO: Don Ruperto, yo me encontré con una negra norteamericana que es toda una oportunidad, es fantástica la negra, si cuando camina parece que todo bailara en ella.... ¿Oiga, ese hombre ya lo computó? ¿Es usted el mismo Ruperto Tolosa que yo conocí? ¿Es usted el mismo Ruperto Tolosa que yo conocí? ¿el hombre sencillo?
RUPERTO: Yo soy el mismo... yo no cambio....
GONZALITO: Entonces, escúchame.
RUPERTO: ¿Qué tengo que escuchar ahora?
GONZALITO: La fantástica idea que tengo para la revista que vamos a hacer aquí. Cierre los ojos... cinco soldadoras al arco en el fondo del escenario tirando rayos de luz... luego unos braceros con hielo seco para que den humo como nubes celestiales. En el centro dejo caer un gran columpio con una luz imaginando de perfil y allí siento a la negra norteamericana semivestida cantando: ["Desde que se fue/ nunca más volvió/ caminito ..."]
RUPERTO: Pero, ¿quién va a ver esto?
GONZALITO: El público.
RUPERTO: ¿Y tú crees que el público va a pagar para ver eso?
GONZALITO: Yo creo que la gente va a hacer cola para las entradas, y por último el arte no es un negocio nada más.
RUPERTO: No piensas con tu cabeza... lo único que buscas es darte gustos. [Entiende que el arte y la cultura es como un vicio que se te ha metido en la cabeza... entiende que eso no es para ti.]
FINANCISTA: ¿Podrían hablar más despacio que no escucho?
RUPERTO: Perdone, está bien. ¿Que no se dan cuenta los estúpidos lo que estoy tratando de hacer con nuestro dinero?... Lo voy a poner en un lugar seguro y tener tiempo para pensar... nosotros no sabemos manejar tanto dinero.... ¿Cuánta gente humilde se ha transformado en millonario de la noche a la mañana y, por no saber qué hacer con el dinero, han permitido que cualquier traficante los engañe y en un corto plazo han vuelto a la miseria. ¿Eso quieren que les pase a ustedes?
ZORAILA: ¡No!

RUPERTO: No se les ocurre nada bueno. Y con esta carpeta podremos estar pensando, sentados pierna arriba, hasta que se nos ocurra algo mejor. Y mientras pensamos estaremos recibiendo $30, $30, $30.... Y, ahora dime una cosa ¿qué enredo tienes con esa negra?
GONZALITO: Yo, ninguno, ella es una negra que venía en un circo... es domadora de focas, y se le enfermó el foco... porque es macho... y quedó cesante, sin trabajo, y me dijo... yo trabajo contigo por la plata para la comida del foco y la mía.
RUPERTO: Es barato el número, entonces ...
GONZALITO: ... y la negra es linda. Tiene las piernas largas para el columpio, y un pelo negro... pero tiene todo tipo de pelucas.
FINANCISTA: Perdone que los interrumpa... ¿quién jugó la cartilla?
RUPERTO: Yo jugué la cartilla, pero todos pusimos dinero. El premio nos pertenece a todos, pero yo administro.
FINANCISTA: Hubo un error... ¿cuántas apuestas hizo?
RUPERTO: Cuatro apuestas hice.
FINANCISTA: Don Ruperto, en la agencia donde usted jugó se equivocaron; usted pagó cuatro apuestas, pero el funcionario en vez de cuatro marcó cinco apuestas, quedando usted con una demás. Por lo tanto el consejo superior de la Polla Gol acaba de decretar que esta semana nadie acertó al máximo de puntaje, los trece puntos. El premio será repartido entre todos aquellos que tengan doce puntos esta semana. El total de ganadores son 94, estando usted incluído naturalmente.
RUPERTO: Yo soy el único ganador de la Polla Gol....
FINANCISTA: Cálmese don Ruperto... cálmese por favor....
RUPERTO: Todo Carrascal es testigo.... (*Toma al Financista por la solapa.*)
GONZALITO: ¡No, don Ruperto!
ZORAILA: ¡No le pegue don Ruperto!
RUPERTO: Lo dijeron por la radio. Yo soy el único ganador de la Polla Gol.
FINANCISTA: Tome usted su cartilla ganadora y deme la carpeta con nuestros valores. Ustedes sólo han ganado $370.000 y ese monto no nos interesa... yo ahora quiero irme de aquí... suélteme por favor....
RUPERTO: Yo soy el millonario... yo soy el único... ¿me entiende? (*Toma del cuello al Financista.*)
GONZALITO: No se acrimine....
FINANCISTA: Déjeme... suélteme...yo sólo quiero tomar mi auto e irme de aquí.... suélteme....

RUPERTO: ¿Andas en auto?... el auto, mierda...¿dónde está el auto? yo le hago pedazos el auto.
FINANCISTA: No... por favor no... el auto es nuevo y un modelo exclusivo... ayúdenme... avísenle al chofer....
RUPERTO: El auto, el auto... yo te destruyo el auto. (*Sale.*)
ZORAILA: Gonzalito, no lo deje... Lalo, por Dios...Lalo, venga....
FINANCISTA: ¡No! Le ruego don Ruperto... Dios es como una grabadora que graba todos nuestros pecados en la vida y, en el juicio final... esa grabadora (*Ruido de latas, golpes muy fuerte.*)
GONZALITO: (*Fuera.*) Basta don Ruperto, el auto no tiene la culpa, y menos el chofer.
RUPERTO: (*Entra furioso.*) Aquí tenís tu auto.
FINANCISTA: Don Ruperto, permítame.
RUPERTO: Así le voy a hacer. (*Salta dando un trastazo y cae al suelo, el resto le ayuda a pararse.*)
ZORAILA: ¿Dónde está la Polla Gol? Yo le hago un escándalo a la Polla Gol.... (*Sale y siguen los ruidos.*)
FINANCISTA: Detengan ese gorila... me he roto el pantalón, me destruyen el auto, por una porquería de negocio.... (*Cae una puerta de auto. Entra Lalo comiendo un pedazo de asado y mira hacia afuera.*)
LALO: ¿Qué pasó?
ZORAILA: Le dió vuelta el auto. (*Apagón y cambio.*)

TERCER CUADRO: TALLER

Gonzalito está trabajando. Zoraila recoge los jarros de la leche. Entra Armijo.
ARMIJO: Buenos días. (*Entra apurado y se dirige al teléfono.*)
GONZALITO: Buenos días.
ZORAILA: Buenos días.
GONZALITO: Armijo... tenemos que armar 500 cajas para el próximo fin de semana. En Chillán las esperan. El Lalo se va el sábado y don Ruperto está enfermo de la cabeza. Estamos los dos solos para hacer todo el trabajo.
ARMIJO: (*Al teléfono.*) ¡Aló! Habla Armijo Rojas, del taller metalmecánico de Carrascal 4000. Me dijeron que de la Aduana despacharon la máquina... y yo no he recibido nada.... Yo necesito ahora esa máquina aquí, si no el negocio se deshace. ¿Cómo que no se puede deshacer el negocio?
ZORAILA: Todos hablan de negocios en este país.

GONZALITO: Sí, muchos negocios y poco trabajo.
ARMIJO: (*Sigue en el fono.*) Pero usted me asegura que llega hoy... está bien... hasta luego. (*Cuelga.*) Don Ruperto ¿dónde está? (*Entra Rodrigo.*)
RODRIGO: Ahora sí que se cierra la oficina del banco. Y todos vamos a ir presos. ¿Dónde está don Ruperto? Por favor... lo necesito urgente... hay que quitarle la chequera....
ZORAILA: Todo buen funcionario de Banco, como usted, debe estar preparado para ir a la cárcel. Los tiempos que se vienen son difíciles. Las cárceles por lo demás están llenas de funcionarios de Bancos, comerciantes e industriales y de otros.... La cárcel ha elevado su categoría... .
RODRIGO: No sólo para ir a la cárcel debemos estar preparados. Bancos fusionados, otros vendidos. Hasta dónde debemos estar preparados los funcionarios bancarios. El dinero nos está enloqueciendo. Yo lo encuentro necesario para relacionar el trabajo, pero se nos mete en la cabeza, nos hace olvidar el trabajo. Satanás domina... nos enloquece a todos; unos pocos enriquecen y los más empobrecen día a día. Le hicimos un préstamo, esperando recibir millones. Iremos los dos presos por quizás cuántos años. Si llega por acá, díganle que me espere, yo voy a su casa a buscarlo, quítente la chequera... vuelvo.
ZORAILA: El único cheque que firmó don Ruperto fue el que te dio a ti. ¿Gastaste los $300.000? ¿En qué gastaste tanto dinero?
ARMIJO: Compré una máquina, tal como había dicho.
GONZALITO: Te gastaste todo el dinero del premio chico. Yo pensaba usar el dinero que me tocara a mí en otra cosa. ¿Cuánto te costó la máquina que compraste?
ARMIJO: Dí $300.000 de pie y firmé 36 letras. La máquina cuesta $980.000 en total.
GONZALITO: Y además nos has endeudado a todos por el resto de nuestras vidas. [¿Tú crees que porque compraste una máquina nueva vamos a tener trabajo? ¿Cuántas industrias con máquinas nuevas están cerradas?] ¿Pretendes competir con los japoneses?
ARMIJO: Yo lo único que quiero es trabajar. A mí no me interesan los japoneses. Siempre habrá lugar para un buen taller.
LALO: (*Entra vestido de corbata.*) Hola, vengo a despedirme.
ARMIJO: ¿Y tú te vas?
LALO: En la embajada me dieron el pasaje... el sábado a las diez en el aeropuerto.
ARMIJO: No te vayas... piensa... mira, lee esta carta del compadre Jorge, dice que se vuelve, que no aguanta más... lee... lee.

LALO: (*Leyendo*) ... "Aquí he vuelto a ser una guagua. Hay que aprender a hablar, a caminar, a comer. Estos países son ordenados, saben hacia dónde van, desde niños aprenden un orden, una mentalidad. Aquí aprendí a saber qué es estar solitario. En un principio me atendieron. Hoy soy sólo un negrito simpático que bailo con ritmo, pero inculto. Lloro como un tonto en mi pieza y busco noticias y fotos de Chile. Más de un millón de chilenos esperamos afuera. Unos nos hemos venido por la razón, otros por la fuerza; unos en busca de bienestar, otros en busca de libertad; unos han triunfado, otros siguen pobres, pero todos tienen en común llorar de nostalgia por la patria lejana. He decidido volver, a pesar de lo mala que están las cosas por allá. Pero sólo quiero estar con ustedes y comer lo que podamos. Si sigo acá un día me voy a suicidar. Los gringos sólo nos tienen para sacarles la ..."Dice que se vuelve."

ARMIJO: Sí, se vuelve... y tú te vas... es absurdo.

LALO: Sí es absurdo... dice... los chilenos poco tenemos que hacer en el extranjero hoy....

RUPERTO: (*Entrando con un bulto de ropas.*) Todo ha sido un sueño cruel. No somos nada... mi mujer cuando vio todo esto me echó de la casa. Ella quería dinero para viajar a Miami... estamos cada día más locos.... Y tú.... ¿Te vienes a despedir de mí? Que te vaya bien. Tú eres para mí un símbolo, eres la nueva vida... y hoy te tengo que despedir. Te irás y no volverás más... no me digas nada... no me prometas volver... no.... Vivirás una vida más inteligente, humana, racional... esos son países avanzados, desarrollados. Nosotros no somos nada. Adiós.... Me voy a acostar, no he dormido hace días, no puedo más.... Lalo, ponme un paño húmedo en la vista... no quiero ver cuando te vayas.... No me digas nada... nada... (*Se acuesta. Con las ropas que trae improvisa una cama en el suelo al lado del taladro. Lalo le pone un paño en los ojos. Ruperto se queda dormido.*)

LALO: Don Ruperto... no me puedo ir... no me voy.... Me quedo a trabajar en las cajas... no me puedo ir.

ARMIJO: Ahí tienes un buen título para la revista... "Don Ruperto en Miami."

GONZALITO: Le podríamos poner "El florecimiento de la industria."

ZORAILA: Eso no lo viene a ver nadie. (*Bocina de camión. Gritos afuera.*)

VOZ: Llegó la máquina nueva... Armijo... la máquina.

LALO: Vamos a ayudar....

GONZALITO: Cámbiate la ropa, te vas a ensuciar.... (*Salen.*)

ZORAILA: Dios mío y don Ruperto durmiendo en el suelo. (*Sale y luego entran un cajón muy pesado que lo hacen rodar con tubos de fierro. Lo colocan en el centro.*)

ARMIJO: Despacio, no se apuren... despacio.

GONZALITO: Es muy pesado. Lalo pásame el fierro... yo, lo abro (*Abre la parte superior del cajón.*) ¡qué grande es!
ARMIJO: ¿Le gusta? Es hermosa....
ZORAILA: Es linda.
LALO: Por eso era tan pesado (*Corre a despertar a Don Ruperto.*) Don Ruperto... despierte... mire.
RUPERTO: ¿Qué pasó?... ¿qué es eso?
ARMIJO: Compré la máquina que le dije, con el cheque que usted me dio.
RUPERTO: El de $1.000.000 que me cobra don Rodrigo.... ¿Y esa máquina es japonesa?
ARMIJO: Sí, es japonesa... y es buena....
GONZALITO: Don Ruperto, yo soy muy ignorante, pero entiendo algunas cosas. Los japoneses no son nuestros enemigos. En sus industrias son eficientes. ¿Usted sabe que a los japoneses les tiraron una tremenda bomba?... los mismos que les tiraron la bomba a Japón son los que nos tienen....
RUPERTO: ¿Y desde cuándo tú estás informado de esas cosas?
GONZALITO: Es que yo he leído mucho la historia universal; a Nerón, Napoleón.... Chaplin, por ejemplo, él fue muy importante....
RUPERTO: (*A Lalo.*) ¿Y tú?
LALO: ¿Yo?... he decidido... no puedo decir que esté decidido... pero, creo que me quedo don Ruperto... un tiempo más....
ARMIJO: Don Ruperto, yo creo que lo que tenemos que fabricar con esta máquina son bombas, radares, y satélites, para localizar fugitivos, que están de moda hoy día.
RUPERTO: Bueno... dicen que ese es el mejor negocio que hay hoy día....
GONZALITO: Debe ser bueno el negocio de las bombas. Se imaginan cómo progresaría Carrascal, pero ése es un negocio que exige tener amistades muy importantes....
ZORAILA: ¿Y tanques?
ARMIJO: No, para eso necesitamos mucho fierro, y para comprar fierros se necesita crédito, dinero.
ZORAILA: ¡Ayy! La leche se me tiene que estar subiendo en el fuego.... (*Todos ríen.*) (*Se escuchan gritos en la calle. Ruidos de cacerolas.*)
ARMIJO: Es la protesta... la gente está saliendo a la calle. (*Se asoma a ver.*).
LALO: La leche se sube.... La leche es blanca y necesaria. Nosotros necesitamos leche, y no bombas. Yo me quedo para construir ese futuro....
RUPERTO: La gente en las calles exige sus derechos. Nuestros sueños quedaron atrás. Ahora tenemos que especializarnos, y hacer la mejor caja acústica

del mundo, mierda, y llenar de música, el barrio, el país y el mundo y sus alrededores.

(*Las cacerolas suben de volumen y de ritmo para unirse a la música final.*)
Por tus calles desde niño
he jugado Carrascal
cuando joven mis cariños
yo los tuve en Carrascal.
Y ya hombres por mis hijos
tú me has visto trabajar
mi querido y añorado
recordado Carrascal. (bis)

A tus quintas recordadas
tus talleres Carrascal
a tus plazas descuidadas
a tus niños Carrascal.
A tu gente esforzada
con orgullo he de cantar
mi querido y añorado
recordado Carrascal. (bis)

Por tus calles desde niño....

FIN

Tejado de vidrio II

David Benavente

Tejado de vidrio se estrenó en la Sala Camilo Henríquez, Santiago de Chile, en septiembre de 1981, producida por la Compañía TEC y el apoyo del Teatro Imagen, con el siguiente reparto:

NATO	Cristián Campos
SEGUNDO	Rodolfo Bravo
JUAN EDUARDO	Cristián García Huidobro
BENJAMÍN	Mauricio Pesutic
ANA MARÍA	Claudia di Girólamo
HERIDO/CARLITOS YEGUA	Aldo Bernales
ORTOPÉDICO/CHINO	Tito Villegas
DIRECCIÓN	Jaime Vadell
ESCENOGRAFÍA	Susana Bomchil
ILUMINACIÓN	Carlos Figueroa

Tejado de vidro II (*Excavación profunda*) se estrenó, luego de reformulado el original por su autor, en la Sala Arrayán, Santiago de Chile, en octubre de 1993 y fue producida por la Compañía Moros y Cristianos, con el siguiente reparto:

NATO	Boris Quercia
SEGUNDO	Rodolfo Pulgar
JUAN EDUARDO	Bastián Bodenhöfer
BENJAMÍN	Felipe Armas
ANA MARÍA	Catalina Guerra
HERIDO/CARLITOS YEGUA	Pancho González
ORTOPÉDICO/CHINO CHOU	Remigio Remedy
DIRECCIÓN	Raúl Osorio
ESCENOGRAFÍA	Sergio Zapata
ILUMINACIÓN	Guillermo Ganga
AMBIENTACIÓN	María Ester Santelices (Pastel)

Primer Acto

La obra se desarrolla en la habitación de Nato. El "loft" de una elegante casona del barrio alto de Santiago en plena demolición, para construir modernos edificios de departamentos.

El espacio escénico incluye el dormitorio de Nato, su set de filmación, un gran ventanal que da al techo del garage, un entretecho, una claraboya o tejado de vidrio y varias puertas que permiten entrar y salir.

Los muebles son de calidad y gran tamaño. Incluyen una antigua cama de bronce con ruedas, un gran confesionario barroco, un gran ropero antiguo con espejo y un reloj de pie sin punteros.

En el estudio de filmación predomina una pantalla gigante en la que se verán las imágenes de las filmaciones que Nato realizará durante el transcurso de la obra.

La acción se inicia en la penumbra. Nato se agita en su enorme cama envuelto en sus pesadillas. Por el gran ventanal aparece un individuo con pasamontaña y dos cómicos ojos que se salen de sus órbitas por resortes. Carga un pesado bulto y se dirige al gran ropero. Abre la puerta y al hacerlo se le cae una guitarra con gran estrépito.

Nato da un brinco, sentándose en la cama. Masculla algunas palabras ininteligibles. El individuo, con su bulto a cuestas, permanece quieto y expectante como una estatua, sin respirar. El bulto gime. Nato se incorpora y camina dormido. El enmascarado susurra una canción de cuna, al tiempo que introduce el bulto en el ropero y cierra la puerta con llave. Se guarda el manojo de llaves y sale rápidamente de la habitación. Desde las sombras aparece el ortopédico, personaje fantasmagórico, vestido con múltiples objetos propios de un enfermo parapléjico. Camina apoyado en dos muletas y al hacerlo emite un sonido gutural.

Nato lo ve y se refugia debajo de las sábanas. El ortopédico da un ágil y sorpresivo salto y se para, a horcajadas y amenazante sobre Nato. Destapándolo bruscamente, lo deja semi-desnudo. Nato grita aterrado.

Apagón brusco. Amanece.

Por el ventanal se escucha el ensordecedor estrépito de retroexcavadoras, taladros mecánicos y camiones betoneros, propios de grandes obras de demolición y construcción.

Nato aparece raudo por la puerta del confesionario, lleva al cuello una grabadora personal con la que habla obsesivamente, mientras hace flexiones.

Nato: Acúsome padre de tener una chaqueta de cuero que jamás quise regalársela a los pobres. Mea culpa, mea culpa, mea culpa. (*En off, desde el techo del garage que da al gran ventanal, Segundo intenta comunicarse con él. En off.*)
Segundo: ¡Don Nato! ¡Don Nato! (*Sin prestarle atención, hace dolorosas reflexiones.*)
Nato: Hay que dar hasta que duela, decía el Padre Hurtado. Dar hasta que duela, dar hasta que duela, dar hasta que duela. (*Cae agotado al suelo. En off.*)
Segundo: Don Natito, ¿dónde se metió? (*Nato de rodillas, como pagando una manda en un santuario popular, se dirige hacia el confesionario.*)
Nato: Acúsome padre, por haber tenido casa colonial de campo desde que nací.... (*Desaparece por la puerta del confesionario hacia el baño. Segundo aparece por el ventanal. Lleva una cámara de video en una mano y en la otra un teléfono celular.*)
Segundo: ¡Don Nato! (*Nato aparece nuevamente de rodillas por la puerta del confesionario, flagelándose.*)
Nato: Acúsome padre, por haber tenido tren eléctrico a los cinco, moto a los seis, telescopio a los siete, microscopio a los ocho...
Segundo: Ya se está mortificando de nuevo, iñor.
Nato: Cámara de cine con la que hice mi primera película a los ocho años recién cumplidos. (*Sale nuevamente de rodillas, con los brazos en cruz, por el confesionario hacia el baño.*)
Segundo: No se me arranque mire que le tengo la gata enfocá.
Nato: Haber sido el primero de curso, la máxima promesa, el menor pero el mejor, ¿de qué es lo que me ha servido? (*El ortopédico sale del confesionario y lo golpea en la cabeza con una palmeta de tony.*)
Ortopédico: ¿Contento, señor, contento?
Nato: Acúsome padre de ser perfecto; acúsome padre de ser un santo. (*Segundo insiste desde su posición detrás del ventanal, haciendo bocina con las manos.*)
Segundo: ¡¡Don Natito!! (*Nato lo escucha. Habla por su moderno teléfono celular.*)
Nato: Aquí, Nato, ¿qué está pasando?
Segundo: Apareció la gata de angora de su mamá, cambeo.
Nato: Con el celular no tienes para qué decir cambeo.
Segundo: ¿Cómo quiere que le diga entonces? (*El ortopédico lo vuelve a golpear.*)
Nato: Ayayay.
Segundo: Don Natito, ¿dónde se escondió ahora?
Nato: En el confesionario.
Segundo: Esta payasá no camina. (*Nato se recupera de los golpes propinados por el ortopédico.*)

Nato: ¡Pínchale el pirulo!
Segundo: ¿Cuál pirulo?
Nato: El pirulo rojo, ¿entendiuco?
Segundo: ¿Cómo dice?
Nato: ¡Más fuerte que no te oigo!
Segundo: No hace nada que me retó por andarle gritando.
Nato: Para la oreja y habla claro.
Segundo: ¿Qué es lo que hay que parar? ¿La oreja o el pirulo?
Nato: Pincha el pirulo y para la oreja.
Segundo: Para el pirulo, para la oreja, páralas todas. Al paso que vamos voy a parar las chalas.
Nato: Ofrécele el platito con leche. Cuchito, cuchito.... dale confianza para pegarle el balazo.
Segundo: Cuchito, cuchito, cambeo, cambeo, miau, miau.
Nato: Atención.
Segundo: ¡Atención firme!
Nato: Pobrecita como le voy a dar el bajo sin que se dé ni cuenta.
Segundo: Hágale bien los puntos, cambeo, mire que la otra vez me anduvo harto más cerca a mí que al minino.
Nato: Fílmala justo cuando le pegue el balazo.
Segundo: Son siete años de mala suerte matar un gato, ¿ah?
Nato: Supersticiones.
Segundo: ¡Ayayaycito!
Nato: ¿Qué te pasó ahora?
Segundo: Me desbarranqué. ¡Racha de mala suerte! (*Segundo desaparece de escena con gran estrépito.*)
Segundo: Cambeo y fuera.
Nato: ¿Dónde te metiste? (*Juan Eduardo, el hermano mayor de Nato, entra intempestivamente en pijama de seda, amarrándose una estupenda bata de levantarse. Nato se esconde en el confesionario. Juan Eduardo gritando, como en el campo.*)
Juan Eduardo: ¡¡Segundo!! (*Se observa en el espejo del ropero, admirándose. Huele algo que le molesta, pero no le da mayor importancia.*)
Juan Eduardo: ¡¡Segundo!! (*Nato en el confesionario tiene un rifle con mira telescópica en ristre.*)
Nato: Te dije que no entraras a mi pieza cuando estoy trabajando.
Juan Eduardo: ¡Segundo! ¿Has visto a Segundo? Cada vez que lo necesitan desaparece este idiota. (*Mirándose al espejo desde muy cerca. Husmea el ambiente.*)

Juan Eduardo: Me queda la raja la bata del papá.
Nato: Me cargan las batas de levantarse. (*Apuntándolo con el rifle.*)
Juan Eduardo: El día menos pensado te van a meter preso por estar disparando con el rifle del papá. (*Mirándose al espejo imitando a su hermano.*)
Nato: Me queda regio el rifle del papá. (*Juan Euardo abre el diario con gran entusiasmo.*)
Juan Eduardo: ¡Propiedades! Al menos me trajo el diario este huasteco. ¿Estás seguro que no has visto a Segundo?
Nato: Seguro. (*Juan Eduardo lee el cuerpo "propiedades."*)
Nato: ¿Has visto tirar a los gatos?
Juan Eduardo: No.
Nato: ¿Y a los tiuques?
Juan Eduardo: Tampoco.
Nato: Lloran.
Juan Eduardo: ¿Los tiuques?
Nato: No. Los gatos. Los tiuques tiran en el aire. (*Juan Eduardo se soba las manos mientras lee el diario.*)
Juan Eduardo: ¡Están echando abajo medio Santiago antiguo, Natito!
Nato: Si lloran es porque les duele. (*Juan Eduardo sigue leyendo.*)
Juan Eduardo: ¿Cómo les va a doler una cosa natural?
Nato: Morirse también es natural, pero te duele igual.
Juan Eduardo: ¡El Mirador de Venus! Treinta pisos de lujo asiático en pleno centro de Santiago. Helipuerto, jacuzzi, telescopio, ¿microscopio? ¡Esa sí que es novedad!
Nato: Qué lata.
Juan Eduardo: Singapur, Hong Kong, Shanghai, una cagada al lado de esta maravilla inmobiliaria.
Nato: No me interesan esas siete maravillas del mundo.
Juan Eduardo: ¡Hay que vender esta casa antes que el boom de la construcción se vaya a la cresta, Nato! ¿Dónde está el desayuno que no lo veo?
Nato: No seas maniático.
Juan Eduardo: ¡¡Segundo!!
Nato: Put up your hands you fucking extremist.
Juan Eduardo: Ten cuidado con ese rifle. (*Ambos agarrados del rifle, luchan en una coreografía semi en serio semijugando.*)
Nato: ¡Abre las piernas y levanta las manos!
Juan Eduardo: ¡Córtala!
Nato: Shut up you fucking terrorist.

Juan Eduardo: No seai cabro chico que se te puede salir un tiro.
Nato: Ábrete de piernas y ponte contra la pared.
Juan Eduardo: Está bien que te las des de paco pero no de maraco. (*Segundo aparece nuevamente en el techo del garage, detrás del gran ventanal.*)
Segundo: ¡Cambeo, cambeo, don Natito!
Juan Eduardo: ¿Alguien está gritando?
Nato: Rumores sin confirmar.
Juan Eduardo: ¡Segundo!
Segundo: Cambeo.
Juan Eduardo: ¡Tráeme el desayuno! (*Nato le tapa la cabeza con un trapo para que no vea a Segundo y le hace señas para que desaparezca. Este no entiende. Juegan a las señas equivocadas.*)
Juan Eduardo: ¡Me estoy ahogando! Sácame esta lesera.
Nato: Pareces la gallinita ciega.
Juan Eduardo: ¡Córtala! Tenemos que irnos volando donde los abogados. (*Segundo desaparece.*)
Nato: Mírenla como mueve su culito. (*Juan Eduardo sigue encapuchado.*)
Juan Eduardo: ¿Quién mueve su culito?
Nato: La nana del frente.
Juan Eduardo: ¿La mina de Segundo?
Nato: Y en pelotas más encima.
Juan Eduardo: ¡Déjame verla!
Nato: Los prisioneros de guerra na' que ver.
Juan Eduardo: ¡Si no me dejas verla no juego más!
Nato: Ojos que no ven, corazón que no siente.
Juan Eduardo: Déjame verla. (*Le saca el trapo que le cubre la cabeza.*)
Nato: Mírala con un solo ojo.
Juan Eduardo: ¿Cuál ojo?
Nato: El ojo de la papa.
Juan Eduardo: No puedo cerrar el derecho para mirar con el izquierdo.
Nato: Cierra el izquierdo, entonces.
Juan Eduardo: No veo nada.
Nato: ¿Cómo vas a ver si tienes los dos ojos cerrados?
Juan Eduardo: También es cierto.
Nato: Mírala con estos anteojos. (*Le pasa unos binoculares de ópera.*)
Nato: ¿Ves algo ahora?
Juan Eduardo: ¿Cómo se te ocurre que le vas a disparar a la gata de angora de mamá? (*Luchan nuevamente.*)

NATO: Los conejos serán de angora.
JUAN EDUARDO: Pásame el rifle.
NATO: No pienso. (*Forcejean y se les escapa un tiro que suena con gran estruendo.*)
JUAN EDUARDO: Ves que eres idiota.
NATO: Culpa tuya que se te saliera un tiro.
JUAN EDUARDO: Dile a Segundo que me lleve el desayuno a la ducha.
NATO: ¿Desde cuándo tomas desayuno en la ducha?
JUAN EDUARDO: ¿Y tú, desde cuándo te las das de tony?
NATO: Shut up you fucking pig.
JUAN EDUARDO: Ponte algo decente para irnos donde los abogados. (*Juan Eduardo sale. Segundo entra por el ventanal.*)
SEGUNDO: Apareció de nuevo la gata de su mamá, don Natito.
NATO: Olvídate de la gata.
SEGUNDO: ¿Cómo me voy a olvidar si ando detrás del minino, como el gato y el ratón, mandado por Ud.?
NATO: Vamos a seguir con la filmación entonces antes que Juan Eduardo se meta y nos cague la onda.
SEGUNDO: Esta lesera de ser artista tiene sus complicaciones también, para qué vamos a decir una cosa por otra. (*Nato habla por su celular.*)
NATO: ¿Aló? ¿La señora está?
SEGUNDO: Ya se puso a llamar a la señora ya.
NATO: ¿Cómo que, qué señora? ¿La señora de la casa? ¿Cómo que quién soy yo? ¿Y Ud. quién se cree que es?
SEGUNDO: Pa' mí que le anduvo saliendo el marido, ¿ah? (*Nato tira lejos el celular. Segundo se lo recoge. Nato intenta abrir la puerta del ropero pateándola.*)
NATO: ¿Qué pasa con esta puerta que no se abre, Segundo?
SEGUNDO: Seguro que está entrabá, don Natito.
NATO: Destrábala entonces y prepárate para la filmación. (*Nato sale. Segundo entreabre la puerta del ropero y husmea cautelosamente hacia adentro. Juan Eduardo entra intempestivamente a medio vestir. Segundo alcanza a cerrar el ropero con llave y sacude el polvo con su trapo de limpiar.*)
JUAN EDUARDO: ¿Tú qué haces aquí?
SEGUNDO: Limpiando como siempre. Está lleno de polvo con la lesera de las excavaciones.
JUAN EDUARDO: ¿Qué pasó con mi desayuno?
SEGUNDO: No tengo cuatro manos yo.
JUAN EDUARDO: No tendrás cuatro manos pero igual eres harto flojo.
SEGUNDO: Ni tanto.

Juan Eduardo: No seas insolente y tráeme los huevos pochos pasados por agua a mi pieza. Tres Ave Marías y un Padrenuestro.
Segundo: Tres Padre Nuestros y un Avemaría.
Juan Eduardo: Así te van a quedar duros los huevos.
Segundo: Vaya a hacerlos Ud. mismo, entonces, que se conoce los rezos de memoria.
Juan Eduardo: ¿Dónde se metió Nato?
Segundo: Siempre se esconde cuando lo buscan al patroncito...
Juan Eduardo: Apúrate con los huevos que estoy súper apurado. (*Juan Eduardo sale. Nato entra cargando un enorme bulto tapado con un paño morado.*)
Segundo: ¿Pa' qué sacó al santo del close si ya lo teníamos empaquetado ya?
Nato: Hay que filmar la escena del martirologio que salió patas arriba.
Segundo: Va a tener que esperarse el martirológico. Tengo que prepararle los huevos 'pochos' a su hermanito.
Nato: Olvídate de los huevos de mi hermanito y sigamos con la filmación.
Segundo: Después carga conmigo si no le hacen juicio.
Nato: Empelótate de una vez.
Segundo: Llegó harto idiota de Miami su hermanito, ¿ah?
Nato: Yo te defiendo de las fieras.
Segundo: ¿En las duras y en las maduras?
Nato: Como siempre no más. (*Juegan a las topeaduras con los gritos típicos del campo.*)
Nato: Dale antes que llegue Juan Eduardo. (*Segundo se desnuda y disfraza de San Sebastián. mientras Nato hace mediciones de luces para la filmación de la película.*)
Segundo: ¿Qué pitos toca la gata de angora de su mamá con San Sebastián de Yumbel.
Nato: Después te lo explico.
Segundo: Después Ud. nunca me explica nada.
Nato: Menos cháchara y más acción.
Segundo: Listoco.
Nato: Posición de San Sebastián delante del reloj. (*Se trata de un gran reloj de pie, sin punteros.*)
Segundo: ¿Cómo iban a matar al santo delante del reloj si creo que en esa época ni habían relojes?
Nato: No habrían relojes, pero había hora para morir.
Segundo: ¿Y los punteros del reloj?
Nato: Qué importan los punteros, si ésta es una película surrealista.

SEGUNDO: ¿Y eso qué es lo que es?
NATO: Después te explico.
SEGUNDO: ¿Su - realismo? O sea, el realismo suyo de Ud. tiene que ser.
NATO: Justamente.
SEGUNDO: Ve como las voy parando de a poco.
NATO: Repásate la pintura para que se te vean claritas las heridas.
SEGUNDO: No me salió nunca más el latex vinílico con que Ud. me pintó las heridas.
NATO: Esa manito más arribita.
SEGUNDO: ¿Así?
NATO: Acomódate bien las flechas y encáchate la peluca.
SEGUNDO: ¿Cómo me veo?
NATO: ¡Igualito a San Sebastián! (*Nato destapa el santo y aparece la típica imagen de San Sebastián de Yumbel de tamaño natural.*)
SEGUNDO: ¡Vida, pasión, muerte y resurreción de San Sebastián de Yumbel!
NATO: La sonrisita beatífica ahora. ¡Con más ganas, Segundo!
SEGUNDO: ¡Que me voy a estar sonriendo, iñor, si tengo un condoro harto grande que contarle!
NATO: ¡Si es grande no me lo cuentes! (*Juan Eduardo grita en off.*)
JUAN EDUARDO: ¡Segundo!
SEGUNDO: Mande.
NATO: No se contesta mande.
SEGUNDO: ¿Cómo se contesta entonces?
NATO: No se contesta y punto.
SEGUNDO: Capaz que me eche cagando de vuelta pal campo. Llegó harto idiota de Miami su hermanito, ¿ah?
NATO: Escóndete en el ropero.
SEGUNDO: Está entrabá la puerta del ropero.
NATO: Métete al confesionario y tápate con esta casulla.
SEGUNDO: Callampín bombín. (*Se esconde justo al tiempo que entra Juan Eduardo, elegantemente vestido.*)
JUAN EDUARDO: ¿Qué pasó con Segundo?
NATO: No soy el guardián de Segundo.
JUAN EDUARDO: ¡La hora que es y todavía no aparece con mis huevos pochos pasados por agua!
NATO: Anda a pasártelos tú mismo.
JUAN EDUARDO: Para eso tenemos mozo en la casa.
NATO: Segundo no es el mozo de la casa.

Tejado de vidrio II

JUAN EDUARDO: ¿Se le está pagando o no se le está pagando?
NATO: Claro que le estoy pagando.
JUAN EDUARDO: Entonces sigue siendo el mozo de la casa.
NATO: Me carga tratarlo como mozo.
JUAN EDUARDO: Escrúpulos de conciencia social, problema tuyo. ¡Segundo! (*Juan Eduardo sale a buscarlo. Aparece el ortopédico. Nato está petrificado. Juan Eduardo grita en off.*) ¡Segundo! (*Nato se esconde en el confesionario donde se encuentra con Segundo.*)
SEGUNDO: Mande don Juan Eduardito.
NATO: Te dije que no se contesta mande.
SEGUNDO: ¿Cómo se contesta entonces?
NATO: No se contesta y punto.
SEGUNDO: ¿Pa' que cargue conmigo después?
NATO: Cállate. (*Juan Eduardo entra. Husmea el lugar acercándose al ropero y luego, al mirar al confesionario, descubre a Segundo que lo observa.*)
JUAN EDUARDO: ¿Qué estás haciendo en ese confesionario y en pelotas más encima?
SEGUNDO: Don Natito me mandó a rezar.
JUAN EDUARDO: No te vengas a hacer el graciosito conmigo. ¿Dónde están mis huevos pochos pasados por agua?
SEGUNDO: ¿De dónde quiere que le saque huevos si aquí comemos pura comida microbiótica? (*Nato le sopla desde el confesionario.*)
NATO: Macrobiótica.
SEGUNDO: ¿No ve que estamos en los puros huevos con don Natito? (*Nato desde el confesionario.*)
NATO: Tráele un plato de granola con jugo de kiwi sin azúcar para el desayuno.
JUAN EDUARDO: ¡Esa porquería no me la trago! ¿Todavía no te vistes Nato?
NATO: Te dije que estaba trabajando.
JUAN EDUARDO: Anda a comprarme huevos al mini-market de la esquina.
SEGUNDO: Con plata se compran huevos.
JUAN EDUARDO: Toma y tráeme el vuelto.
SEGUNDO: Voy y vuelvo. (*Segundo sale.*)
JUAN EDUARDO: Tú tienes la culpa por darle demasiada confianza.
NATO: Problema mío.
JUAN EDUARDO: Les das la mano y te toman la billetera.
NATO: Problema tuyo.
JUAN EDUARDO: Sácate esa porquería de ropa y ponte algo decente para irnos donde los abogados.

Nato: No pienso salir a ninguna parte.
Juan Eduardo: El negocio está listo, Nato. Llegar y firmar la escritura.
Nato: ¿A quién le vendiste la casa?
Juan Eduardo: Se cuenta el milagro pero no el santo.
Nato: Anda deshaciendo el milagro, porque no pienso firmar ninguna escritura de venta.
Juan Eduardo: Hace dos semanas cuando te llamé de Miami estuviste de acuerdo en firmar.
Nato: Eso hace dos semanas.
Juan Eduardo: No puedes ser tan cambiante.
Nato: No pienso vender mi parte.
Juan Eduardo: No puedes salirme con esa cagada justo ahora, Nato.
Nato: Vende la parte tuya si quieres.
Juan Eduardo: ¿Cómo voy a vender mi parte si lo que vale es la casa entera?
Nato: La necesito para filmar la película.
Juan Eduardo: ¿Qué película?
Nato: "Vida, Pasión, Muerte y Resurrección de San Sebastián de Yumbel."
Juan Eduardo: ¿De dónde sacaste esa idiotez?
Nato: No es ninguna idiotez.
Juan Eduardo: ¡Con la plata de la casa te arriendas otra casa para filmar tu película y punto final!
Nato: No es lo mismo.
Juan Eduardo: Todas las casas son iguales, Nato.
Nato: Tengo que filmarla en esta casa, con todos sus fantasmas adentro.
Juan Eduardo: Olvídate de tus fantasmas. ¡Esta casa vale una fortuna!
Nato: Me cargan las fortunas. (*Entra Segundo interrumpiendo.*)
Segundo: Permiso.
Juan Eduardo: ¿Me compraste los huevos?
Segundo: Bien tiritones como a usted le gustan.
Juan Eduardo: Piénsalo bien, Nato, mientras voy a tomar desayuno. ¿Mi café con leche?
Segundo: En el comedor, bien calientito con sus huevos pochos y las tostadas con mantequilla. (*Juan Eduardo sale. Segundo le habla a Nato libreta en mano.*)
Segundo: La señorita Ana María lo llamó urgente.
Nato: ¿Qué dijo?
Segundo: Aló, dijo. ¿Estará don Nato? Claro que ella no dijo na don Nato, dijo Nato no más.
Nato: Sigamos con la filmación.

Segundo: Don Benja también lo llamó.
Nato: ¿Qué dijo?
Segundo: Que lo necesitaban urgente, urgente en el Canal. Aquí ve, dice clarito en el papelito, urgente, urgente en la tele.
Nato: Cuando me llamen tienes que decir que no estoy y punto. Nada de papelitos, ¿entendiuco?
Segundo: ¿Y cuando lo llame su señora amiga? (*Entra Juan Eduardo con la paila de huevos en la mano y una servilleta amarrada al cuello.*)
Juan Eduardo: ¿De dónde sacaste estos huevos con gusto a harina de pescado, Segundo?
Segundo: Me los regaló la nana del frente. Son de su gallina ponedora.
Juan Eduardo: ¿Por qué no los compraste en el mini-market de la esquina?
Segundo: ¿Qué mini-market? ¡Si echaron abajo la esquina!
Juan Eduardo: ¿La esquina de los yugoeslavos?
Segundo: ¿Qué yugoeslavos? Si creo que ya ni existe Yugoslavia, ¿no cierto don Natito? (*Nato sigue trabajando en la preparación de su filmación sin prestarle atención.*)
Juan Eduardo: Excavaciones profundas por los cuatro costados de la ciudad y tú haciendo peliculita intrascendente, Nato.
Nato: ¿Qué sabes tú de películas?
Juan Eduardo: Estamos sentados encima de una mina de oro, hermanito.
Nato: ¡Me cargan las minas de oro!
Segundo: ¿Cómo le van a cargar, oiga?
Juan Eduardo: Hasta Segundo atina, y tú con la cabeza metida en peliculitas supuestamente "artísticas."
Segundo: Pa' mi que no le van a pasar su película por la tele, don Natito.
Nato: ¿Por qué no?
Segundo: Nadie va a entender ni jota.
Juan Eduardo: ¡Ganar plata! De eso es lo que se trata en este país, ¿nocierto Segundo?
Segundo: Acsoluto.
Nato: No me interesa la plata.
Segundo: ¿Cómo no le va a interesar el billete largo?
Juan Eduardo: La mamá me firmó este poder general para venderle su parte de la casa.
Nato: No metas a la mamá en este lío.
Juan Eduardo: No puedes oponerte a la voluntad de la mamá después de todo lo que ha sufrido con la muerte del papá y del abuelo.

SEGUNDO: Putas que ha sufrido la señora.
NATO: Ella se opuso a mi voluntad cuando se casó con ese gringo ordinario.
JUAN EDUARDO: Charly no es ningún gringo ordinario.
NATO: Estuviste de acuerdo que se casaran porque el gringo tiene plata.
SEGUNDO: Así el billete.
JUAN EDUARDO: ¡Claro! Si para ti es pecado mortal tener plata.
NATO: Siempre ha sido pecado mortal, según la Biblia.
JUAN EDUARDO: ¡No digas idioteces!
SEGUNDO: En eso tiene razón don Juan Eduardito, ¿ah?
NATO: ¡Tú no te metas en lo que no te importa!
JUAN EDUARDO: Cálmate y vámonos donde los abogados, Nato.
NATO: No pienso dejar mi filmación botada. (*Juan Eduardo husmea, oliendo el ambiente.*)
JUAN EDUARDO: Hay un olor a roto insoportable en esta pieza...
NATO: Tú siempre con el olor a roto insoportable en la punta de la nariz. (*Juan Eduardo se dirige hacia el ropero. Segundo se interpone recogiendo una colilla de cigarrillo.*)
SEGUNDO: Pa' mí que es olor a pucho, don Juan Eduardito.
JUAN EDUARDO: ¿Estas manchas de sangre de dónde salieron?
SEGUNDO: El latex vinílico con que don Natito me pinta las heridas.
JUAN EDUARDO: ¿Qué heridas?
SEGUNDO: Las heridas de la película.
JUAN EDUARDO: ¿Qué clase de película estás haciendo, Nato?
NATO: Se cuenta el milagro pero no el santo.
JUAN EDUARDO: Ponte algo decente y vámonos donde los abogados. Conversamos con calma y llegamos a un buen acuerdo entre hermanos.
NATO: Con un ventajista como tú no pienso llegar a ningún acuerdo.
JUAN EDUARDO: ¿Ventajista yo?
NATO: Todo cocinado a la pinta tuya y a mí que me parta un rayo.
JUAN EDUARDO: Lo hago por tu propio bien, Nato.
NATO: Métete mi propio bien por el culo. (*Segundo los separa.*)
NATO: ¡Es pecado mortal irse a las manos entre hermanos!
JUAN EDUARDO: Ojo por ojo, diente por diente.
NATO: ¿Me estás amenazando?
JUAN EDUARDO: Por supuesto que te estoy amenazando.
NATO: ¡Ándate a la cresta entonces! (*Juan Eduardo sale.*)
JUAN EDUARDO: ¡Este idiota capaz que me cague el negocio de la casa!
  Apagón. Cambio drástico de iluminación. El ortopédico acosa a Nato, quien le contesta como en un interrogatorio policial.

ORTOPÉDICO: Juan Ignacio del Perpetuo Socorro.
NATO: Presente señor.
ORTOPÉDICO: Pase a la pizarra. Si no sabe ¡un uno! (*Soto voce.*)
NATO: El ortopédico, el profesor de química, el profesor de gramática, el profesor de profesores, el prefecto de disciplina, el torturador, el triturador, el examinador de santos inocentes.
ORTOPÉDICO: Primera pregunta singular. ¿Este santo, qué monos pinta? (*Señala la imagen corpórea, tamaño natural, de San Sebastián de Yumbel.*)
NATO: Mi psiquiatra predilecto, mi tabla de salvación, mi ángel de la guarda....
ORTOPÉDICO: De apariencia sumamente engañosa.
NATO: Las apariencias nunca engañan, ¡señor! (*Lo castiga con la palmeta del payaso.*)
ORTOPÉDICO: Jamás he sido partidario de los santos metidos dentro de las piezas.
NATO: La mamá opinaba igual, los psiquiatras en el jardín.
ORTOPÉDICO: ¿Escuela terapéutica?
NATO: Dar hasta que duela, ordenar el closet, planchar las sábanas, limpiar los vidrios. 'El deber ante todo; el deber siempre.' Mea culpa, mea culpa, mea máxima culpa.
ORTOPÉDICO: ¡De rodillas, sin apoyar los codos en la mesa, conteste sin respirar!
NATO: No puedo contestar sin respirar. (*Le pega con la palmeta.*)
ORTOPÉDICO: ¡Tiene que poder!
NATO: Me estoy ahogando.
ORTOPÉDICO: Última pregunta. Si no contesta derechito al infierno.
NATO: ¡Al infierno ni cagando!
   Nato se tira a la cama, escondiéndose debajo de las sábanas, perseguido por el ortopédico. Apagón. Entra Benjamín, sigilosamente, con su inseparable maletín. Es amigo de Nato y de la familia desde niños. Corre las cortinas y el loft se ilumina. Observa el lugar inspeccionando el confesionario y el ropero. Nato parlotea entre sueños y pesadillas. Benjamín lo samarrea.
BENJAMÍN: ¡Nato! ¡Nato despierta!
NATO: ¿Quién es?
BENJAMÍN: Soy yo, Benjamín.
NATO: ¿Qué haces aquí a esta hora?
BENJAMÍN: Tengo que hablar urgente contigo.
NATO: Le dije a Segundo que no dejara entrar a nadie.
BENJAMÍN: ¿Qué crestas te pasa que no contestas el celular?
NATO: Tengo pesadillas.
BENJAMÍN: ¡Hace dos semanas que no te apareces por el Canal!

Nato: Sueño con un tipo lleno de artefactos ortopédicos que me saca la cresta con una palmeta de tony.
Benjamín: Remordimientos de conciencia.
Nato: El deber ante todo; el deber siempre.
Benjamín: Dejaste la dirección de la telenovela botada. ¿Se puede saber qué mierdas te ha pasado?
Nato: Odio las telenovelas.
Benjamín: ¿Cómo? si eres nuestro director estrella, Nato.
Nato: Atácame, Acósame, Acúsame. ¡Ándate a la cresta! Puras leseras que empiezan con 'A.'
Benjamín: Le inventé una chiva peluda al pelotudo del Director Ejecutivo del Canal para cubrirte las espaldas.
Nato: Olvídate de mis espaldas.
Benjamín: Lo hago por tu propio bien, Nato.
Nato: Olvídate de mi propio bien.
Benjamín: No seas prepotente.
Nato: Voy a dedicarme al cine por entero.
Benjamín: ¿De qué mierdas estás hablando?
Nato: Vida, Pasión, Muerte y Resurrección de San Sebastián de Yumbel es el título de mi película.
Benjamín: ¿De dónde sacaste esa estupidez?
Nato: Aquí está mi renuncia. Llénala como quieras. (*Le pasa un papel en blanco. Benja no lo toma.*)
Benjamín: ¡No puedes renunciarme justo ahora!
Nato: No me quemé las pestañas estudiando cine en California para seguir metido en esta estúpida guerra de las telenovelas.
Benjamín: Una guerra comercial como cualquier otra.
Nato: Me cargan las guerras comerciales.
Benjamín: A la gente le encantan tus telenovelas, Nato.
Nato: Pero a mí me cargan.
Benjamín: Antes te encantaban.
Nato: Eso era antes, ahora me cargan.
Benjamín: No puedes ser tan cambiante.
Nato: Problema mío.
Benjamín: Estamos perdiendo la guerra de las telenovelas desde que te mandaste cambiar del Canal.
Nato: Problema tuyo.

BENJAMÍN: El rating se fue a la mierda. Está quedando la cagada en el Canal. Mira las estadísticas.
NATO: Me cargan las estadísticas.
BENJAMÍN: El Director Ejecutivo me putea a mí como si yo fuera el culpable de la catástrofe que estamos viviendo.
NATO: Para eso eres Gerente; te pagan tu peso en oro.
BENJAMÍN: Capaz que me echen cagando por tu culpa.
NATO: Problema tuyo.
BENJAMÍN: ¡Tú me pusiste en la Gerencia para que te cubriera las espaldas!
NATO: Ayayay. (*Le da un ataque de colon irritable.*)
BENJAMÍN: ¿Qué te pasa? (*Nato se mete al baño. Benjamín husmea y descubre un viejo frasco de mogadón en el velador de Nato. Gritándole hacia el baño.*)
BENJAMÍN: Mogadón a la vista, bañista. Tranquilizante y antidepresivo. ¿Desde cuándo que estás tomando esta porquería pasada de moda? (*En off desde el baño.*)
NATO: Desde que lo encontré en el baúl del papá.
BENJAMÍN: ¡Con razón tienes pesadillas! (*Nato entra desde el baño abrochándose el cinturón.*)
NATO: Ayayay.
BENJAMÍN: ¿Se puede saber qué mierdas te pasa?
NATO: Tengo retorcijones de estómago.
BENJAMÍN: ¡Toma tricalma! No sirve para nada, pero igual te calma los nervios y te olvidas de las pesadillas. ¿Quieres una?
NATO: Ya me tomé un mogadón y ando como pollo en corral ajeno. (*Benja se toma unos tricalma al seco.*)
BENJAMÍN: A propósito de pesadillas. ¿De dónde sacaste este medio confesionario?
NATO: Me lo regaló un cura amigo que colgó la sotana.
BENJAMÍN: Colgó la sotana y colgó las culpas al mismo tiempo.
NATO: ¡Buen punto, Benja! (*Tocando el confesionario como un mueble fino.*)
BENJAMÍN: ¿Estos guantes de box también te los regaló tu amigo cura?
NATO: Con esos guantes nos enseñó a boxear el papá cuando éramos chicos en el campo.
BENJAMÍN: A mí nadie me enseñó a boxear.
NATO: Pero te enseñaron a politiquear.
BENJAMÍN: Y a ti a rezongar.
NATO: Póntelos.
BENJAMÍN: No tengo idea de boxear.
NATO: Yo te enseño. ¡Fuera los seconds! (*Nato le pega un puñete en pleno rostro.*)

BENJAMÍN: No tan fuerte 'cochón.'
NATO: Sube la guardia.
BENJAMÍN: ¿Segundo no te dio mis recados?
NATO: No recibo recados de nadie. (*Nato le pega en el estómago y en la cara.*)
BENJAMÍN: No me pegues tan fuerte, Nato.
NATO: Volando como una mariposa al estilo de Muhamed Ali.
BENJAMÍN: Le inventé que estabas con licencia médica por estrés creativo al pelotudo del Director Ejecutivo, para cubrirte las espaldas, por supuesto.
NATO: Olvídate de mis espaldas y preocúpate de boxear. (*Benjamín le encaja un tremendo puñete a Nato.*) No tan fuerte pues huevón.
BENJAMÍN: Cierra la guardia y cierra la boca.
NATO: Dijiste que no sabías boxear.
BENJAMÍN: No sabré boxear pero sé pegar.
NATO: ¡Ayayay!
BENJAMÍN: ¿Qué te pasó ahora?
NATO: Los retorcijones de estómago.
BENJAMÍN: Tira la toalla.
NATO: Ni cagando. (*Se pegan duro.*)
BENJAMÍN: Lo primero es subir el rating. Lo segundo, cagarnos a la competencia y tercero es quedar como reyes frente al nuevo Presidente del Directorio.
NATO: ¿Cuándo lo cambiaron?
BENJAMÍN: Recién, pero resulta que estudiamos juntos el bachillerato en el exilio en París. Le fue pésimo y a mí el descueve.
NATO: Igual llegó a Presidente del Directorio.
BENJAMÍN: Cosas de la tele.
NATO: Cosas del poder.
BENJAMÍN: Van a rodar cabezas en el canal, Nato. El pelotudo del Director Ejecutivo tiene sus días contados.
NATO: ¡La maquinaria del poder!
BENJAMÍN: ¿Adivinas quién podría reemplazarlo?
NATO: Tú, por supuesto.
BENJAMÍN: ¡No señor! Tú eres mi candidato, Natito. ¡El genio de las telenovelas!
NATO: Ayayay. (*Benja saca un documento de su maletín.*)
BENJAMÍN: Preparé una declaración de principios con nuestros puntos de vista televisivos para llevársela al Presidente, ahora mismo.
NATO: Tus puntos de vista querrás decir.
BENJAMÍN: Échale una mirada antes de abrir la boca.
NATO: ¡Esta tontera no tiene ni pie ni cabeza!

BENJAMÍN: ¿Cómo va a tener pie y cabeza si la estás leyendo al revés?
NATO: Al derecho tampoco tiene pie ni cabeza.
BENJAMÍN: Los contenidos los copié tal cual, de tu libro 'Smog Televisivo.'
NATO: Todo tergiversado.
BENJAMÍN: ¡Métele tijera! Tú eres el escritor, yo soy político no más.
NATO: ¡Poner la televisión patas arriba, al revés de los cristianos! Esa es la tesis de mi libro.
BENJAMÍN: No podemos asustar al nuevo Presidente del Directorio con tus extremismos.
NATO: No son extremismos.
BENJAMÍN: Lo importante es que la máquina funcione, Nato.
NATO: Igualito a Juan Eduardo.
BENJAMÍN: No me vas a comparar con el dechavetado de tu hermanito.
NATO: ¡El poder y la plata! Amarraditos los dos.
BENJAMÍN: ¿Qué tiene de malo?
NATO: Ayayay.
BENJAMÍN: Tómate un tricalma, ponte una chaqueta elegante y vámonos donde el Presidente. ¿Dónde están tus chaquetas? (*Forcejeando la puerta del ropero para sacar una chaqueta de Nato.*) ¿Qué pasa con esta puerta que no abre, Nato?
NATO: ¿Te acuerdas de Carlitos Yegua?
BENJAMÍN: Tu actor preferido en las comedias que hacíamos en el fundo de Uds.
NATO: Lo tienen amenazado de muerte.
BENJAMÍN: Cuidadito con ese gil.
NATO: Me mandó esta carta pidiéndome protección.
BENJAMÍN: Anda metido en cada cagada.
NATO: ¿Qué hago con la carta?
BENJAMÍN: Devuélvela al remitente.
NATO: No tiene remitente. Léela.
BENJAMÍN: Olvídate de la carta y pídele una chaqueta prestada a Juan Eduardo.
NATO: Ayayay.
BENJAMÍN: Ponte cualquier cosa y vámonos rajados donde el Presidente. ¡Es hora de pensar en grande, Natito!
NATO: Ayayay.
BENJAMÍN: ¿Adónde vas ahora? (*Nato sale del baño.*)
NATO: A lavarme el culo. Parece que me cagué en los pantalones.
BENJAMÍN: Siempre te pasa lo mismo. ¡Te cagai en los pantalones! (*Mira su reloj.*) ¡Este pelotas capaz que me cague la máquina! (*Benjamín sale rajado con su maletín. Desde el ropero se escuchan gritos en off.*)

HERIDO: ¡Sáquenme de aquí! (*Entra Segundo y abre la puerta del ropero con su llave. Dialoga con el herido a quien trata como si fuera un chiquillo que ha dejado una embarrada. Durante la escena no se ve al herido.*)
HERIDO: ¡Sáquenme de aquí!
SEGUNDO: ¡Shhitó! ¡Tate callao!
HERIDO: ¿Dónde estoy?
SEGUNDO: ¡Adentro del closet de don Nato estai!
HERIDO: ¿Vivo o muerto?
SEGUNDO: Más vivo que muerto.
HERIDO: Más muerto que vivo, encerrado en la oscuridad bajo siete llaves.
SEGUNDO: Peor sería que estuvierai congelado en la morgue.
HERIDO: Válgame Dios el cielo que me tiene prometido.
SEGUNDO: Ya te pusiste a difariar ya.
HERIDO: ¿Por qué no me escuchas lo que me tienes prometido?
SEGUNDO: Te traje pastillas tranquilizantes de las mismas que toma don Natito.
HERIDO: Dame unos puchos pa' pasar las penas será mejor, que se me acabaron los míos.
SEGUNDO: Quedó pasada a pucho la pieza; don Juan Eduardo casi la para.
HERIDO: En las películas de guerra siempre les pasan la corta a los heridos para tranquilizarlos.
SEGUNDO: Ya. Pégate una pitiadita poca pero para callado. (*Segundo le pasa un cigarrillo encendido y el herido fuma echando humo hacia afuera del ropero. Segundo lo abanica con la mano para dispersarlo.*) Fuma para adentro, saco de huevas.
HERIDO: Un copete me haría falta para componer la caña.
SEGUNDO: No seai patúo pus huevón.
HERIDO: ¿Qué le hace el agua al pez?
SEGUNDO: ¡Por la boca muere el pez!
HERIDO: En boca cerrada no entran moscas, gancho.
SEGUNDO: Callampín bombín, ¿oíste? Hasta que no le destape el santo a don Natito. Merece enterarse don Juan Eduardo nos tira altiro a los tiras.
HERIDO: ¡Ayayaycito!
SEGUNDO: ¿Qué es lo que tenís ahora?
HERIDO: Se me están abriendo las heridas.
SEGUNDO: ¡Medio charquito de sangre que estai dejando! ¡Moros en la costa! (*Segundo cierra la puerta desde adentro del ropero. Nato entra con su filmadora buscando a Segundo.*)

NATO: Segundo, ¿dónde te metiste? Tenemos que seguir con la filmación. (*Nato sale.*)
HERIDO: ¡Ayayayay! (*Segundo entreabre la puerta del ropero. Sale humo.*)
SEGUNDO: Quéjate más despacito que te pueden oír de allá afuera.
HERIDO: No puedo quejarme más despacio.
SEGUNDO: ¡Amordázate con estas sábanas!
HERIDO: ¡Un trago de fuerte es lo que me hace falta!
SEGUNDO: Aquí te traje otra media botellita de pisco.
HERIDO: Unas patitas de chancho también me harían falta.
SEGUNDO: Patitas de chancho quería el perla.
HERIDO: Me llegan a resonar las tripas.
SEGUNDO: Un plato de granola con jugo de kiwi es lo único que hay.
HERIDO: ¿Y esa cuestión qué es lo que es?
SEGUNDO: Putas que están atrasados en la cuestión mastique los romanos donde te mandaron destierrado.
HERIDO: Rumanos, no romanos.
SEGUNDO: Eso mismo, romanos. ¡Moros en la costa!
HERIDO: ¡Putas que hay moros por estas costas! (*Segundo cierra la puerta del ropero. Entra Nato de rodillas y con los brazos en cruz. El ortopédico lo amenaza con la palmeta de tony para que hable.*)
NATO: El problema se me presenta, padre, cuando voy a comulgar y me asaltan los malos pensamientos. Vuelta al confesionario. "Ego te absolvo pecatis tuis." De nuevo en el comulgatorio, padre. La Madonna en pelotas arriba del altar. Vuelta al confesionario del frente para no toparme con el mismo cura. Ave María Purísima... ¿Hace cuánto tiempo que no se confiesa, hijo mío? Hace medio minuto padre. ¿Medio minuto? Ego te absolvo. De nuevo al comulgatorio. Esse Agnus Dei qui tollis pecata mundi. Abro los ojos y ¿qué es lo que veo? La Madonna en pelotas dándome la comunión, pues padre. ¡De cabecita al infierno! (*El ortopédico le pega un palmetazo en la cabeza y desaparece. Nato queda de rodillas. Ana María, la atractiva ex novia y pareja de Nato, entra arrastrando una gran maleta.*)
ANA MARÍA: ¿Estás rezando?
NATO: ¡Ayyyy!
ANA MARÍA: ¿Tengo cara de bruja que te asusta cuando me ves?
NATO: ¿Segundo te abrió la puerta? (*Mostrando un manojo de llaves.*)
ANA MARÍA: Tengo mi propia llavecita milagrosa.
NATO: Siempre desaparece cuando lo necesitan. ¡Segundo!
ANA MARÍA: Esta pieza está completamente distinta a como la dejé, Nato.

NATO: La pieza está donde mismo.
ANA MARÍA: La pieza estará donde mismo pero los muebles no. La cama la teníamos puesta allá.
NATO: Nunca estuvo allá.
ANA MARÍA: Si hay algo de lo que me acuerdo es de la posición de la cama. Voy a ordenarte la pieza.
NATO: ¡No te metas a revolverme mis cosas!
ANA MARÍA: Siempre con el no en la punta de la lengua.
NATO: ¡Segundo!
ANA MARÍA: Bloqueaste la entrada del baño con ese confesionario.
NATO: Para ir al baño hay que pasar por el confesionario.
ANA MARÍA: ¿Matar dos pájaros de un tiro? Entras cargado de culpas y sales livianito.
NATO: ¡Qué buen punto!
ANA MARÍA: Ves que no soy tan gansa.
NATO: Ni gansa ni pava, pero igual te haces la mosquita muerta.
ANA MARÍA: ¿Este santo qué monos pinta?
NATO: Por unos dólares más San Sebastián de Yumbel te cura cualquier mal de una plumada.
ANA MARÍA: Verlo para creerlo.
NATO: Picadas de arañas de poto colorado, mal del tordo, encefalitis, rinitis, bursitis, arañita de los rincones, mal de amores....
ANA MARÍA: De eso no estoy tan segura.
NATO: Hazle una manda y verás. Claro que el Santo cobra. Nada gratis. Aquí no se fía.
ANA MARÍA: Como psicóloga clínica mandé al diablo al psicoanálisis y la medicina tradicional.
NATO: ¡Segundo!
ANA MARÍA: Adelante con la magia, las yerbas naturales y los santos mártires de la corte celestial. Claro que este Santo quedaría mucho mejor ubicado de frente al confesionario.
NATO: ¡No te metas a menearme mi santo! (*Forcejean con el santo.*)
ANA MARÍA: La religión tradicional, la racional caduca confrontándose con el santo mártir primitivo, lleno de muerte y ritual. ¿Qué te parece el símbolo?
NATO: Me cargan los símbolos.
ANA MARÍA: ¿Hace cuánto tiempo que no se confiesa, hijo mío?
NATO: Las mujeres no pueden confesar.
ANA MARÍA: Pero saben perdonar. Ave María Purísima ...

NATO: Sueño con un tipo lleno de artefactos ortopédicos, madre, que me saca la cresta con una palmeta de tony.
ANA MARÍA: ¿Palmeta de tony? ¿Sabes lo que significa, Natito?
NATO: ¡Símbolo sexual!
ANA MARÍA: Frío, frío como el agua del río.
NATO: El pecado original.
ANA MARÍA: ¡Tus remordimientos de conciencia, por haberme traicionado con la vieja bruja del bosque!
NATO: ¡¿Hasta cuándo vas a seguir con el mismo cuento?!
ANA MARÍA: ¡Hasta que pase por un zapatito roto y mañana me cuentes otro! ¿Tienes otro cuento que contarme?
NATO: Ayayay. (*Nato se escapa hacia el baño. Ana María husmea la pieza.*)
ANA MARÍA: ¡La vieja bruja del bosque te tiene completamente embrujado! ¿Nato, dónde te metiste? (*Ana María entra al baño, pasando por el confesionario. Segundo se asoma por la puerta del ropero, tosiendo por el humo que sale del mueble.*)
SEGUNDO: Callao el loro hasta que no le destape el Santo a don Natito, ¿entendiuco?
HERIDO: Déjame destapadita la botella de pisco antes de irte.
SEGUNDO: Destápala tú mismo.
HERIDO: ¿Que no veís que estoy discapacitado?
SEGUNDO: Pa' tomar si que no estái discapacitado.
HERIDO: Salucita. (*Brindan de la misma botella.*)
SEGUNDO: Que en salud se le convierta.
HERIDO: Con igual finezas pago.
SEGUNDO: Puchas que estái pulido.
HERIDO: ¡Ayayayy!
SEGUNDO: Amordázate pa' que no te oigan los lamentos de allá ajuera.
HERIDO: Mgh, mgh.
SEGUNDO: El celular también te lo dejo.
HERIDO: ¿Y eso tamién se toma?
SEGUNDO: Movís el pirulo y parái la oreja, ¿entendiuco?
HERIDO: ¿Cambio y fuera, como en las películas de guerra?
SEGUNDO: ¿Ves como las vai parando de a poco?
HERIDO: Cruz en el pecho y diabla en el lecho.
SEGUNDO: Tranquilo el perro y callao el loro. Contraseña de comunicación, ¿entendiuco?
HERIDO: Tranquilo el loro y callado el perro.

Segundo: Ya te curaste ya. ¡Tranquilo el perro y callao el loro, te dicen! (*Aferrándose a Segundo y lamentándose.*)
Herido: No me dejís solo que me da miedo la oscuridad.
Segundo: Sámpate las píldoras de don Natito para matar el nervio.
Herido: ¿Las tres me las sampo altiro?
Segundo: De un suácate con un trago de pisco.
Herido: Hasta verte Cristo mío.
Segundo: Te dejo mi personal stereo para la parte recreación.
Herido: Unas cumbias me harían falta ...
Segundo: Con los audífonos puestos pa' que no se oiga de ajuera.
Herido: Audífono en las pailas....
Segundo: Llave del ropero por si hay terremoto y tenís que salir apretando cueva.
Herido: Apretando cueva.... ¿Y algo para el mastique no me vai a dejar?
Segundo: ¡Moros en la costa! Tranquilo el perro y callao el loro. (*Segundo sale del ropero, lo cierra con llave dejando encerrado al herido. Se esconde detrás de la imagen de San Sebastián de Yumbel al tiempo que Nato y Ana María aparecen desde el baño.*)
Nato: ¿Para dónde vas pegando con esas maletas?
Ana María: Decidí volver a vivir contigo. (*Deshaciendo maletas encima de la cama de Nato.*)
Nato: No puedes volver a vivir conmigo sin preguntarme primero.
Ana María: ¿Segundo no te dio mi recado?
Nato: No recibo recados de nadie.
Ana María: ¿Estás haciendo un retiro?
Nato: Estoy filmando una película.
Ana María: ¡Qué entretenido! ¿No tienes un papel para mí? Siempre quise ser actriz.
Nato: No hay papeles femeninos.
Ana María: ¡Qué lata una película sin mujeres! (*Girando junto al ropero.*)
Nato: ¡Segundo!
Ana María: Estoy dispuesta a olvidarme de la vieja bruja del bosque siempre y cuando no la veas nunca más en tu vida.
Nato: ¿Dónde te metiste?
Ana María: ¡Júramelo!
Nato: ¡Ayayay! (*Ana María saca ropa de su maleta, sin prestarle atención a Nato.*)
Ana María: Ropa interior, camisa de dormir, mañanita. Este cuerpo del ropero para mí y este otro para ti. ¿Qué te parece? (*Nato sale hacia el baño. Ana*

Tejado de vidrio II

María intenta abrir la puerta del ropero.) ¿Qué pasa con esta puerta que no abre, Nato? (*Aparece Segundo de su escondite.*)
Segundo: Amaneció entrabá señorita Ana María.
Ana María: ¡Por fin apareciste, Segundo!
Segundo: Volvió de maleta después de la rosca que tuvo con don Natito el otro día, ¿ah?
Ana María: Tengo que hablar urgente contigo. (*Se escucha un quejido del herido proveniente del ropero.*) ¿Qué fue ese ruido, Segundo?
Segundo: La gata de angora de la señora que anda penando.
Ana María: ¿Penando una gata? (*Soto voce hacia el ropero.*)
Segundo: Tranquilo el perro y callao el loro, cambeo. (*Soto voce a Segundo.*)
Ana María: ¿Eres capaz de guardar un secreto, pero bien secreto, Segundo?
Segundo: ¿Un secreto de confesión?
Ana María: Sí; pero metámonos al confesionario para contarte. (*Ana María lo mete al confesionario.*)
Segundo: No sea atrevía, oiga.
Ana María: ¡Júrame por Dios y todos los santos de la corte celestial que no le contarás a nadie lo que te voy a revelar!
Segundo: Sí, juro. (*Segundo jura besándose tres veces el dedo pulgar, pero cruzando los de la otra mano. Ana María soto voce.*)
Ana María: Nato está completamente embrujado.
Segundo: No le oigo padre.
Ana María: Que Nato está embrujado.
Segundo: ¿Don Natito embrujado?
Ana María: Totalmente.
Segundo: ¿Y quién lo embrujaría oiga?
Ana María: La vieja bruja del bosque.
Segundo: Ave María Purísima, oiga. (*Desde el ropero se escucha bajito la canción "y nos dieron las diez" de Joaquín Sabina.*)
Ana María: ¿Ahora está cantando la gata, Segundo? (*Segundo le pega una patada a la puerta del ropero al tiempo que Nato entra abrochándose el pantalón.*)
Segundo: Apaga la radio mierda.
Nato: ¿Cómo se te ocurre agarrar a patadas el ropero antiguo de la abuela?
Segundo: Pa' destrancársela a la señorita que guarde sus cositas.
Nato: ¿Dónde te habías metido?
Segundo: Allá abajo, limpiando. Todo entierrao con la polvareda de las excavaciones profundas.
Nato: ¡Ayayay! Sigamos con la película. (*Soto voce a Segundo.*)

ANA MARÍA: ¿Cómo van a ser normales esos retorcijones de estómago, Segundo?
NATO: Tráeme una agüita de manzanilla con boldo bien cargada.
SEGUNDO: Altiro no más. Tranquilo el perro y callao el loro, cambeo. (*Segundo sale.*)
ANA MARÍA: ¿Qué le pasa a Segundo?
NATO: No tengo idea.
ANA MARÍA: Anda hablando solo con una gata. (*Nato da un respingo.*)
NATO: ¡La gata de angora de la mamá!
ANA MARÍA: Tranquilo, Natito.
NATO: Ayayay.... (*Nato cae al suelo producto de los retorcijones.*)
ANA MARÍA: Tienes que relajarte para que se te pasen esos retorcijones.
NATO: No tengo idea de relajarme.
ANA MARÍA: Párate del suelo y tiéndete en la cama.
NATO: No puedo pararme solo.
ANA MARÍA: Sujétate de mí.
NATO: No me vayas a soltar.
ANA MARÍA: Para eso estudié psicología; para levantar al caído.
NATO: Ayayay.
ANA MARÍA: Agárrate firme de mi cogote.
NATO: Con cuidado.
ANA MARÍA: Tranquilo. (*Ana María lo tiende en la cama.*)
ANA MARÍA: ¿Te sientes mejor?
NATO: Me siento pésimo.
ANA MARÍA: Desabróchate el cinturón y sigue mis instrucciones al pie de la letra.
NATO: ¿A ojos cerrados?
ANA MARÍA: Confías en mí, ¿sí o no?
NATO: En tus manos encomiendo mi espíritu. (*Ana María habla con su voz de terapeuta; sincopada y pausada, encima de Nato, sobre la cama.*)
ANA MARÍA: Concéntrate en tu cuerpo, Nato.
NATO: Mente sana in corpore sano.
ANA MARÍA: La mente en blanco.
NATO: No la puedo poner en blanco.
ANA MARÍA: Borrando obsesiones, ideas, mecas....
NATO: ¿Qué mecas?
ANA MARÍA: La vieja bruja del bosque, por ejemplo. Ahora sin pensar.
NATO: No puedo no pensar sin pensar.
ANA MARÍA: El cuerpo flojo y pesado sobre la cama. La mente en blanco ...
NATO: La mente en blanco ...

Ana María: Repite.
Nato: Repito.
Ana María: Estoy muy tranquila....
Nato: Estoy *muy* tranquilo....
Ana María: Estoy *muy* sereno....
Nato: Estoy *muy* sereno....
Ana María: Estoy en paz.
Nato: Ayayay....
Ana María: ¿Qué estás sintiendo?
Nato: Te estoy sintiendo completamente desnuda.
Ana María: Perfecto. (*Se besan y comienzan a sacarse desesperadamente la ropa para hacer el amor. El celular de Nato suena con un sonido estridente y cómico, interrumpiendo la situación.*)
Nato: No contestes. (*Besándola.*)
Ana María: Es que puede ser mi papá.
Nato: ¿Qué diablos le pasó a tu papá ahora?
Ana María: Quiere suicidarse, tirarse por el balcón.
Nato: ¿Qué importa, si vive en un primer piso?
Ana María: Por eso mismo. Imagínate el cuadro clínico. (*El celular sigue sonando.*)
Nato: Patético.
Ana María: Dime ¿qué hago, Nato?
Nato: ¡Contéstale de una vez! (*Ana María contesta el celular.*)
Ana María: ¿Aló papá? ¿Papá? Es para ti.
Nato: ¿Para mí?
Ana María: ¡Sí para ti!
Nato: Aló. Sí. Con él. No, no, no. No puedo hablar ahora. Estoy súper ocupado. Yo la llamo después.
Ana María: ¿Quién era?
Nato: La secretaria de Benjamín.
Ana María: ¿Crees que soy idiota? Te sigues acostando con la vieja bruja del bosque, ¿sí o no? ¡Contéstame! Eres un cagón y un maricón. ¡Ojalá te vaya pésimo en todo! (*Sale corriendo. Nato disca el celular.*)
Nato: 444 55 33. ¿Aló? ¿La señora está? ¿Cómo que no está? ¿Dónde crestas se metió? Colgaron. (*Pausa larga.*) ¡Ana María, se te quedaron las maletas!
Apagón. Cambio de iluminación y atmósfera. Nato lee una revista de cine. Segundo entra elegantemente vestido de mozo, con corbata de humita, pechera, chaqueta y guantes blancos. Viene a servir el té en un carrito con ruedas.
Nato: ¿Quién te mandó ponerte ese disfraz de pingüino?

Segundo: Don Juan Eduardo me mandó para servir la once.
Nato: Servir el té.
Segundo: El té.
Nato: Te ves súper ridículo. (*Juan Eduardo entra elegantemente vestido.*)
Juan Eduardo: ¿Qué tiene de ridículo si es el mozo de la casa?
Segundo: Con las visitas de la casa hay que ponerse pirulo.
Nato: ¿Dónde están las visitas importantes que no las veo? (*Benjamín entra muy elegante en su estilo.*)
Benjamín: Convidé al Presidente del Directorio para discutir el tema del Canal contigo.
Nato: ¿Con qué permiso?
Benjamín: Con el de Juan Eduardo.
Juan Eduardo: En una de ésas nos compra la casa, Natito.
Segundo: Un, dos, tres. Once para cuatro, entonces, incluyendo al señor Presidente.
Nato: ¿Para eso te disfrazaste de pingüino?
Segundo: Ud. va a quedar helado como pingüino cuando le destape la novedad que le tengo.
Nato: Olvídate de la novedad hasta que terminemos la película.
Juan Eduardo: Sirve de una vez que estoy muerto de hambre.
Benjamín: ¡Cómo se te ocurre que vamos a empezar antes que llegue el presidente!
Juan Eduardo: Exquisitos esos tapaditos.
Benjamín: Deja los tapaditos tranquilos. Los compré para el invitado de honor. Es súper fijado en el protocolo.
Nato: Por eso llegó a Presidente.
Juan Eduardo: Un buen té pelado, tipo inglés, es mucho más elegante, Benjamín.
Benjamín: También podría ser.
Juan Eduardo: Estos de pavo con mayonesa son la muerte.
Benjamín: Los de palta con nuez están de chuparse los dedos.
Juan Eduardo: Sirve Segundo, ¿qué estás esperando? (*Segundo comienza a servir con mucha etiqueta.*)
Nato: Déjame servir a mí. (*Le arrebata la bandeja.*)
Juan Eduardo: Vas a chorrear todo con lo atarantado que eres.
Nato: Segundo no es el mozo de la casa.
Benjamín: No será el mozo, pero sirve mucho mejor que tú.
Nato: Siéntate, Segundo.
Segundo: Paradito no más.

Juan Eduardo: ¡Déjate de lesear que se va a enfriar el té!
Nato: Si Segundo no se sienta no sirvo.
Segundo: Merece llegar el señor Presidente me pilla sentado y a Ud. parado sirviendo, ¿qué va a pensar?
Benjamín: Sirve de una vez.
Nato: ¿Té o café?
Juan Eduardo: Té con limón.
Nato: No hay.
Juan Eduardo: ¿No hay té o no hay limón?
Nato: No hay ninguna de las dos cosas.
Juan Eduardo: Café entonces.
Nato: Tampoco hay.
Juan Eduardo: ¿Qué es lo que hay?
Segundo: Milo, manzanilla y rosa mosqueta.
Juan Eduardo: ¿Ves que no hay nada en esta casa?
Nato: ¿Milo, manzanilla o rosa mosqueta?
Benjamín: Manzanilla.
Segundo: La manzanilla es para los retorcijones de estómago de don Natito.
Benjamín: Milo entonces.
Nato: ¿Dos cucharadas?
Benjamín: Cuatro.
Segundo: ¿No será mucho?
Nato: ¿Con leche?
Benjamín: Con agua y sin azúcar.
Juan Eduardo: ¡Putas la huevada mala! Ni que te hubieran criado en un país comunista.
Benjamín: ¡Cuidado que me estás quemando!
Juan Eduardo: Te dije que iba a chorrear todo.
Benjamín: Mira como me dejaste el pantalón.
Nato: El agua caliente no mancha.
Benjamín: No mancha pero quema.
Nato: Sácate el pantalón y ponte uno mío. Tráele uno del ropero, Segundo.
Segundo: La puerta del ropero está entrabá.
Juan Eduardo: Parece que te hubieras meado.
Benjamín: ¿Se nota mucho?
Juan Eduardo: ¿Qué va a pensar el presidente?
Segundo: Que pasó el río.

Juan Eduardo: Un par de pantalones y una botellita de wisky de mi pieza, Segundo. (*Benjamín se saca los pantalones.*)
Benjamín: Los calzoncillos están estilando.
Nato: Sácatelos también. (*Benjamín se saca los calzoncillos, se los tira a Segundo y se encluquilla levemente para taparse con la chaqueta.*)
Juan Eduardo: Calzoncillos secos, Segundo.
Benjamín: Apúrate que me estoy cagando de frío.
Segundo: Voy y vuelvo. ¿Qué me demoro? (*Segundo sale por una puerta seguido por Nato.*)
Nato: Tenemos que terminar de filmar hoy día, Segundo.
Segundo: ¿Que no ve que voy mandado por su hermanito? (*Benjamín habla por su celular.*)
Benjamín: ¿Aló, Clarita? ¿Qué cresta pasa con el Presidente que no llega?
Juan Eduardo: Si llega ahora te pilla a poto pelado.
Benjamín: Toda la razón. La Clarita dice que viene rajado en camino.
Juan Eduardo: Capaz que llegue antes que se terminen los tapaditos. (*Gritando.*)
Benjamín: Apúrate con los calzoncillos, Segundo.
Juan Eduardo: ¡Cómo se te ocurre pensar en Nato para Director Ejecutivo del Canal, con lo deschavetado que es!
Benjamín: Se hace el deschavetado delante de ti.
Juan Eduardo: Filmando estupideces con Segundo. Parecen cabros chicos.
Benjamín: ¿Leíste el libro que se mandó sobre la tele?
Juan Eduardo: ¿Segundo escribió un libro sobre la tele?
Benjamín: Nato.
Juan Eduardo: ¿Cómo se llama el libro?
Benjamín: Smog televisivo.
Juan Eduardo: Qué siutiquería.
Benjamín: Lo mejorcito que se ha escrito sobre el tema. (*Se escuchan ruidos en el ropero.*)
Benjamín: ¿Qué fue ese ruido?
Juan Eduardo: Nato que se anda quejando del estómago como alma en pena. (*Segundo entra.*)
Segundo: Callao el loro y tranquilo el perro, cambeo.
Juan Eduardo: ¿Y tú qué haces ahí espiándonos?
Segundo: ¿Cómo que espiando si Ud. mismo me mandó a buscar wisky, pantalones y calzoncillos para don Benjamín?
Benjamín: Gracias, Segundo. (*Se pone los calzoncillos.*)
Benjamín: Me quedan enormes estos calzones.

Segundo: La única talla que encontré.
Juan Eduardo: Seguro que son de Charly. (*Benjamín se ajusta los enormes pantalones.*)
Juan Eduardo: ¿Vasos trajiste?
Segundo Ahí en la mesa hay vasos.
Juan Eduardo: Estos no son vasos de wisky.
Segundo: Vasos de wisky no hay.
Juan Eduardo: ¿Dónde está el hielo?
Segundo: Hielo tampoco hay.
Juan Eduardo: ¿Ves que no hay nada en esta mierda de casa?
Segundo: Reclámele a su hermanito.
Juan Eduardo: Hay que tener paciencia. (*Juan Eduardo se toma un vaso de wisky al seco, al tiempo que se escucha otro lamento proveniente del ropero.*)
Benjamín: ¡Ese quejido sí que no fue de Nato!
Segundo: La gata de angora de la señora que anda en celo. (*Soto voce.*) Tranquilo el perro y callao el loro, cambeo. (*Suena el celular de Benjamín.*)
Benjamín: ¿Aló Clarita? ¿El Presidente está metido en un medio taco? ¿Y por qué no usa el rompe filas?
Juan Eduardo: ¿Rompe filas en un medio taco?
Benjamín: Dígale que lo estamos esperando hace ratito.
Juan Eduardo: Tómate un trago de wisky para matar el nervio mientras se deshace el taco.
Benjamín: Un trago de wisky con tricalmas me voy a tomar.
Juan Eduardo: Salud. (*Nato en off gritando.*)
Nato: ¡Segundo! ¡¿Dónde te quedaste pegado?!
Segundo: Permiso, que me están llamando, don Nato. (*Al herido.*) Callao el perro y tranquilo el loro.... (*Segundo sale corriendo.*)
Juan Eduardo: Este huasteco está cada día más idiota.
Benjamín: Si el Presidente no llega a presionar a Nato para que acepte el cargo me caga la máquina de un suácate.
Juan Eduardo: Imagínate cómo voy a quedar yo delante de los chinos.
Benjamín: ¿Qué chinos?
Juan Eduardo: Chinos de China. Me depositaron un 20% adelantado por la venta de la casa en una cuenta especial. Se ve pero no se toca.
Benjamín: Son secos para los negocios. Nunca pierden los chinos.
Juan Eduardo: El cuento es que voy a quedar como chino delante de los chinos si Nato no firma la escritura.
Benjamín: Hay que darle una batida a fondo para ablandarlo.

Juan Eduardo: ¿Apretarlo con un alicate, dices tú?
Benjamín: Cagarle la película para que entre en razón
Juan Eduardo: ¡Un pacto secreto entre los dos!
Benjamín: Acuérdate que estuvimos en bandos contrarios no hace mucho.
Juan Eduardo: ¿Qué importan los bandos contrarios del pasado si ya estamos en el futuro?
Benjamín: ¿Una articulación de intereses que no involucre compromiso ideológico alguno?
Juan Eduardo: Izquierda y derecha unida jamás serán vencidas, como dice el poeta.
Benjamín: Salud por el pacto entonces.
Juan Eduardo: Y por la reconciliación.... (*Chocan los vasos y beben.*)
Benjamín: Voy a llamar al Presidente altiro para meterlo en el pacto.
Juan Eduardo: Llámalo de mi pieza, mira que las paredes tienen ojos y oídos en esta casa. (*Mirando a su alrededor.*)
Benjamín: Toda la razón. (*Salen. Entran Segundo y Nato con más luces para instalarlas en el set de filmación.*)
Segundo: Como a las cinco de la mañana sería. Ring, ring suena el teléfono. ¿Aló?, digo yo. Aló, me contesta una voz de las catacumbas, así. ¿Con quién hablo? Con Segundo, le digo yo. Estoy herido de muerte, me dice la voz, así es que vení a protegerme de los malditos....
Nato: Esta luz dirígela al confesionario.
Segundo: La cosa se puso color de hormiga, oiga ...
Nato: Márcate el confesionario con ese foco, Segundo.
Segundo: Más vale que no hubiera salido na para allá anoche yo. Viera como me chorreaba....
Nato: ¿Qué cosa chorreaba?
Segundo: La sangre.
Nato: ¿Qué sangre?
Segundo: La sangre del cordero herido. Que no me podís dejar botado y toda la custión del buen samaritano que Ud. tanto predica....
Nato: Ayúdame con el contraluz.
Segundo: ¡Déjeme destaparle el santo de una vez por todas, iñor por la puta!
Nato: No tengo tiempo para destapar santos ajenos. (*Entran Benjamín y Juan Eduardo tomando de una nueva botella de wisky.*)
Benjamín: ¡Opino que sería una tontería del porte de un buque!
Juan Eduardo: Cómo que tontería, si hace un rato estábamos completamente de acuerdo.

BENJAMÍN: ¡Dejar que Nato termine su película sería una tontería!
JUAN EDUARDO: Mucho peor sería que no firmara la escritura de venta de la casa.
BENJAMÍN: Hay que cagarle la película para que vuelva al Canal y firme tu escritura.
JUAN EDUARDO: ¡Más claro echarle agua, Benjita! (*Nato interrumpe.*)
NATO: Necesito urgente dos actores de buena presencia como Uds. para la escena de la declaración compensada del Santo Mártir. Pónganse estos disfraces de romanos. (*Nato le entrega el vestuario y continúa ajustando la iluminaciòm de la escena.*)
JUAN EDUARDO: ¡Yo no me disfrazo de romano ni cagando!
BENJAMÍN: Hay que seguirle la corriente.
JUAN EDUARDO: Hay que tener paciencia, diría yo.
NATO: Tú haces de emperador Diocleciano, Juan Eduardo.
JUAN EDUARDO: ¿Y ese tipejo quién era?
SEGUNDO: El trompa que le daba el bajo a los primeros cristianos.
JUAN EDUARDO: ¿Qué sabes tú de primeros cristianos?
SEGUNDO: Cómo no voy a saber si tengo un libro de Historia Sagrada con dibujos que me regaló el finao de su papá cuando hice la primera comunión.
BENJAMÍN: ¿Cómo es el libro?
SEGUNDO: En colores salen los mártires cristianos cuando los rumanos los asaban como pollos broiler.
BENJAMÍN: Igualito al libro que me regalaron a mí cuando hice la primera comunión.
SEGUNDO: Las fieras listas pa' comérselos con zapatos a los santos mártires y ellos con su rayo de luz derechito para la gloria celestial.
JUAN EDUARDO: ¡Salud por los mártires cristianos!
BENJAMÍN: Salud por nosotros, Segundo.
NATO: Segundo no toma porque está trabajando.
BENJAMÍN: ¿Qué le va a hacer un trago?
NATO: Tú haces de Tifoideo, Benjamín, el medio hermano de San Sebastián que lo delató al emperador Diocleciano.
BENJAMÍN: ¿Delató a su propio medio hermano de sangre?
SEGUNDO: Cara de raja lo delató.
JUAN EDUARDO: Putas el huevón malo.
BENJAMÍN: Inaceptable.
NATO: Listas las luces. (*Benjamín y Juan Eduardo se disfrazan con desgano.*)
BENJAMÍN: ¿Qué pasará con el Presidente que no llega?
JUAN EDUARDO: Todavía metido en el taco.

BENJAMÍN: ¿Aló, Clarita? Clarita.... No contesta.
JUAN EDUARDO: Llama al Presidente directamente.
BENJAMÍN: No tengo su celular.
JUAN EDUARDO: ¿Tan amigos y no te pasa el número del celular?
BENJAMÍN: Es lleno de protocolos ese gallo.
NATO: ¿Listos con el vestuario?
BENJAMÍN: ¡Todavía no!
JUAN EDUARDO: ¿Cómo me pongo esta idiotez?
NATO: ¡Apúrense! Nos estarían faltando los primeros cristianos, Segundo.
SEGUNDO: No hubo caso con los primeros cristianos, don Natito.
NATO: Te pasé plata para contratarlos.
SEGUNDO: Encontraron poca la plata y no entendieron la película.
JUAN EDUARDO: ¡Cagó tu película!
BENJAMÍN: Sentémonos a conversar de cosas importantes, Nato.
SEGUNDO: Yo le hago de primer cristiano si quiere, don Natito.
NATO: ¿Cómo vas a hacer de primer cristiano si estás haciendo de San Sebastián?
JUAN EDUARDO: Imposible.
BENJAMÍN: ¿Aló, Clarita? ¿Clarita? ¡Clarita!
NATO: Vamos a tener que usar los maniquíes de la abuela como primeros cristianos.
SEGUNDO: Están empaquetados en el tercer subterráneo los monos de su abuelita.
JUAN EDUARDO: ¿Contesta o no contesta?
BENJAMÍN: Cagó la batería.
JUAN EDUARDO: Hay que tener paciencia.
SEGUNDO: El Carlitos Yegua estaría pintado de primer cristiano con lo buenazo pa' actuar en las comedias de las misiones allá en el campo. (*Para sí mismo.*)
NATO: Carlitos Yegua. ¿Dónde dejé la carta?
JUAN EDUARDO: A propósito del Carlitos Yegua, ¿sabes con quién me topé en la oficina de los abogados?
NATO: No tengo idea ni me interesa.
JUAN EDUARDO: Cortés. ¿Te acuerdas de Cortés? Apenas camina el pobre viejo.
NATO: Lo cortés no quita lo valiente.
JUAN EDUARDO: ¿Supo que me cortaron una bola, me dijo?
NATO: ¿Una sola le cortaron?
JUAN EDUARDO: Por culpa de la Reforma Agraria.
BENJAMÍN: ¡Ese cuento es mucho más antiguo que los romanos!
JUAN EDUARDO: Me tomaron el fundo, me dijo, me encerraron en la bodega del vino, me dijo, sábado y domingo inclusive hasta que se le pudrió la bola con la fermentación del vino.

BENJAMÍN: ¿De dónde sacaste esa película de terror?
JUAN EDUARDO: ¡Claro! Como no hubo violencia en el campo con la Reforma Agraria.
BENJAMÍN: Un proceso legal que acarreó un cierto costo social.
NATO: En este caso el costo social de una bola.
JUAN EDUARDO: Un despojo generalizado; eso es lo que hubo en el campo.
BENJAMÍN: ¡No seas exagerado!
JUAN EDUARDO: ¿Con qué derecho te iban a quitar la tierra si la tierra viene de Dios?
BENJAMÍN: ¡No estoy de acuerdo con eso!
JUAN EDUARDO: ¿Quién hizo la tierra, a ver? ¡Contesta!
SEGUNDO: Dios hizo la tierra.
NATO: ¿En cuántos días la hizo?
SEGUNDO: En seis días y al séptimo descansó.
JUAN EDUARDO: ¡Ves! Si la tierra viene de Dios no te la pueden quitar como las fábricas.
BENJAMÍN: ¿De dónde sacaste esa estupidez?
JUAN EDUARDO: ¡Anda a preguntarle a los industriales! Yo no soy industrial.
NATO: Métanse al confesionario rápido para seguir con la filmación.
JUAN EDUARDO: Momentito. ¿Adivina quién le tomó el fundo a Cortés?
NATO: No tengo idea ni me interesa.
JUAN EDUARDO: El famoso Carlitos Yegua. Claro que en la retoma le dimos una batida a fondo a ese extremista, me dijo Cortés.
NATO: ¿De dónde sacaste que era extremista?
JUAN EDUARDO: Andaban armados pues huevón.
NATO: Los patrones también andaban armados.
JUAN EDUARDO: ¡Éramos los dueños! Si esa huevada fue un despojo.
BENJAMÍN: ¡No fue un despojo!
JUAN EDUARDO: ¿Fue un despojo o no fue un despojo, Nato? ¡Contesta!
NATO: ¡No me grites! (*Apartándolos.*)
SEGUNDO: Pecado mortal irse a las manos entre hermanos.
JUAN EDUARDO: Nunca te abanderizaste con nosotros mientras esos carajos se cagaban en el derecho de propiedad.
NATO: Ayayay.
BENJAMÍN: ¡Y Uds. que se cagaron en los derechos humanos con el Golpe de Estado que se mandaron!
SEGUNDO: Vamos a salir todos perjudicados con esta discustición.

BENJAMÍN: Aquí el único perjudicado fui yo que me mandaron cagando al exilio con mi familia, siendo un pendejo chico.
JUAN EDUARDO: ¡Al exilio dorado!
BENJAMÍN: Claro. A los tres meses de exilio en París, le empezaron los mareos a la mamá. Síndrome vertiginoso al oído interno de pura angustia.
JUAN EDUARDO: Voy a buscar más wisky a mi pieza.
BENJAMÍN: Escucha lo que hay que escuchar.
JUAN EDUARDO: Ese tango me lo conozco de memoria. (*Sale.*)
NATO: ¡Ayayay!
BENJAMÍN: Ayayay de nuevo. (*Nato sale al baño. Segundo escucha el cuento de Benjamín.*) A los diecisiete años recién cumplidos nos fuimos a vivir juntos con mi polola, la María Pía, a un departamento en las afueras de París.
SEGUNDO: Algo es algo.
BENJAMÍN: No podíamos salir a ninguna parte por falta de plata. Imagínate, encerrados en un departamento de este porte con el baño metido en la cocina.
SEGUNDO: Creo que son re hediondos esos gallos, ¿ah?
BENJAMÍN: La María Pía se puso histérica. Reclamándome día y noche por el martirologio del exilio. Como si yo fuera el único culpable.
SEGUNDO: Chutas.
BENJAMÍN: Terminé llevándola donde un psicólogo amigo. Ex-seminarista colombiano bueno para la cháchara, pero mucho más barato que un psiquiatra francés, que son carísimos.
SEGUNDO: Tienen que ser caros esos huevones, ¿ah?
BENJAMÍN: Fatal.
SEGUNDO: ¿Por lo barato dice Ud.?
BENJAMÍN: No. Porque la María Pía se enamoró del exseminarista.
SEGUNDO: ¿Y usted qué hizo?
BENJAMÍN: Yo me enamoré de la mujer del exseminarista, una brasileña con un cuero.
SEGUNDO: Chutas. El medio enredito. (*Juan Eduardo entra abruptamente, tomando wisky directamente de una botella de Chivas Regal.*)
JUAN EDUARDO: Te advierto que donde lo vea le meto un balazo al famoso Carlitos Yegua. ¡Por culpa suya le dio el infarto al abuelo y al papá! ¿Dónde se metió Nato? (*Se escucha un gran lamento.*)
BENJAMÍN: ¿De dónde salió ese quejido?
SEGUNDO: Los retotcijodes de estómago de don Natito tienen que ser.
JUAN EDUARDO: ¡Aquí hay gato encerrado! (*Ana María y Nato entran, simultáneamente por diferentes puertas.*)

Nato: ¿Y tú qué haces aquí de nuevo?
Ana María: ¡Se me quedaron las maletas!
Apagón. Iluminación de ortopédico. Nato está hincado frente al ortopédico quien, palmeta en mano, lo ilumina con un potente foco de luz. En el trasfondo se escucha levemente una canción de Joaquín Sabina.
Nato: El Carlitos Yegua comía con nosotros, dormía con nosotros, jugaba con nosotros. Eramos iguales. No había diferencia alguna hasta el papá dijo que una tremenda, insalvable e irreversible metamorfosis se estaba produciendo en el Carlos Yegua.
Ortopédico: ¿Cuál es el punto, señor?
Nato: Una diferencia de cutis, una diferencia de pelo, una diferencia de raza, una diferencia de clase....
Ortopédico: ¡Una diferencia sustancial!
Nato: Teníamos ojos, pelo, cejas, nariz y orejas completamente iguales al Carlos Yegua, pero el papá, la mamá y el abuelo dijeron que éramos absolutamente diferentes. (*Palmetazo.*)
Ortopédico: ¡Diferencia cualitativa!
Apagón. El set está iluminado. Todo lo que Nato filme se verá en la pantalla gigante.
Nato: ¡Luz, cámara, acción! (*Entra Segundo vestido de centurión romano. Observa que no hayan moros en la costa y usando su celular habla.*)
Segundo: ¡Síganme los buenos! (*Aparece Ana María vestida de primera cristiana al estilo de "Quo vadis," aproximándose a Segundo muy asustada. Nato interrumpe exasperado.*)
Nato: ¡No, no, no! No puedes entrar arrastrando las patas, Segundo. ¡Tienes que entrar con mucho más fuerza!
Segundo: ¿De dónde le voy a sacar juerzas si ya hemos entrado como cien veces?
Nato: Fuerzas de flaqueza como los mártires cristianos.
Segundo: ¿De tripas corazón?
Ana María: Tienes que ser más claro para explicarle la emoción, Nato.
Nato: ¡No te metas! Acabas de rescatar a la primera cristiana de las fauces de los leones en el coliseo romano, ¿ya?
Segundo: Coliseo rumano....
Nato: ¿No te das cuenta lo que eso significa para el Sebastián?
Segundo: ¿Fuiste al cerro, viste al león, te dio miedo?
Ana María: ¡Excelente idea Segundo!
Nato: Sales apretando cueva del coliseo romano con la primera cristiana a cuestas.
Segundo: ¡Chutas!

Nato: La guardia pretoriana pisándote los talones. ¿Entendiuco?
Segundo: ¿Cómo voy a llevar a la señorita acuestas, digo yo?
Ana María: Déjame explicarle que soy mucho más psicólogo que tú.
Nato: No te metas a dirigirme la película.
Ana María: Siempre con el no en la punta de la lengua. (*Juan Eduardo y Benjamín se asoman desde el confesionario.*)
Juan Eduardo: ¿Entramos ya?
Nato: ¡Silencio! Se repite la escena anterior.
Juan Eduardo: ¡¿Hasta cuándo?!
Nato: Hasta que Segundo atine.
Benjamín: ¡Atina pues Segundo!
Ana María: ¡No lo pongan nervioso!
Juan Eduardo: Aperra Segundo.
Segundo: Se me hace que no voy a poder yo.
Ana María: Ahora te va a salir perfecto.
Segundo: ¿Ud. cree?
Ana María: Confía en mí.
Nato: ¡Silencio! Luz, cámara, acción. (*Se repite la acción. Para darle mayor vivacidad Ana María se sube al apa de Segundo, generándose una nueva situación que éste aprovecha para jugar con Ana María haciendo cabriolas y relinchando.*)
Ana María: Galopa, galopa, galopa overito. Galopa, galopa, galopa no más....
Juan Eduardo: ¡Ya pus cojo!
Benjamín: ¡Déjense de jugar!
Ana María: ¡Dale Segundo! (*La escena concluye con ambos metidos en el confesionario. Nato encantado, ha filmado la escena cámara en mano.*)
Nato: ¡Corten!
Ana María: ¿Cómo salió?
Nato: Perfecto, Segundo.
Ana María: ¡Qué entretenido!
Nato: Ayúdame con las luces para la próxima escena.
Segundo: Déjeme sacar el resuello primero.
Ana María: ¿Y a mí no me vas a felicitar por la escena Nato? (*Nato le da un beso y mide las luces para la próxima escena.*)
Ana María: Voy a dejar la psicología para dedicarme al cine por entero.
Nato: ¡Silencio! (*Benjamín y Juan Eduardo rechiflan.*)
Nato: ¡Dije silencio! Diocleciano y Tifoideo entran a escena.
Juan Eduardo: ¡Por fin a escena! (*Soto voce.*)
Benjamín: ¿Aló, Clarita?

NATO: ¡Silencio! Luz, cámara, acción. (*Juan Eduardo y Benjamín entran vestidos de romanos con sus vasos de wisky en la mano. Segundo y Ana María los observan, escondidos en el confesionario.*)
BENJAMÍN: Ave, Cesar Augusto.
JUAN EDUARDO: Ave con palta mayo maestro. (*Silencio.*)
NATO: Sigue hablando....
JUAN EDUARDO: ¿Qué más digo?
NATO: Cualquier cosa, la película es surrealista.
JUAN EDUARDO: No haberlo dicho antes.
BENJAMÍN: ¿Aló, Clatita? ¿Qué pasa que no contesta?
NATO: ¡Silencio! Acción.
JUAN EDUARDO: Tifoide, mi fiel subidito. ¿Qué nuevas me traéis?
BENJAMÍN: Tenemos video-tapes clandestinos, Ave Cesar Augusto, que muestran a Sebastián – mi medio hermano – bailando la cueca en pelotas con las primeras cristianas en las catacumbas.
JUAN EDUARDO: ¿La cueca en pelotas?
BENJAMÍN: Afirmativo, Ave Cesar.
JUAN EDUARDO: ¡Muerte al traidor! ¡A las fieras! ¡A los leones con él, miserable traidor de las catacumbas!
BENJAMÍN: ¡Amén! (*Suena el celular.*)
SEGUNDO: Teléfono.
NATO: Les dije que apagaran los celulares.
BENJAMÍN: ¡Debe ser el Presidente!
SEGUNDO: ¿El Presidente de la República?
NATO: No te muevas, Benjamín.
BENJAMÍN: ¿Aló, Clarita?
JUAN EDUARDO: ¿Cómo estuve, Anita María?
ANA MARÍA: ¡Robert Redford!
JUAN EDUARDO: Pero mucho más joven.
ANA MARÍA: No seas pretencioso.
NATO: No te muevas Juan Eduardo.
BENJAMÍN: ¿Dónde se metió el Presidente, Clarita?
ANA MARÍA: Voy al baño y vuelvo, Nato.
NATO: Yo también voy y vuelvo. (*Salen. En off, desde el ropero.*)
HERIDO: ¡Sáquenme de aquí! (*Soto voce.*)
SEGUNDO: ¿Cómo te voy a sacar si está lleno de moros la costa?
JUAN EDUARDO: ¿Con quién estás hablando?

Segundo: Estaba hablando solo. ¿Aló? ¿Podría hablar con Segundo? ¿De parte de quién? ¿Ve?
Juan Eduardo: Desde que Nato te embolinó la perdiz con esto de ser artista que esás harto más huevón.
Segundo: ¿Y cómo andamos por casa?
Juan Eduardo: ¡No seas insolente y anda a buscarme más wisky! (*Nato sale del baño.*)
Segundo: ¿Obró bien don Natito?
Nato: Obras son amores, no buenas razones.
Benjamín: El Presidente se fue directo al Canal cuando salió del taco. Tenemos que irnos rajados, Nato.
Nato: De aquí no sale nadie hasta que no terminemos de filmar.
Benjamín: ¿Dónde quedó mi maletín con la declaración?
Herido: ¡Sáquenme de aquí!
Juan Eduardo: ¿Ese ruido qué fue, Segundo?
Segundo: La gata de angora de la señora.
Juan Eduardo: ¿Desde cuándo que las gatas hablan en esta casa? (*Suena el teléfono.*)
Segundo: Teléfono.
Juan Eduardo: ¿Aló? ¿Aló? ¡Cállense que no se oye nada!
Nato: ¡Silencio que vamos a filmar!
Segundo: Volvió la gata de angora de su mamá, don Natito.
Nato: ¡Pásame el rifle!
Juan Eduardo: ¡Charly! Por fin algo agradable. Is mother at home?
Nato: Is mother at home? ¡Qué siutiquería!
Juan Eduardo: ¿Anda navegando?
Nato: Igual que la Estefanía de Mónaco.
Juan Eduardo: No vas a comparar a la mamá con esa puta.
Nato: Déjame hacerle los puntos.
Juan Eduardo: Necesito hablar urgente con la mamá por el negocio de la casa, Charly. (*Ana María entra corriendo.*)
Ana María: ¿Qué está pasando?
Benjamín: ¿Has visto mi declaración, Ana María?
Ana María: Tu declaración de principios no la conozco ni en pintura. (*Se escucha un fuerte aullido de la gata.*)
Segundo: ¡Ahí saltó la gata!
Nato: ¡Toma la cámara y filma la ejecución, Segundo.

Tejado de vidrio II

Juan Eduardo: ¡¿Cómo se te ocurre que le vas a matar la gata de angora a la mamá!?
Nato: ¡Los conejos serán de angora!
Ana María: ¡Cálmense!
Juan Eduardo: Ayudame a quitarle el rifle, Benjamín.
Benjamín: Por suerte encontré la declaración de principios.
Nato: Fílmala justo cuando le pegué el balazo.
Juan Eduardo: ¡Haz algo, Anita María! (*Nato dispara dos veces. Ana María se tapa los oídos.*)
Ana María: Me carga la violencia.
Benjamín: ¿Dónde se metió mi maletín?
Segundo: Aguaite los medios saltos que pega el minino. (*Ana María se tapa los ojos.*)
Ana María: No pienso mirar.
Juan Eduardo: ¡Una carnicería!
Nato: Le pegué en un nerviecito.
Segundo: ¡Miren como chicotea en el aire! ¡Parece que no quisiera morir, oiga!
Ana María: Déjenme mirarla.
Juan Eduardo: ¡Llamen un veterinario! ¡Hay que salvar a esa gata!
Benjamín: Me voy rajado al canal.
Nato: ¡Tú no te vas a ninguna parte!
Benjamín: ¡No puedes impedírmelo!
Juan Eduardo: ¿Aló, Charly? ¡Yes! ¡No! ¡Tell her to call me back urgente!
Nato: Requiescat in pacem.
Segundo: Son siete años de mala suerte matar un gato.
Ana María: En serio, Segundo?
Nato: Puras supersticiones.
Juan Eduardo: ¡Un idiota! ¡Te voy a acusar a la mamá! (*La puerta del ropero se abre de par en par y aparece el herido envuelto en sábanas sangrantes, sin vérsele el rostro.*)
Benjamín: ¿De dónde salió este fantasma?
Nato: ¡Esto hay que filmarlo! (*Nato toma la cámara y filma. El herido da varios pasos tambaleantes hacia Nato.*)
Herido: ¡San Sebastián, patrono de los campesinos, acuérdate de este pecho en tu Santo Reino! (*Se desploma en brazos de Nato al tiempo que el ortopédico se asoma a la escena.*)
Música y apagón. Fin del primer acto.

Segundo Acto

Juan Eduardo y Benjamín se alumbran con potentes linternas. Buscan a alguien en la penunbra. Están algo borrachos, pero aun pueden razonar a su manera.

JUAN EDUARDO: ¿Quién anda ahí?
BENJAMÍN: Soy yo.
JUAN EDUARDO: ¿Quién soy yo?
BENJAMÍN: Juan Eduardo....
JUAN EDUARDO: Juan Eduardo soy yo.
BENJAMÍN: Y yo soy Benjamín.
JUAN EDUARDO: ¿Estás seguro que eres Benjamín?
BENJAMÍN: ¿Cómo no voy a estar seguro de quien soy yo?
JUAN EDUARDO: Yo no estaría tan seguro. Hace un rato pensabas que tú eras yo.
BENJAMÍN: Y tú pensabas que yo era quién sabe quién.
JUAN EDUARDO: El herido disfrazado de Benjamín.
BENJAMÍN: ¡El herido disfrazado de Tifoideo!
JUAN EDUARDO: ¿Qué Tifoideo?
BENJAMÍN: ¡Soy Benjamín disfrazado de Tifoideo!
JUAN EDUARDO: ¡Y yo el emperador Diocleciano!
BENJAMÍN: Podía ser pero no estoy seguro.
JUAN EDUARDO: Ni yo soy yo ni tú eres tú con estos disfraces.
BENJAMÍN: ¿No sabemos quiénes somos realmente?
JUAN EDUARDO: Volver a fojas cero.
BENJAMÍN: Lo primero es lo primero.
JUAN EDUARDO: ¿Qué es lo primero?
BENJAMÍN: Lo primero fue hacer un pacto de honor.
JUAN EDUARDO: Un pacto de caballeros.
BENJAMÍN: Presionar a Nato para que aceptara el cargo.
JUAN EDUARDO: Darle una batida a fondo para que firmara la escritura.
BENJAMÍN: ¡Por fin dimos en el clavo!
JUAN EDUARDO: Exacto. ¿Pero, estas linternas de qué nos sirven?
BENJAMÍN: Buscar al herido que apareció en el ropero de Nato y que anda desaparecido.
JUAN EDUARDO: ¡Brillante!
BENJAMÍN: Pero no estoy tan seguro.
JUAN EDUARDO: ¡Nunca estás seguro de nada!
BENJAMÍN: Lo mejor es hacer otro pacto.
JUAN EDUARDO: ¿Encontrar al herido para hacerlo desaparecer?

BENJAMÍN: ¡Desaparecerlo para que no se meta en nuestros asuntos particulares!
JUAN EDUARDO: Justo en el clavo. El problema es que no encontramos a nadie para hacerlo desaparecer.
BENJAMÍN: Nadie por aquí, nadie por allá.
JUAN EDUARDO: Como ciegos buscando una aguja en un pajar.
BENJAMÍN: Como topos en corral ajeno.
JUAN EDUARDO: Shht. Ahí viene alguien.
BENJAMÍN: Por fin alguien que ojalá no sea nadie. (*Se esconden en la penumbra, aparece un hombre no identificado cargando un bulto.*)
HERIDO: Ayaycito.
NATO: Vas a tener que aguantarle las penas del infierno hasta que encuentre un lugar seguro donde fondearte. (*Desaparecen. Segundo y Ana María también buscan al herido en la penumbra del entretecho, alumbrándose con una lámpara que da una luz fantasmagórica.*)
ANA MARÍA: Andamos buscando por el lado de los quesos, Segundo.
SEGUNDO: Revisar todos los rincones de la casa para encontrar una aguja en el pajar.
ANA MARÍA: ¡Esta casa está llena de rincones!
SEGUNDO: El que busca siempre encuentra.
ANA MARÍA: Estoy segura que no está aquí en el entretecho.
SEGUNDO: Ver para creer.
ANA MARÍA: No pudo llegar volando, Segundo.
SEGUNDO: Alguien lo trajo volando.
ANA MARÍA: ¡Nato!
SEGUNDO: Pa' protegerlo de las fieras rumanas.
ANA MARÍA: ¿Diocleciano y Tifoideo?
SEGUNDO: Ve como las va parando de a poco. (*Se escucha un lamento.*)
ANA MARÍA: ¡Apareció el herido!
SEGUNDO: Shht.
ANA MARÍA: Déjame verlo.
SEGUNDO: No puede verlo porque no hay nadie.
ANA MARÍA: ¿No hay herido?
SEGUNDO: No hay herido pero hay finao.
ANA MARÍA: ¿Se murió el herido?
SEGUNDO: El finao papá de los caballeros que anda penando. (*Se escucha un nuevo y fuerte lamento.*)
SEGUNDO: Paire nuestro que estai en lo cielo....
ANA MARÍA: Hagámosle un sahumerio que es mucho más efectivo.

SEGUNDO: Muy complicada esa cuestión. (*Se escuchan nuevos lamentos.*)
ANA MARÍA: Soy experta en sahumerios para que sepas.
SEGUNDO: Puras brujerías.
ANA MARÍA: No son brujerías, son sanaciones.
SEGUNDO: Shhht. (*Se escucha otro ruido más lastimero.*)
ANA MARÍA: Ese podría ser el herido ...
SEGUNDO: El abuelito finao de los caballeros.
ANA MARÍA: ¿Dos finaos penando en el mismo entretecho?
SEGUNDO: Dos en uno, como el chicle.
ANA MARÍA: ¿De qué se murieron?
SEGUNDO: Un misterio muy re grande de esta casa, señorita.
ANA MARÍA: ¿Secreto de confesionario?
SEGUNDO: Arrímese pa' acá. (*Alumbra con la lámpara.*)
ANA MARÍA: Dos animita.
SEGUNDO: Las hicimos con don Natito pa' sosegarle el alma a los finaos.
ANA MARÍA: Qué lindas. (*Se escucha otro ruido que sale del fondo de la casa. Ana María se sobresalta.*)
ANA MARÍA: ¿Otro finao más, Segundo?
SEGUNDO: La casa está entregando las herramientas.
ANA MARÍA: ¿Desmoronándose por dentro?
SEGUNDO: Justamente.
ANA MARÍA: Peligroso. Muy peligroso. (*En otro lugar pasa un hombre cargando al herido.*)
HERIDO: San Sebastián de Yumbel, acuérdate de este pecho en tu Santo Reino. (*Desaparecen. Juan Eduardo y Benjamín se encuentran, encandilándose con sus linternas. Siguen disfrazados de romanos.*)
JUAN EDUARDO: ¿Benjamín?
BENJAMÍN: ¿Juan Eduardo?
JUAN EDUARDO: Por fin nos volvimos a encontrar en esta oscuridad.
BENJAMÍN: Menos mal que eras tú.
JUAN EDUARDO: Menos mal que éramos nosotros dos y nadie más. (*Se abrazan aliviados.*)
JUAN EDUARDO: A propósito, ¿viste un bulto cargando otro bulto?
BENJAMÍN: No he visto pasar a nadie, ¿y tú?
JUAN EDUARDO: A nadie porque aquí no hay nadie.
BENJAMÍN: Penan las ánimas.
JUAN EDUARDO: El herido no fue más que una alucinación fantasmagórica.
BENJAMÍN: Un fantasma de ultratumba que se hizo humo.

Juan Eduardo: Humo y medio.
Benjamín: Toda la razón.
Juan Eduardo: Echarle tierra al asunto y dar vuelta la hoja es la orden del día.
Benjamín: Toda la razón.
Juan Eduardo: Vámonos a mi pieza a cambiarnos estos estúpidos disfraces.
Benjamín: Tomar un trago de wisky para calentar el cuerpo.
Juan Eduardo: Bien dicho, y mejor hecho. (*Salen abrazados. El hombre cargando al herido pasa en sentido contrario. En otro espacio, Ana María y Segundo preparan un misterioso brebaje.*)
Ana María: Quemamos bien quemada esta foto de la vieja bruja del bosque que le robé a Nato....
Segundo: Sale harto monona la brujilda en la foto.
Ana María: Yo la encuentro horrible. (*Ana María quema la foto.*)
Segundo: No vaya a prenderle fuego a la casa, oiga.
Ana María: Mezclamos las cenizas de la vieja bruja con mis polvitos mágicos que traje de Haití, se revuelve con la manzanilla y el boldo....
Segundo: Ud. sí que es media brujilda, ¿ah?
Ana María: Dos hervores fuertes y listo el sahumerio para los retorcijones de estómago de Natito.
Segundo: ¿Ud. cree que no las va a parar cuando se tome este menjunje?
Ana María: Si tú no abres la boca no se da ni cuenta. Abracadabra, cacho de cabra.
Segundo: Abracadabra, cacha de cabra. (*Juan Eduardo y Benjamín aparecen vestidos muy elegantes, al tiempo que Nato entra cargando al herido, la cabeza cubierta con unas sábanas manchadas de sangre.*)
Nato: ¡Abran paso que vengo con el herido!
Benjamín: Justo cuando nos íbamos yendo aparece de nuevo el herido.
Nato: Ayúdenme a ponerlo en mi cama que pesa una tonelada.
Juan Eduardo: Te va a manchar todas las sábanas.
Nato: Qué importan las sábanas cuando se está desangrando.
Benjamín: Se nos desangra en tu cama y estamos hasta el yaco.
Nato: Llamen a la Ana María y a Segundo para que ayuden a pararle la hemorragia.
Benjamín: ¿Qué hemorragia?
Juan Eduardo: La hemorragia del herido, saco de papas. (*Gritando.*)
Juan Eduardo: ¡Segundo! ¡Anita María! Nato dice que vengan corriendo.
Benjamín: Llévatelo a la posta de urgencia mejor. (*Ana María y Segundo entran corriendo.*)

ANA MARÍA: ¡Con una herida a bala no puedes llevarlo a la posta de urgencia!
BENJAMÍN: ¿Herida a bala dijiste?
JUAN EDUARDO: ¿O sea que además de herido es extremista?
BENJAMÍN: ¿De izquierda o derecha?
JUAN EDUARDO: ¿Desde cuándo hemos visto extremistas de derecha?
BENJAMÍN: ¡No seas patudo pues huevón!
ANA MARÍA: ¡No se van a poner a discutir de política justo ahora!
JUAN EDUARDO: Mandas a Segundo a la Posta de Urgencia en tu auto y santo remedio.
NATO: Lo meten para adentro junto con el herido para interrogarlo y ¿quién lo saca después?
JUAN EDUARDO: Lo deja bien afirmado en la puerta de entrada de la posta con un anónimo y se vuelve volando.
BENJAMÍN: Yo te redacto el anónimo, Segundo.
SEGUNDO: ¿Y por qué no hacen Uds. de palomas mensajeras mejor?
JUAN EDUARDO: No seas insolente.
BENJAMÍN: Ni pasado para la punta.
NATO: Ponte a hacer vendas con estas sábanas. Agua caliente y alcohol, Ana María.
ANA MARÍA: ¿Dónde está el alcohol?
SEGUNDO: No hay alcohol.
JUAN EDUARDO: Ves que no hay nada de nada en esta mierda de casa.
NATO: ¿Respira?
ANA MARÍA: Respira pero poquito.
NATO: Apúrate con el agua caliente. Voy a lavarme las manos para la curación.
SEGUNDO: ¿Y yo qué hago mientras tanto?
NATO: Cuidar al herido. (*Nato y Ana María salen cada uno por su lado. Segundo observa al herido que no da señales de vida. Soto voce.*)
JUAN EDUARDO: Tú comprenderás que el Chino Chou no va a firmar la escritura de la casa con un extremista metido en el ropero. ¡Serán chinos, pero no son huevones!
BENJAMÍN: Imagínate cómo voy a quedar yo delante del Presidente del Directorio si aparezco en las noticias envuelto en este atado.
JUAN EDUARDO: Como chino vas a quedar.
BENJAMÍN: Tenemos que sacarlo de aquí.
JUAN EDUARDO: Aprovechemos que Nato no está.
BENJAMÍN: Toda la razón.
JUAN EDUARDO: Agárralo de las patas, Benjamín.
SEGUNDO: ¿Para dónde creen que van partiendo con el herido?

JUAN EDUARDO: No le hagas caso. (*Forcejean con Segundo.*)
SEGUNDO: De aquí no me lo mueven sin el permiso de don Natito.
BENJAMÍN: Si no lo sacamos ahora vamos a salir todos perjudicados, Segundo.
SEGUNDO: ¿Pa' dónde quieren llevarlo?
JUAN EDUARDO: A la excavación del lado, le echamos un poco de tierra y le ponemos una cruz para señalizarlo.
SEGUNDO: Capaz que le echen cemento y lo dejen petrificado.
JUAN EDUARDO: Para eso sirve la cruz.
BENJAMÍN: Señalética para que alguien se apiade de su alma.
SEGUNDO: Que en paz descanse, ¿dice Ud.? (*Nato sale del baño vestido con una bata blanca, un gorro plástico para la ducha y con las manos en alto como un cirujano.*)
JUAN EDUARDO: ¿Tú qué haces en esa facha? (*Ana María entra muy apurada con un calentador eléctrico de agua y un jarrón con agua de manzanilla.*)
ANA MARÍA: El agua caliente que me pediste y tu agüita de manzanilla Nato.
NATO: Olvídate de la manzanilla y límpiale las heridas con mucho cuidado.
ANA MARÍA: Tómate la manzanilla primero.
NATO: Después me la tomo.
ANA MARÍA: ¡Tómatela ahora, antes que te vuelvan los retorcijones de estómago!
NATO: No pienso tomármela ahora.
BENJAMÍN: Tómatela te dicen.
JUAN EDUARDO: Tómatela de una vez.
SEGUNDO: ¡Tómesela de un tirón sin respirar! (*Nato se toma un gran vaso al seco.*)
ANA MARÍA: ¿Te gustó?
NATO: ¿Qué le echaste a esta mugre, Segundo?
SEGUNDO: Pregúntele a la Srta. Ana María.
NATO: Ayayaycito. (*Nato se retuerce de dolor.*)
SEGUNDO: Le dije que las iba a parar al vuelo.
ANA MARÍA: Hay que esperar que le haga efecto el sahumerio.
SEGUNDO: Capaz que lo mate el efecto.
HERIDO: ¡Virgen del Perpetuo Socorro, acuérdate de este cuerpo devoto! (*El herido se incorpora con la cabeza tapada e intenta escapar.*)
BENJAMÍN: Atájenlo antes que se desaparezca de nuevo.
JUAN EDUARDO: Déjalo que que desaparezca no más, para eso estamos en un país libre. (*Sujetan al herido entre Ana María y Segundo.*)
HERIDO: Ayayayaicito.
SEGUNDO: Tranquilo el perro y callao el loro. (*Nato en el suelo.*)
NATO: Ayúdenme a pararme.

Juan Eduardo: ¿Cuál es tu diagnóstico, Anita María?
Ana María: No tiene pulso.
Benjamín: ¿Cómo no va a tener pulso? (*Le toma el pulso a Nato.*)
Ana María: Perdió un chorro de sangre.
Segundo: Hay que pararle la sangría para que no se nos vaya en sangre.
Benjamín: ¡Haz algo Nato! (*Incorporándose a duras penas, con la ayuda de Benjamín.*)
Nato: Transfusión de sangre.
Juan Eduardo: Capaz que le de sida más encima.
Nato: Necesito donantes voluntarios no infectados.
Ana María: Jeringa, Segundo.
Segundo: ¡De dónde le voy a sacar jeringa! (*Juan Eduardo a Nato.*)
Juan Eduardo: ¡Ves que no hay nada de nada en esta cagada de cada, Nato!
Nato: ¡No me vengas a levantar la voz tampoco!
Ana María: ¡No se van a poner a pelear justo ahora!
Benjamín: No hay donantes voluntarios, Nato.
Segundo: Cagó la transfusión.
Ana María: Ponle esta cataplasma para detenerle la hemorragia, Benjamín.
Benjamín: Me da fatiga la sangre humana.
Ana María: Van a tener que sujetármelo entre todos para meterle mano a la herida.
Juan Eduardo: No puedes meterle mano sin tener idea de medicina.
Ana María: Soy titulada de la Cruz Roja inglesa para que sepas. Aquí está mi carné.
Juan Eduardo: Sales horrible en la foto.
Ana María: Pura envidia. (*Benjamín intenta escaparse por el ventanal.*)
Nato: ¿Tú, para dónde vas?
Benjamín: Donde el Presidente del Directorio del Canal.
Nato: De aquí no sale nadie hasta que no curemos al herido.
Benjamín: Yo no tengo nada que ver con este atado familiar de Uds.
Nato: ¿De dónde sacaste que era un atado familiar de nosotros?
Benjamín: Está pasando en la casa de ustedes, ¿sí o no?
Nato: Vives y mueres en esta casa y ahora resulta que no tienes nada que ver con nosotros.
Juan Eduardo: Huevón malagradecido.
Ana María: No puedes lavarte las manos como Poncio Pilatos, Benjamín.
Nato: Ponle llave a puertas y ventanas, Segundo. (*Segundo saca su manojo de llaves, pero no alcanza a cerrar puertas y ventanas.*)

Benjamín: ¿Me están secuestrando más encima?
Juan Eduardo: ¿Adónde vas Anita María?
Ana María: A lavarme las manos para la curación. (*Ana María sale hacia su baño. Juan Eduardo y Benjamín salen detrás suyo.*)
Juan Eduardo: Oye Anita María, tengo una idea genial.
Benjamín: No me estoy lavando las manos como Poncio Pilatos, Ana María. (*Suena el teléfono con gran estrépito.*)
Segundo: Teléfono.
Nato: No contestes. (*Soto voce.*)
Segundo: Se nos va a despertar el herido si no contestamos.
Nato: Contesta, pero no estoy para nadie.
Segundo: ¿Aló? Sí, con la casa de don Nato. Es para Ud.
Nato: Dile que no estoy.
Segundo: Es la señora bruja.
Nato: ¿Qué señora bruja?
Segundo: La señora amiga de Ud., quise decir. (*Toma el teléfono y habla soto voce.*)
Nato: Aló. Sí, Soy yo, Nato. ¿Qué estoy haciendo? Trabajando. No, no puedo ir a verla ahora. ¿Ud. quiere venir para acá? ¿Ahora mismo? Cortó el teléfono.
Segundo: ¡Partió pa'aca mierda!
Nato: ¿Qué hago con la Ana María?
Segundo: Se armó la rosca dijo la mosca.
Nato: Toma mi auto, atájala en el camino y entrégale este mensaje.
Segundo: ¿Qué camino?
Nato: El camino que toma cuando viene a verme.
Segundo: ¿Cuál mensaje?
Nato: Dile que me fui rajado al Canal.
Segundo: Pero si ya renunció al Canal.
Nato: ¡Dile cualquier cosa para que no venga!
Segundo: Con lo arrebatá capaz que pase por encima mío.
Nato: En las duras y en las maduras, Segundo,
Segundo: ¿Qué va a pasar con el herido mientras estoy afuera?
Nato: Yo me hago cargo del herido.
Herido: ¡Santo Padre Hurtado, acuérdate de los pobres, desvalidos y abandonados! (*El herido intenta escapar nuevamente.*)
Nato: Atájalo, Segundo.
Segundo: Quedó harto chalao de la cabeza con los mojones que le di anoche.
Nato: ¿Cuántos mogadones le diste?
Segundo: Tres para que no gritara.

Nato: Como para tranquilizar a un caballo.
Herido: El que a mojón mata a mojón muere.
Segundo: Tranquilo el perro y callao el loro.
Nato: El condoro que te mandaste no tiene nombre, Segundo.
Segundo: ¿No iba a dejarlo botado con todo lo que Ud. predica del buen samaritano?
Nato: Tápale bien la cabeza.
Segundo: Capaz que se nos ahogue más encima.
Nato: Ándate de una vez.
Segundo: Voy y vuelvo. (*Segundo sale. Nato permanece con el herido que está muy inquieto. No sabe cómo tranquilizarlo.*)
Herido: ¡Segundo! ¿Dónde te metiste?
Nato: Shht. Calladito el perro.... (*El herido canta.*)
Herido: Ay de mí, ay de mi algo me dice.... ¿Dónde está mi guitarra?
Nato: ¿Qué guitarra?
Herido: Que la vida no es más que una vihuela.... (*Nato encuentra la guitarra en el ropero. Se la entrega al herido.*)
Herido: Otra cosa es con guitarra, gancho.
Nato: ¿Dime, quién quiere matarte?
Herido: La gata flora.
Nato: ¿Qué gata flora?
Herido: Si se lo meten grita, si se lo sacan llora.
Nato: ¡Me pediste protección, así que habla claro! ¿Quién te quiere matar? (*Luz de ortopédico. Aparece con su palmeta muleta y típico ronquido gutural.*)
Ortopédico: ¡Escupa más fuerte!
Nato: No puedo escupir más fuerte. (*Palmetazo en la cabeza.*)
Ortopédico: Conteste sin chistar.
Nato: No puedo contestar sin chistar. (*Nuevo palmetazo.*)
Ortopédico: Tiene que escupir la tentación del diablo de Quinchamalí que se le metió en la sangre, el sexo, el alma y la mente como una bellísima mujer de tu prójimo como a ti mismo, por los siglos de los siglos ...
Nato: Amén.
Cambio de iluminación. Ana María entra vestida de Cruz Roja. Con mascarilla, delantal blanco y guantes quirúrgicos, seguida de Benjamín y Juan Eduardo vestidos de blanco, con una nueva botella de wisky y sendos vasos en las manos.
Juan Eduardo: Lo curamos primero y lo sacamos después, según lo acordado Anita María.

BENJAMÍN: Hay que ponerle una mordaza para que no grite. Capaz que lleguen los pacos.
JUAN EDUARDO: Démosle un trago de wisky para que no sufra.
HERIDO: Como en las películas de cowboy. (*Interrumpiendo con energía.*)
NATO: ¡Con tres mogadones en el cuerpo no puedes darle wisky porque le da un infarto!
BENJAMÍN: ¿Infarto? Ahí sí que estamos hasta el yaco.
ANA MARÍA: Destápale la cara para que respire durante el procedimiemto médico.
NATO: Déjasela tapadita no más y curémoslo de una vez.
BENJAMÍN: ¿Sin anestesia?
NATO: A sangre de pato.
JUAN EDUARDO: Crestas. (*Nato le raja la camisa y el herido pega un tremendo alarido.*)
HERIDO: Ayayayayayay.
NATO: Métele mano Ana María.
BENJAMÍN: ¡Me voy a desmayar!
JUAN EDUARDO: No seas maricón.
ANA MARÍA: Anda a lavarte la cara al baño y vuelve corriendo. (*Benjamín sale al baño. Segundo entra corriendo.*)
JUAN EDUARDO: ¿Dónde te habías metido?
SEGUNDO: Don Natito me mandó a comprar pan.
NATO: ¿Cómo te fue con el mensaje?
SEGUNDO: ¡Hay un manso camión betonero incrustado en la puerta de calle! No pude salir a ninguna parte.
ANA MARÍA: Apósitos, Segundo.
SEGUNDO: ¡Qué depósitos si no vengo na del banco!
ANA MARÍA: Yodo, Segundo.
SEGUNDO: Yodo no hay.
ANA MARÍA: Chivas Regal, entonces
JUAN EDUARDO: Salud. (*Nato toma la botella y le da al herido por entre los paños que le cubren el rostro.*)
JUAN EDUARDO: Ponle wisky en la herida y no en la boca.
NATO: Primero en la boca y después en la herida para que no sufra.
SEGUNDO: Obvio.
ANA MARÍA: Tijeras, Segundo.
SEGUNDO: Ayayay.
JUAN EDUARDO: ¿De qué te quejas si tú no eres el herido?
ANA MARÍA: Pinzas, Segundo.

SEGUNDO: Ayayay.
NATO: Cállate que lo vas a despertar.
JUAN EDUARDO: ¿Cuántas balas tiene en el cuerpo?
SEGUNDO: Parece colador este gallo. (*Ana María forcejea para sacarle la primera bala.*)
ANA MARÍA: Sujétenmelo firme para sacarle las balas.
JUAN EDUARDO: Yo no me ensucio las manos con sangre ajena.
NATO: Aperra, Segundo.
SEGUNDO: A la una mi fortuna, a las dos mi reloj, y a las tres reina es.
ANA MARÍA: ¡Salió enterita la primera bala!
SEGUNDO: ¡Bravo! (*Ana Maria la muestra en su pinza y la deja caer al riñón metálico.*)
JUAN EDUARDO: Calibre 38.
NATO: ¿Respira?
ANA MARÍA: Se desmayó hace ratito.
NATO: ¿Pero tiene pulso?
ANA MARÍA: Algo de pulso tiene.
SEGUNDO: La sangre como chorrea.
ANA MARÍA: Torniquete Segundo, bien apretado, para que cierre la herida.
SEGUNDO: ¿Polvos de penicilina no le va a poner?
JUAN EDUARDO: ¿De dónde te van a sacar polvos de penicilina, huasteco?
NATO: La segunda bala. (*Ana María la muestra y la deja caer en el riñón.*)
ANA MARÍA: Ahora viene la tercera.
SEGUNDO: La tercera es la vencida. (*Benjamín entra con la cabeza mojada y zigzagueando.*)
ANA MARÍA: ¿Cómo te sientes?
BENJAMÍN: Igual como me veo.
ANA MARÍA: Sujétenlo entre todos. Esta bala no quiere salir.
JUAN EDUARDO: Ayuda pues saco de papas.
BENJAMÍN: Me va a dar otra fatiga.
ANA MARÍA: Mira para otro lado.
NATO: Sujeten con fuerzas de hombre.
HERIDO: Ayayayay....
SEGUNDO: Despertó.
NATO: Más wisky, Juan Eduardo. (*Juan Eduardo le derrama wisky en la cabeza y en la herida.*)
NATO: ¡Suficiente!
BENJAMÍN: ¿Cuánto falta para que terminemos?

Tejado de vidrio II

NATO: Falta la bala decisiva.
SEGUNDO: Un milagro que esté vivo este gallo.
ANA MARÍA: No puedo sacar esta bala, Nato.
NATO: Déjamela a mí. (*Todos forcejean gritando para darse ánimo.*)
HERIDO: Ayayayayaicito.
NATO: Por fin salió. (*La exhibe y la deja caer en el riñón, provocando un ruido más estridente que los anteriores.*)
JUAN EDUARDO: ¡Una bala de fusil!
BENJAMÍN: Una, dos, tres. Ce finie.
JUAN EDUARDO: Vamos sacándolo de aquí entonces....
ANA MARÍA: Tiene que reponerse primero.
JUAN EDUARDO: Ese no fue el trato, Anita María.
BENJAMÍN: No puedes jugarnos chueco después de lo conversado.
NATO: Aquí el único que hace tratos soy yo.
SEGUNDO: Pa' mí que no está respirando, don Natito.
ANA MARÍA: Paro cardíaco.
NATO: ¿Tiene pulso?
ANA MARÍA: Cero de pulso.
JUAN EDUARDO: ¿Tienes estetoscopio Benjamín?
ANA MARÍA: Hay que hacerle un RCP.
SEGUNDO: ¿Eso qué es lo que es?
ANA MARÍA: Resucitación Cardio Pulmonar.
SEGUNDO: ¿Resucitarlo como a Lázaro?
NATO: Resucitémoslo de una vez. (*Desarrollan el procedimiento RCP.*)
ANA MARÍA: No reacciona, Nato.
SEGUNDO: Una manda a San Sebastián de Yumbel pa' que saque el resuello habría que hacerle.
JUAN EDUARDO: A San Expedito, en ese caso, que es mucho más expedito.
ANA MARÍA: Lo mejor es un buen sahumerio africano.
JUAN EDUARDO: No seas estrafalaria.
NATO: Estás golpeando por las tapas Ana María. Dale con más ritmo.
JUAN EDUARDO: ¿Dónde se metió Benjamín?
SEGUNDO: Allá por el techo se va arrancando.
JUAN EDUARDO: ¡Benjamín vuelve! No seas maricón.
ANA MARÍA: No reacciona.
NATO: Pásame un cable eléctrico, Segundo. (*Nato pela el cable rápidamente.*)
JUAN EDUARDO: ¿Estás pelando cable?
NATO: Golpe eléctrico de punto final.

JUAN EDUARDO: Capaz que lo mates.
NATO: Toma el cable Ana María. Directo al corazón.
ANA MARÍA: Ahí sí que no me atrevo yo. (*Ana María le devuelve el cable.*)
NATO: Segundo.
SEGUNDO: Déle Ud. no más antes que se nos despache. (*Nato se prepara para aplicar el shock eléctrico.*)
NATO: En nombre sea de Dios y los tres chanchitos. (*Todos se tapan los ojos. Nato aplica el golpe de electricidad. El herido pega un tremendo brinco junto con Nato, que cae al suelo.*)
JUAN EDUARDO: ¿Resultó, Nato?
NATO: No tengo la menor idea. (*Ana María atiende a Nato.*)
ANA MARÍA: ¿Puedes respirar, Nato?
NATO: Lo importante es que respire el herido.
SEGUNDO: No le oigo resuello.
ANA MARÍA: Pongámosle este espejo para comprobar si respira. (*Expectación. Por primera vez se ve el rostro del herido en el espejo.*)
SEGUNDO: ¡Sacó el resuello, don Natito!
ANA MARÍA: Te mereces un beso, Nato.
JUAN EDUARDO: ¡Es que no puede ser!
ANA MARÍA: ¿Por qué no le puedo dar un beso?
JUAN EDUARDO: ¡Esta cara yo la conozco!
NATO: ¿Cómo no la vas a conocer si es la cara de Carlos Yegua?
JUAN EDUARDO: ¿La cara de Carlos Yegua?
SEGUNDO: Don Nato no tiene la culpa.
ANA MARÍA: ¿Para dónde vas Juan Eduardo?
JUAN EDUARDO: ¡A buscar el revólver del papá!
NATO: Atájenlo que ese revólver está cargado.
ANA MARÍA: ¡Juan Eduardo, vuelve!
SEGUNDO: Merece salírsele un tiro. (*Juan Eduardo sale, perseguido por Ana María y Segundo.*)
HERIDO: San Sebastián, patrono de los campesinos, no me dejís botado en este camino.
NATO: No te voy a dejar botado, Carlitos Yegua. (*Nato le toma una mano al herido para darle consuelo.*)
    Música e iluminación de ortopédico, el que aparece con un enorme alicate para sacerle una muela a Nato, quien sostiene al herido en sus brazos.
ORTOPÉDICO: Abra la boca, más abierta.
NATO: No puedo más abierta.

ORTOPÉDICO: Tiene que poder, señor.
NATO: Ahggg.
ORTOPÉDICO: Distinguiéndolo con las mejores calificaciones, escupa, otorgándole las mejores condecoraciones, enjuague, imprimiéndole a sangre y fuego el sello indeleble de su estirpe, escupa y enjuague, para que a la vuelta de la esquina traicionara a su propia clase inoculando el caos social, la destrucción y la muerte, enjuague y escupa....
NATO: Ahggg.
ORTOPÉDICO: Protegiendo, ocultando, escondiendo a quien conspiraba en contra de su propia sangre. (*Palmetazo.*)
NATO: Ahgggg.
ORTOPÉDICO: En contra de tradiciones familiares de tiempos inmemoriales....
NATO: Ahggg.
ORTOPÉDICO: En contra de la disciplina fiscal y los equilibrios macroeconómicos....
NATO: ¡¡¡Mamá!!!
Cambio brusco de iluminación y atmósfera. Juan Eduardo entra, revólver en mano.
JUAN EDUARDO: El infarto le dio a papá y al abuelo cuando apareció el pendejo de Carlos Yegua encabezando la toma del fundo, seguido de una turba de maleantes disfrazados de campesinos.
ANA MARÍA: Esa historia pasó hace más de treinta años atrás.
JUAN EDUARDO: Igual te queda en la retina. ¿No es cierto, Natito? (*Carlos Yegua canta.*)
CARLOS YEGUA: Treinta años no es nada, febril la mirada....
ANA MARÍA: No me apuntes con ese revólver.
JUAN EDUARDO: No te estoy apuntando. (*Apunta a Nato.*)
NATO: ¡Apunta para otro lado! (*Apunta a Segundo.*)
SEGUNDO: Apunte para otro lado le están diciendo. (*Juan Eduardo apunta al herido.*)
HERIDO: Socorro, Segundo, que me están apuntando para darme el bajo.
SEGUNDO: Cuidado, iñor, mire que las armas las carga el diablo.
JUAN EDUARDO: ¿Qué sabes tú del diablo?
SEGUNDO: Cómo no voy a saber si tengo el libro de Historia Sagrada que me regaló el finao de su papá.
NATO: Ayúdame a quitarle el revólver, Ana María.
ANA MARÍA: Me carga la violencia.
NATO: Ayúdame tú, Segundo.
SEGUNDO: Merece salírsele un balazo.

JUAN EDUARDO: Si me tocan, disparo. (*Juan Eduardo se apunta a la cabeza. Nato se abalanza sobre él y éste dispara. Nato cae al suelo. El herido despierta y observa, semiconsciente, la escena.*)
ANA MARÍA: ¡Fratricida! Le disparaste a tu propio hermano.
SEGUNDO: ¡Ahí sí que la cagó Ud. de frentón!
JUAN EDUARDO: ¡Puro teatro!
SEGUNDO: ¿Don Natito? Me escucha.
ANA MARÍA: Le está haciendo efecto el sahumerio, Segundo.
SEGUNDO: Por poco lo deja tieso como a los finaos.
JUAN EDUARDO: Ba, ba, black sheep, have you any wool? Yes, yes, yes sir, yes I do.
SEGUNDO: ¿Qué bicho le picó a este otro ahora?
ANA MARÍA: Cuadro regresivo fulminante.
SEGUNDO: ¿Y eso qué es lo que es?
ANA MARÍA: Después te explico. Mírame a los ojos, Juan Eduardo, sin pestañar.
JUAN EDUARDO: ¿Me quieres hipnotizar vieja bruja del diablo?
ANA MARÍA: Mírame y déjate de rezongar.
JUAN EDUARDO: Yes, yes, yes sir. Yes I do. (*Nato se incorpora de un salto.*)
JUAN EDUARDO: ¿Viste? Puro teatro.
NATO: Pásame el revólver del papá.
JUAN EDUARDO: Dime de qué murió el papá y el abuelo y te lo paso.
NATO: Pásamelo por la buena.
JUAN EDUARDO: Dímelo primero y te lo paso.
NATO: Entrégamelo, mierda.
JUAN EDUARDO: No te atreves a decirlo.
ANA MARÍA: Pásaselo de una vez.
JUAN EDUARDO: Ba, ba, blacksheep. Have you any wool?
NATO: ¡Ayúdenme! (*Ana María y Segundo están paralizados.*)
JUAN EDUARDO: ¡El papá y el abuelo quedaron muertos en vida con el infarto causado por este infeliz en la toma del fundo!
NATO: El infarto lo inventó la mamá para impresionar a los periodistas.
JUAN EDUARDO: ¿Cómo te atreves a calumniar a tu propia madre?
NATO: ¿Y tú, cómo te atreves a calumniar a tu propia madre?
JUAN EDUARDO: ¿De dónde sacaste esa telenovela?
NATO: Hijo natural del papá, nacido de la Hermenegilda Huechún Huechún antes de casarse con la mamá.
JUAN EDUARDO: ¡Hijo de puta, no del papá! (*Soto voce a Segundo.*)
ANA MARÍA: No sabía que tenían un medio hermano.

Segundo: La mamá de los caballeros quiso meterlo a la casa para educarlo, en contra de la voluntad del finao.
Ana María: Buena pista para entender este puzzle.
Juan Eduardo: Como psicóloga clínica, ¿qué opinas de las patadas en el culo y por la espalda más encima?
Ana María: ¡Cálmate primero y después te explico!
Nato: ¡El papá le pegó una patada en el culo cuando lo echó del fundo para separarlo de nosotros!
Juan Eduardo: Toma el caso de Segundo. Después de todo lo que Nato le ha dado viene este cholo y le pega una patada en el culo para quedarse con su equipo de filmación.
Segundo: ¿Cuándo he sido cholo yo?
Juan Eduardo: ¿Cómo reaccionas? ¿A las patadas? ¿O le pones la otra mejilla?
Segundo: ¿Cuándo le he pegado patadas yo a Ud. don Natito?
Juan Eduardo: Nadie te está preguntando a ti.
Segundo: ¿Para qué dice huevadas entonces?
Juan Eduardo: ¡No seas insolente!
Ana María: No te metas en pelea de perros grandes, Segundo. (*Segundo se protege detrás de Ana María.*)
Segundo: No he abierto la boca yo.
Nato: Ya oíste lo que querías oir. Ahora pásame el revólver.
Juan Eduardo: ¡No! ¡Ahora tengo un ajuste de cuentas pendiente en esta casa! (*Suena el timbre de calle cortando la discusión.*)
Segundo: Timbre.
Juan Eduardo: ¡El chino Chou! Hazlo pasar a la salita mientras me pongo algo decente, Segundo.
Ana María: Si es el papá, dále una tacita de té. No puede verme en esta facha. Voy a cambiarme ropa. (*Salen a cambiarse ropa.*)
Segundo: Pa' mí que es la señora bruja del bosque, don Natito.
Nato: ¿De qué bruja estás hablando?
Segundo: Pregúntele a la señorita Ana María. (*El timbre suena con insistencia.*) Timbre de nuevo.
Nato: Baja y dile que no estoy.
Segundo: Capaz que suba y se arme la rosca acá arriba. (*Nuevo timbrazo pegado.*)
Nato: ¿Qué mierdas hago?
Segundo: Bajar a enfrentar el bulto.
Nato: ¿Solo?
Segundo: Como Dios lo echó al mundo.

NATO: Acompáñame tú.
SEGUNDO: ¿Pa' defenderlo de la fiera?
NATO: En las duras y en las maduras. (*Nuevo timbrazo.*)
SEGUNDO: ¡Voy! (*Nato y Segundo salen. Ana María entra con otro vestido, al tiempo que se abre violentamente el ventanal y aparece Benjamín, completamente desastrado y herido.*)
ANA MARÍA: ¿Qué te pasó Benjamín por Dios?
BENJAMÍN: ¡Ayyyy! (*Entra Juan Eduardo a medio vestir.*)
JUAN EDUARDO: ¡Puta madre! Al paso que vamos esto va a parecer hospital periférico.
ANA MARÍA: Vendas, Juan Eduardo.
JUAN EDUARDO: Se acabaron las vendas.
ANA MARÍA: Sácale al herido que tiene de sobra.
JUAN EDUARDO: ¿Destapar ese santo para tapar este otro? Ni cagando.
ANA MARÍA: ¿Dónde quedaron las tijeras? (*Gritando hacia abajo.*)
JUAN EDUARDO: ¡Segundo! ¿Dónde metiste las tijeras?
BENJAMÍN: Acuérdate que me da fatiga la sangre humana.
ANA MARÍA: Te voy a tapar la vista para que no veas el procedimiento médico.
JUAN EDUARDO: ¿Dónde lo vas a curar?
ANA MARÍA: En la cama de Nato.
JUAN EDUARDO: ¡Cómo se te ocurre que lo vas a meter en la misma cama con el otro herido!
ANA MARÍA: En los hospitales públicos los meten de a tres en una misma cama.
JUAN EDUARDO: ¡Qué barbaridad! (*Toman a Benjamín en vilo y lo meten al lado del Carlos Yegua. En otro espacio, Segundo intenta estancarle la sangre de narices a Nato.*)
SEGUNDO: Por poco le vuela la cabeza de un carterazo su señora amiga.
NATO: Ni media palabra a la Ana María.
SEGUNDO: Ciego, sordo y mudo como siempre.
NATO: Más te vale.
SEGUNDO: ¿Cuándo lo he engañado yo a Ud.?
NATO: Préstame tu pañuelo.
SEGUNDO: Está todo manchado con la sangre del Carlos Yegua.
NATO: A estas alturas ¿qué le hace el agua al pez? (*Nato toma el pañuelo ensangrentado para estancarse la sangre de narices. En la habitación de Nato, Benjamín está acostado al lado de Carlos Yegua, sin que ninguno advierta la presencia del otro.*)
BENJAMÍN: Ayayay.

Juan Eduardo: ¡Te arrancaste y me dejaste solo maricón!
Ana María: No vengas a sacarle culpas ahora que está herido.
Benjamín: Qué, qué, qué....
Ana María: Tranquilízate, Benjamín.
Benjamín: No, no, no.
Juan Eduardo: Démosle un trago de wisky.
Benjamín: Denme unos tricalmas mejor.
Ana María: La van a cortar con los tranquilizantes.
Juan Eduardo: No encuentro los tricalmas por ninguna parte.
Benjamín: ¡Dame un mogadón de Nato que sea! (*Nato entra cámara en mano seguido de Segundo con una caña de micrófono y audífonos. Nato lleva dos grandes tapones de algodón en las fosas nasales.*)
Nato: De aquí en adelante se filma todo lo que pase en esta casa.
Ana María: Fantástico. ¡Un documental sobre la memoria histórica de la casa!
Juan Eduardo: ¿Quién era, Segundo?
Segundo: Pregúntele a don Natito.
Nato: ¿Qué te pasó Benjamín?
Ana María: ¿Y a ti qué te pasó en la nariz?
Segundo: Con dos puertas se trompezó allá abajo.
Nato: 1, 2, 3 grabando a Benjamín.
Segundo: Corre sonido.
Ana María: Hay que curarlo antes de filmarlo.
Nato: Cúralo mientras lo filmo.
Ana María: Nunca he sido más feliz que curando y filmando heridos. (*Ana María lo va curando y envendando mientras Nato lo entrevista y filma.*)
Nato: Cuenta lo que te pasó, con lujo de detalles, Benjamín.
Benjamín: ¿Con la vista vendada?
Nato: Así no tienes conciencia de la cámara.
Juan Eduardo: Así no tienes conciencia de nada, igual que yo.
Benjamín: Venía rajado a buscar a Nato para irnos donde el Presidente del Directorio y entregarle el documento con la declaración de principios, ¿ya?
Juan Eduardo: En eso se lo llevan. Puras declaraciones de principios.
Ana María: Yodo, Segundo.
Benjamín: Ayayay.
Juan Eduardo: No seas marica.
Segundo: Ya le dije que no hay yodo.
Benjamín: Me dolió por adelantado.
Juan Eduardo: Chivas Regal entonces.

BENJAMÍN: ¿De dónde sacas tanto Chivas Regal?
JUAN EDUARDO: Se cuenta el milagro pero no el santo. (*Todos se toman un trago, pasándose la botella. Nato sigue filmando. Juan Eduardo habla por su celular. Ana María cura y envenda a Benjamín.*) ¿Aló? ¿Aló? ¿Podría hablar con el señor Chou? ¿Está meditando ¿En qué estará meditando?
ANA MARÍA: Los budistas se lo pasan meditando.
JUAN EDUARDO: El chino Chou es chino, no budista.
ANA MARÍA: Puede ser las dos cosas.
JUAN EDUARDO: En una de esas. ¿Aló? ¿Aló? Se cortó la comunicación.
NATO: Sigue contando, Benjamín.
SEGUNDO: Corre sonido.
BENJAMÍN: Paré el auto justo frente al cajero automático para sacar sencillo, comprar chicles, mentitas, papas fritas, tricalma....
NATO: ¡Sáltate los detalles!
BENJAMÍN: ¡Dijiste que contara con lujo de detalles!
ANA MARÍA: No le hagas caso y sigue contando.
JUAN EDUARDO: ¿Aló? ¿Aló? ¿Sr. Chou? ¿Todavía sigue meditando?
BENJAMÍN: No alcancé a bajarme del auto cuando estalló una bomba en el cajero automático.
SEGUNDO: ¡Chuta madre!
JUAN EDUARDO: Está de moda volar cajeros automáticos en Miami.
BENJAMÍN: Me pilla adentro del cajero la bomba, no estoy contando el cuento. Ahí aparecieron los encapuchados.
JUAN EDUARDO: Los extremistas.
BENJAMÍN: "Put up your hands you fucking son of a bitch."
JUAN EDUARDO: ¿Eran gringos?
BENJAMÍN: Gringos pero chilenos.
JUAN EDUARDO: O sea, arriba las manos hijo de puta.
BENJAMÍN: Justamente. Y yo solo frente a los antisociales.
JUAN EDUARDO: Armados hasta los dientes.
BENJAMÍN: Obvio. Me querían tomar de rehén los perlas para recoger la lluvia de billetes tranquilitos.
SEGUNDO: Echarían bueno recogiendo billetes del cielo.
JUAN EDUARDO: ¿Tú te resististe por supuesto?
BENJAMÍN: Combo, patá y escupo.
JUAN EDUARDO: Esa es de hombre.
BENJAMÍN: Pero no hubo caso.
JUAN EDUARDO: Te sobrepasaron en número.

BENJAMÍN: No. Llegaron los pacos en motocross todo terreno disparando como malos de la cabeza.
SEGUNDO: Chutas la película para entretenida.
BENJAMÍN: Entonces, por el flanco izquierdo, aparecen los de Seguridad Ciudadana en mountain bike marca chancho, mucho más rasca que los pacos.
ANA MARÍA: ¿Y tú?
BENJAMÍN: Yo al medio del fuego cruzado con los antisociales, rezando como malos de la cabeza, ¿ya?
JUAN EDUARDO: Devotos los extremistas.
BENJAMÍN: En eso aparece un cortejo fúnebre, ¿ya?
SEGUNDO: Igual que en las películas de gangster.
BENJAMÍN: Igualito. Los encapuchados se abalanzaban sobre el furgón del Hogar de Cristo, ¿ya?
SEGUNDO: Chutas.
BENJAMÍN: Toman al muerto de rehén y parten rajados en la limusina Mercedes Benz del Hogar de Cristo.
ANA MARÍA: Increíble.
BENJAMÍN: Pero cierto. Los pacos detrás parando ruedas en las motocross todo terreno.
ANA MARÍA: ¿Y tú?
BENJAMÍN: Yo caí en manos del SSCC.
ANA MARÍA: ¿Los Sagrados Corazones?
BENJAMÍN: Servicios de Seguridad Ciudadana Compartida.
SEGUNDO: Creo que son como tontos para interrogar esos gallos.
BENJAMÍN: Como no podían interrogar al cajero automático cargaron conmigo. Único testigo presencial de los hechos. (*El herido se incorpora e intenta escapar.*)
HERIDO: Santa Rosa de Pelequén acuérdate de este pequén.
JUAN EDUARDO: Atinen con ese idiota que se quiere tirar por la ventana.
SEGUNDO: Tranquilo el perro.
NATO: Y callao el loro. (*Lo suben a la cama sin que Benjamín se percate; aún tiene la vista vendada. Nato sigue filmándolo todo.*) Cuenta ¿qué te preguntaron?
BENJAMÍN: Me preguntaron por el Carlos Yegua. (*Carlos Yegua lo observa por entre la cubrecama.*)
NATO: ¿De dónde sacaste esa chiva peluda?
BENJAMÍN: No es chiva peluda.
SEGUNDO: Pa' mí que lo rastrearon desde que Ud. se arrancó de acá....

Juan Eduardo: ¿Tú qué les dijiste?
Benjamín: La verdad.
Ana María: ¿Qué verdad?
Benjamín: Que no lo había visto ni en pelea de perros desde hace mil años.
Ana María: ¿Y te creyeron? (*Benjamín cabeceaba medio dormido. Nato lo samarrea.*)
Nato: No te quedes dormido y sigue contando.
Juan Eduardo: ¿Te torturaron?
Benjamín: No me acuerdo, pero al Carlos Yegua lo van a destripar vivo cuando lo encuentren.
Nato: ¿De qué lo están inculpando?
Benjamín: En la prensa sale con foto incluida en la portada.
Ana María: ¿Dónde está el diario?
Benjamín: En mi maletín.... (*Ana María saca un periódico arrugado y lee.*)
Ana María: Ex-dirigente campesino retornado de Rumania envuelto en sanguinario y confuso ajuste de cuentas escapa en automóvil descapotado con chofer pirulo.
Juan Eduardo: ¡Segundo!
Segundo: ¿Cuándo he sido pirulo yo?
Juan Eduardo: Recogiste al extremista en la balacera, lo metiste en el auto de Nato y lo escondiste en el ropero de la abuela.
Segundo: ¿En qué canal vio esa teleserie? (*Muestra el riñón con las balas.*)
Juan Eduardo: Dos balas calibre 38 y una de fusil de combate. ¿Te parecen pocas las pruebas?
Nato: Un ajuste de cuentas de pandilleros juveniles sin ninguna importancia....
Juan Eduardo: ¿Juvenil el Carlos Yegua? ¡Hediondo de viejo, extremista y narcotraficante! (*Suena el timbre.*)
Segundo: Timbre.
Juan Eduardo: El chino Chou. Voy a arreglarme de nuevo. (*Juan Eduardo sale.*)
Segundo: ¿Cómo se zafó de los tiras don Benjamín?
Benjamín: Les mostré el carné del Canal, se cagaron de susto y chao pescao.
Segundo: Pa mí que lo rastrearon hasta aquí mismo desde que lo soltaron.
Benjamín: Lo peor fue quedar filmado rezando con los antisociales. ¿Qué va a decir el Presidente cuando vea el video?
Ana María: Listo con este otro herido, Nato. (*Segundo, soto voce a Benjamín que dormita.*)
Segundo: Ud. podría meterme como por un tubo en la tele don Benjamín.

Cualquier pega mire que aquí se me está zarandeando el piso, pa' qué le cuento. (*El timbre suena nuevamente. Benjamín despierta sobresaltado.*)
BENJAMÍN: Pero si esa cara yo la conozco.
ANA MARÍA: El Carlitos Yegua en persona.
SEGUNDO: Parece de la farándula por lo conocido este gallo.
BENJAMÍN: ¡El tipo más buscado del momento!
CARLOS YEGUA: La flor más pobre y sencilla es toda una maravilla. (*Suena el teléfono y el timbre simultáneamente.*)
SEGUNDO: Teléfono y timbre.
BENJAMÍN: Debe ser el Presidente del Directorio que me anda rastreando. (*Juan Eduardo entra corriendo semi vestido.*)
JUAN EDUARDO: Debe ser la mamá. ¿Aló mamá? Es para ti Anita María. Tu papá.
ANA MARÍA: Dile que no estoy.
JUAN EDUARDO: ¿Cómo se te ocurre que le voy a mentir a tu papá que es tan encantador?
ANA MARÍA: ¿Aló, papá? Sí, sí, sí.
CARLOS YEGUA: ¡Príncipe de las tinieblas!
JUAN EDUARDO: Tápalo con el cubrecama para que no siga diciendo idioteces.
CARLOS YEGUA: Igual Pascual. (*Suena el timbre nuevamente.*)
JUAN EDUARDO: ¿Qué estás esperando, Segundo?
SEGUNDO: ¿Qué hago si es la señora de nuevo?
ANA MARÍA: ¿Qué señora?
SEGUNDO: La que vende pan amasado. (*Suena el timbre.*)
JUAN EDUARDO: ¡Apúrate! Capaz que el chino Chou comience a meditar de nuevo.
SEGUNDO: Voy y vuelvo.
NATO: Voy a filmar quién es, por la ventana del baño. (*Nato y Segundo salen. Ana María al teléfono.*)
ANA MARÍA: No, no y no, papá. ¡No puedes venirte a vivir conmigo donde Nato! ¡Después te explico. (*Cuelga el teléfono.*)
JUAN EDUARDO: ¿Le colgaste a tu papá?
ANA MARÍA: Desde que la mamá lo dejó botado me amenaza con suicidarse día por medio.
BENJAMÍN: ¿Su mamá lo dejó botado?
ANA MARÍA: Mi mamá se mandó a cambiar con el supuestamente mejor amigo del papá.
BENJAMÍN: Con razón quiere suicidarse.
JUAN EDUARDO: A mí me pasó algo parecido con una gringa preciosa. You are a fucking bastard, you are a fucking Chilean, you are a fucking communist.

Benjamín: Dicen "fucking" por todo las gringas.
Juan Eduardo: ¿Communist yo? No tenía idea de política
Ana María: No tienen idea de nada esas gringas.
Juan Eduardo: Lo mejor que tenía era el pelo rubio.
Ana María: ¿Rubia teñida?
Juan Eduardo: Seguro. Era trapecista de circo. Me dejó colgado del trapecio y se mandó a cambiar con el tony enano del circo. Imagínate la humillación. Ahora pololeo con una teóloga de Miami. (*Segundo entra acezando y temblando.*)
Segundo: Hay, hay, hay....
Benjamín: ¿Qué es lo que hay Segundo?
Segundo: Hay una cachada de uniformados allá abajo.
Juan Eduardo: ¿Uniformados?
Segundo: Para mí que hay un regimiento entero allá abajo.
Juan Eduardo: ¡Golpe de estado!
Benjamín: ¿Todo de nuevo? ¡No puede ser tanta la mala cueva!
Nato: ¿Tú qué les dijiste, Segundo?
Segundo: Me devolví ipso facto para avisarle a don Juan Eduardito que es el mayorcito de la familia.
Juan Eduardo: Muy bien hecho.
Benjamín: ¡Ahora sí que estamos hasta el yaco!
Ana María: ¡Hay que enfrentar el cuco!
Benjamín: ¿Me podrías explicar cómo piensas enfrentar este medio cuco?
Ana María: ¡Destapando el santo!
Juan Eduardo: ¿Qué santo?
Benjamín: ¡El Carlos Yegua! Ex-dirigente campesino de Rumania metido en un ajuste de cuentas; yo un exiliado en París filmado rezando con los antisociales y Juan Eduardo fichado por "fascio" desde que era un pendejo chico.
Juan Eduardo: Nos van a crucificar a todos por moros y cristianos, según tú.
Segundo: Menos mal que yo soy medio de centro centro. (*Suena el timbre.*)
Segundo: ¡Timbre de nuevo, por la cresta!
Juan Eduardo: No se puede negar que son bien caballeros los de este Golpe de Estado. (*Se escuchan fuertes golpes en la puerta de calle.*)
Benjamín: Seguro que se están abriendo camino con tanquetas.
Ana María: Llámate al Presidende del Directorio para saber lo que está pasando.
Benjamín: ¡Toda la razón! ¿Aló, Clarita? Comuníqueme con el Presidente. Cortaron los cables del teléfono.

Juan Eduardo: Cómo, si estás llamando por tu celular.
Benjamín: Toda la razón.
Nato: Hay que disfrazar al Carlos Yegua de San Sebastián y seguir con la filmación para despistarlos.
Benjamín: En el otro golpe lo primero fue cagarse a los cineastas.
Juan Eduardo: Se mandaban cada película también.
Nato: Manuel Rodríguez se disfrazaba y le daban resultados en la pelea con los españoles durante la Colonia.
Benjamín: Mejor ni mencionar a Manuel Rodríguez delante de los milicos.
Juan Eduardo: Frente Patriótico Manuel Rodríguez ...
Nato: Ayúdenme a preparar la filmación.
Segundo: No me puede quitar el papel de San Sebastián para dárselo al Carlos Yegua, ¿ah?
Nato: Ahora tú haces de mensajero.
Segundo: ¿Werken mapuche?
Nato: En el drama griego el mensajero era fundamental. Si daba una mala noticia le cortaban el cogote.
Segundo: ¡Chutas!
Ana María: Timbre de nuevo.
Nato: Baja a entretenerlos, Segundo, mientras armamos la escena.
Segundo: ¿Por qué no baja don Benjamín que es más leguleyo que yo?
Juan Eduardo: En realidad tú eres mucho más leguleyo Benjamín.
Benjamín: Que baje la Ana María que es mujer.
Ana María: ¿Por qué no baja Juan Eduardo que es el mayorcito de la familia?
Juan Eduardo: A Segundo le corresponde por ser el mozo de la casa.
Segundo: Que baje don Nato que es el director de la película.
Juan Eduardo: Cállate y baja de una vez.
Segundo: Artista, mozo de la casa, enfermero y mensajero griego más encima. (*Segundo sale.*)
Nato: ¡Uds. de romanos, rápido! Sácale las vendas, Ana María, tiene que aparecer en pelotas igual que San Sebastián.
Ana María: Capaz que se pesque en una neumonitis.
Benjamín: Ayúdenme que no puedo moverme.
Juan Eduardo: En la pieza del abuelo hay miles de bastones y botellas de wisky.
Benjamín: Ahí tenías escondido el milagro.
Juan Eduardo: Pero no el santo. (*Juan Eduardo ayuda a Benjamín que se mueve a duras penas, al tiempo que Nato y Ana María desnudan a Carlos Yegua.*)

Carlos Yegua: ¡Ayayayay!
Ana María: Una verdadera tortura, Nato.
Nato: Para su propio bien y el de todos nosotros, amén.
Ana María: No estoy tan segura.
Nato: Con los mogadones y el wisky no se da ni cuenta de lo que le está pasando.
Carlos Yegua: ¿Cuántos pares son tres moscas, gancho?
Ana María: ¿Cómo que no se da ni cuenta?
Nato: Amárralo firme con este cordel para que no se le doblen las piernas durante la filmación. (*Ana María amarra a Carlos Yegua a la imagen de San Sebastián de tamaño natural.*)
Carlos Yegua: Ay de mí, ay de mí, algo me dice que la vida no es más que una quimera.
Nato: ¿Te quedó bien amarrado?
Carlos Yegua: Vamos amarraditos los dos, de espumas y terciopelo....
Nato: ¡Ponle la peluca!
Ana María: Quedó igualito a San Sebastián.
Nato: Con peluca todos nos vemos igualito a San Sebastián. (*Entran Juan Eduardo y Benjamín con bastón y disfrazados. Nato prepara la iluminación para la filmación.*)
Juan Eduardo: ¿Volvió Segundo?
Ana María: No. Voy a bajar a buscarlo.
Juan Eduardo: ¿Cómo se te ocurre que vas a bajar sola?
Benjamín: Seguro que lo están torturando.
Juan Eduardo: ¿Oye Nato, nos pintamos la cara con corcho para despistar?
Ana María: Los romanos no usaban barba.
Benjamín: Pero ésta es una película surrealista.
Nato: Hagan lo que quieran, pero apúrense. (*Salen para pintarse con corcho quemado.*) Tú eres la viuda Clio, Ana María.
Ana María: La primera cristiana que le curó las heridas al Santo Mártir.
Nato: Se las curó antes que lo mataran por segunda vez.
Ana María: ¿Lo mataron dos veces?
Nato: A flechazos primero y a palos después.
Ana María: Pobre santito, cómo quedaría.
Herido: Santo que no has de comer déjalo correr.
Nato: Hay que ensartarle las flechas y pintarle las heridas.
Ana María: ¿Ensartárselas de verdad?
Nato: Déjame a mí mejor.

CARLOS YEGUA: ¡Socorro! ¡Me están ensartando como pollo broiler! (*Asomándose para espiar.*)
BENJAMÍN: ¿Apareció Segundo?
ANA MARÍA: Todavía no aparece.
JUAN EDUARDO: ¿Por qué ese griterío, entonces?
ANA MARÍA: Nato le está ensartando las flechas al Santo.
BENJAMÍN: Ensártenselas más despacio. Capaz que lleguen los pacos con ese griterío.
JUAN EDUARDO: Los pacos llegaron hace ratito.
CARLOS YEGUA: ¡Segundo!
NATO: Tápale la vista como a los caballos para que no se asuste.
CARLOS YEGUA: ¡Socorro que me están dejando ciego!
NATO: Soy yo, Nato. ¿No me reconoces la voz?
CARLOS YEGUA: No conozco a ningún Nato.
ANA MARÍA: A lo mejor éste no es Carlitos Yegua.
NATO: ¿Cómo vamos a andar tan despistados?
CARLOS YEGUA: Cuando estuve preso me vendaron la vista, me amarraron al árbol de los tormentos y me dijeron: ahora te vamos a dar el bajo concha de tu madre.
NATO: Nadie te va a dar el bajo en esta casa, Carlitos.
CARLOS YEGUA: Obras son amores y no buenas razones.
ANA MARÍA: Voy a arreglarme para la filmación antes que suban. (*Ana María sale.*)
JUAN EDUARDO: ¿Entramos ya?
NATO: Todavía no llega Segundo.
BENJAMÍN: ¡Hasta cuándo! Mira la horita que es.
NATO: Sonríete mirando a la cámara.
CARLOS YEGUA: ¿De qué me voy a estar sonriendo, iñor por la puta?
NATO: Los santos mártires se sonríen su poquete cuando los están martirizando.
CARLOS YEGUA: ¿De qué santo mártir me están hablando? (*Nato canta. Carlos Yegua lo sigue.*)
NATO: Sebastián joven mártir cristiano que un camino de bien nos trazó....
CARLOS YEGUA: Defendiste valiente a los pobres, a los presos llevaste la paz....
(*Ambos a coro: Sin temores ni odio supiste con firmeza creer y luchar. ¡Hoy se acerca este pueblo sincero al Santuario de San Sebastán! Entra Ana María muy sexy con el pelo suelto.*)
ANA MARÍA: ¿Cómo me veo? (*Benjamín y Juan Eduardo chiflan aprobando. Entra Segundo muy compungido.*)
SEGUNDO: ¡Aquí vienen los uniformados don Natito!

JUAN EDUARDO: ¡Se acabó la fiesta, mierda!
Apagón y música marcial.
NATO: Luz, cámara, acción.
Luz de filmación. Ana María (Clio) con el pelo suelto solloza de rodillas frente a Carlos Yegua amarrado sobre San Sebastián de Yumbel. Juan Eduardo y Benjamín (Diocleciano y Tifoideo) se mofan de la situación.

Segundo hace pasar, con una gran reverencia, a un chino maquillado como muñeca de porcelana, vestido con uniforme y gorro de la revolución cultural. Tiene una cámara digital con la que lo fotografía todo y una matraca china con la que hace gran estruendo.

Todo lo que Nato filme se verá en la pantalla gigante, conforme la convención establecida durante el transcurso de la obra.
NATO: ¿De dónde crestas salió este chino?
JUAN EDUARDO: No armes ninguna pelotera y sigue filmando como si tal cosa, Nato, por favor.
NATO: Micrófono, Segundo.
BENJAMÍN: ¿Dónde están los uniformados que no los veo?
JUAN EDUARDO: Síganle la corriente al chino, please.... (*A Segundo, soto voce.*)
JUAN EDUARDO: Después voy a arreglar cuentas contigo Segundo.
SEGUNDO: ¿Está uniformado o no está uniformado?
BENJAMÍN: El sustito que nos hiciste pasar descriteriado.
CHINO: Disculpal la molestia don Juan Edualdo. Tenel que fotoglafial todo el inmueble pol olden del señol embajadol.
JUAN EDUARDO: No es ninguna molestia.
SEGUNDO: Por eso nos demoramos, donde hubo que sacarle foto a toda la planta baja.
JUAN EDUARDO: Fotografíe todo lo que quiera. Acompáñalo, Segundo. (*El chino Chou fotografía a Carlos Yegua y Ana María en sus roles de San Sebastián y la viuda Clio. La audiencia ve, simultáneamente, lo que ocurre en el escenario y en la pantalla lo que Nato filma.*)
BENJAMÍN: Yo que tú no lo dejaba sacar ni media foto a este chino.
JUAN EDUARDO: ¿Qué importa que saque fotos si es mandado?
BENJAMÍN: Podría ser un agente de "Seguridad Ciudadana Compartida" disfrazado de Guardia Rojo de la Revolución Cultural China.
JUAN EDUARDO: Nosotros estamos disfrazados de romanos y no somos agentes secretos ni de la CIA.
BENJAMÍN: Acuérdate que andan buscando a Carlos Yegua por cielo, mar y tierra.
JUAN EDUARDO: El señor Chou es mi comprador de la casa y vale su peso en oro.

Benjamín: Yo no estaría tan seguro.
Juan Eduardo: ¡Tú nunca estás seguro de nada! (*El señor Chou fotografía a Carlos Yegua y Ana María.*)
Chino: Maltil clistiano muy intelesante.
Segundo: Vida, pasión, muerte y resurreción de San Sebastián se Yumbel se llama la película.
Chino: ¿Plimela clistiana?
Ana María: Soy Clio, la viuda que le curó las heridas al Santo Mártir antes que lo mataran por segunda vez.
Chino: ¿Molil dos veces el Santo?
Ana María: Primero a flechazos y después a palos. ¿Qué le parece el milagro?
Chino: Muy intelesante maltil clistiano lesucitado.
Segundo: Las agarra al vuelo el chinito, ¿ah?
Chino: Já, já, já.
Nato: ¿De qué mierdas se ríe este chino?
Juan Eduardo: Después te explico.
Chino: Aola foto glupal pa la postelidad.
Juan Eduardo: Como Ud. guste Sr. Chou.
Benjamín: Yo no me tomo una foto ni cagando con este chino después del video en el cajero automático.
Juan Eduardo: ¡No me vas a cagar el negocio! Así es que métete a la foto sin chistar.
Benjamín: Todo porque estoy discapacitado. (*Juan Eduardo lo mete al grupo. Todos se acomodan alrededor del Carlos Yegua para sacarse la foto.*)
Chino: ¡Foto glupal! (*Toma la foto. Todos la observan. Nato sigue filmando.*)
Segundo: Salió bien clarita la foto, ¿ah?
Nato: ¿De dónde sacaste este payaso?
Juan Eduardo: Este payaso ofrece un cerro de plata, que no te puedes imaginar, por la venta de la casa. Aquí está la escritura. Léesela. (*Le pasa la escritura. Nato la rechaza.*)
Nato: Mi parte no está en venta.
Juan Eduardo: Van a echar abajo este mausoleo para construir la nueva embajada china estilo post moderno. ¿Quieres ver la maqueta?
Nato: A otro perro con ese hueso.
Carlos Yegua: Oiga Lalito. (*La voz del Yegua provoca gran conmoción.*)
Nato: Microfóno en el Yegua, Segundo.
Chino: Hablal maltil clistiano.

Juan Eduardo: No, no no, si ésta es una película, Sr. Chou. Mi hermano menor se dedica al cine por entero.
Chino: Pelícola clistiana muy intelesante. Já, já, já.
Benjamín: Aquí hay chino y gato encerrado, Nato.
Carlos Yegua: Atráquese pa' acá, Lalito.
Nato: Acércate, si no te van a morder los perros.
Carlos Yegua: Perro que ladra no muerde.
Chino: Maltil simpático. Já, já, já.
Carlos Yegua: ¿Y a Ud. cómo le va don Benja?
Benjamín: Hola, Carlitos, ¿cómo te baila?
Carlos Yegua: Mal me baila, ensartado aquí como pollo broiler sin poder defenderme de las flechas envenenadas, y Ud. como si viera llover.
Chino: Ja, ja, ja.
Benjamín: Tengo que irme rajado a una reunión donde el Presidente del Directorio.
Ana María: Te va a dar un TEC agudo, Benjamín
Nato: ¿Qué importa, si ya tengo un TEC agudo. (*Benjamín sale rengueando a duras penas.*)
Juan Eduardo: ¡Nos vas a dejar solos otra vez, maricón!
Carlos Yegua: Yo soy el que figuro como el malo de la película, señor chino.
Juan Eduardo: No metas al chino en este baile chino.
Carlos Yegua: Sin derecho a réplica, más encima.
Juan Eduardo: ¿Qué derecho a réplica vas a tener si eres el principal responsable de esta pesadilla?
Carlos Yegua: ¡El que esté limpio de polvo y paja que tire la primera piedra!
Chino: ¡Maltil filósofo!
Juan Eduardo: ¡Como huacho traidor figuras en los anales de esta casa!
Carlos Yegua: El destino nos une y el amor nos separa, Lalito.
Chino: ¡Maltil poeta!
Ana María: Soltémoslo para que pueda defenderse en tierra firme como Dios manda.
Juan Eduardo: Déjalo amarradito no más.
Carlos Yegua: Vamos amarraditos los dos de espumas y terciopelo....
Ana María: ¡No es justo!
Nato: Concéntrate en la filmación, Ana María.
Carlos Yegua: Amarrado para que no se las cante claro.
Juan Eduardo: ¿Qué me vas a cantar claro, carajo?
Carlos Yegua: ¡Que no tuve arte ni parte en la muerte de los finaos!

Juan Eduardo: Mentira.
Carlos Yegua: Mentira. La vida no es más que una mentira....
Ana María: ¿Qué le pasó?
Nato: Se desmayó. Tírale agua para que despierte, Segundo.
Segundo: ¿Está malo de la cabeza, iñor?
Juan Eduardo: ¿Dónde se metió el Sr. Chou?
Segundo: Subió al entretecho a sacar más fotos.
Juan Eduardo: Te dije que lo acompañaras.
Ana María: Desapareció por arte de magia china. (*Desesperado.*)
Juan Eduardo: ¡Señor Chou, señor Chou, baje para cerrar el negocio! (*Se escuchan ruidos extraños provenientes de los cimientos de la casa.*)
Ana María: ¿Qué fue ese ruido?
Segundo: La casa que está entregando las herramientas.
Juan Eduardo: ¡Exacto! Aquí está el informe perital. Derrumbe inminente del inmueble por excavaciones profundas con peligro de muerte para sus moradores, firmado el Sr. Alcalde.
Nato: A ese alcalde no le creo ni lo que reza.
Juan Eduardo: ¡Tengo una orden judicial para evacuar el inmueble!
Nato: Esta casa no se evacúa ni cagando.
Ana María: Cuidado con lo que dices Nato. (*Carlos Yegua despierta bruscamente.*)
Carlos Yegua: Yo traté de pararle la toma del fundo, pero los finaos no aceptaron. ¡Rotos de mierda! ¡Carajos! ¡Hijos de puta! Y usted metido al medio de cabro chico. Fue como ponerle un ají en el culo a los manifestantes.
Segundo: Ahí empezó la trifulca, a balazo limpio por lado y lado, señorita.
Ana María: Increíble.
Benjamín: Pero cierto.
Carlos Yegua: Hagamos las paces, Lalito.
Nato: No puedes dejarlo con la mano estirada.
Juan Eduardo: No pienso darle la mano al asesino del papá y del abuelo.
Nato: ¡El Carlos Yegua no tuvo arte ni parte en esas muertes!
Juan Eduardo: ¡Alguien tuvo que matarlos, porque están bien muertos!
Carlos Yegua: La paja en el ojo ajeno....
Juan Eduardo: Ahora resulta que yo soy el culpable.
Nato: Nadie te está inculpando.
Juan Eduardo: Entonces, me voy a pegar un tiro porque tengo un dolor incurable. (*Disparo y apagón. Iluminación de ortopédico. Nato lo enfrenta de pie por primera vez.*)
Ortopédico: ¡Sin respirar, sin pensar, sin sentir, sin chistar. Conteste rápido!

Nato: Para entrar al paraíso terrenal donde todo está magníficamente resuelto, sin contradicciones de ninguna especie, hay que ser un bailarín en la cuerda floja.
Ortopédico: Para entrar al paraíso terrenal hay que ser un sepulcro blanqueado, señor.
Nato: Hay que bañar a los pobres con agua bendita sin repugnancia alguna.
Ortopédico: Hay que ser un lobo con piel de oveja....
Nato: Hay que sangrar de amor por los cuatro costados.
Ortopédico: Error, error, horror. (*En la penumbra aparece un hombre en silla de ruedas con poncho negro y sombrero de huaso, empujado por otro hombre igualmente vestido. No se les ve la cara.*)
Nato: ¡El papá y el abuelo en su silla de ruedas! (*Nato solloza.*)
Ortopédico: Para entrar al paraíso terrenal hay que ser un pillo de siete suelas, señor.
Nato: ¡No! (*Nato forcejea con el ortopédico y logra encerrarlo con llave en el ropero. Suena el teléfono. Ana María entra corriendo a contestar.*)
Ana María: Debe ser el papá de nuevo. (*Juan Eduardo entra en silla de ruedas con la cabeza mal vendada y sanguinolenta por el disparo. Le arrebata el auricular. Nato filma.*)
Juan Eduardo: ¿Aló? ¡Charly! Por fin algo agradable. ¡Aló, mamita! Pregunta por la gata de angora, Nato.
Nato: ¡Los conejos serán de angora!
Juan Eduardo: Le vendí la casa a los chinos. Un negocio la raja. ¿Qué tiene de malo venderle la casa a los chinos de Mao? Que el papá ni el abuelo no se la habrían vendido por comunistas. Pero están muertos. ¡El papá y el abuelo están muertos! Mao también está muerto. Están todos muertos, mamá. Lenin, Stalin, Trotsky. ¿Principios? ¿De qué principios me está hablando? ¿Aló? Es que no puede cagarme un negocio la raja.. ¿Aló, Charly? ¡Tienes que convencer a la mamá! ¡Me cortó el teléfono!
Carlos Yegua: En la puerta del horno se queman las ilusiones, gancho.
Juan Eduardo: ¡Un negocio la raja arruinado por principios del tiempo de la Colonia!
Segundo: Se gana y se pierde en esta vida.
Juan Eduardo: ¡Qué sabes tú de perder!
Segundo: ¿Cómo no voy a saber si todavía sigo siendo el mozo de la casa? (*Carlos Yegua se ha dormido nuevamente. Benjamín entra por el ventanal, completamente desastrado y a duras penas.*)
Ana María: ¡Benjamín! ¿De nuevo por la ventana?

BENJAMÍN: Está repleto de retroexcavadoras gigante allá abajo. ¿Qué te pasó en la cabeza, Juan Eduardo?
JUAN EDUARDO: Un rasguño sin ninguna importancia.
ANA MARÍA: Por poco se vuelan los sesos.
JUAN EDUARDO: ¿Qué sesos?
NATO: ¿Aló? ¿Ambulancias Santa Bárbara?
ANA MARÍA: ¿Para qué quieres ambulancia?
NATO: Para el Carlos Yegua. Voy a terminar con este martirio.
BENJAMÍN: ¡Ganamos por paliza en el canal!
SEGUNDO: ¡Ahora me mete como por un tubo en la tele, don Benja! (*Besándolo.*)
ANA MARÍA: ¡Felicitaciones Nato!
BENJAMÍN: ¡Momentito! Al Presidente del Directorio no se le ocurrió nada mejor que nombrarme a mí Director Ejecutivo del Canal en vez de Nato.
JUAN EDUARDO: Te aprovechaste de Nato, que se las sabe todas, para que te nombraran en el cargo. ¡Traidor de mierda!
NATO: ¡La maquinaria del poder!
BENJAMÍN: Ce finie.
ANA MARÍA: Ce finie, ¿qué cosa?
BENJAMÍN: Renuncié al cargo ipso facto para irme de vuelta a París.
ANA MARÍA: ¿Justo cuando la María Pía viene llegando? (*Saca un correo electrónico del bolsillo.*)
BENJAMÍN: Empecemos de nuevo, mon amour. Te espero en París. Je t'aime, je t'aime, mon amour. Besos gordos, María Pía.
NATO: ¿Tú dejas todo botado y partes volando?
BENJAMÍN: La necesito. No como tú que no necesitas a nadie. (*Pausa. Ana María se acerca a Nato. Nato, por teléfono.*)
NATO: ¡Aló! Necesito una ambulancia full equipo y todo terreno para resucitar un muerto. (*Comienza un violento bamboleo de la casa.*)
BENJAMÍN: ¡Está temblando!
NATO: No está temblando.
ANA MARÍA: Sí está temblando.
JUAN EDUARDO: ¡Señor Chou! ¡Baje que está temblando! (*Segundo de rodillas se golpea el pecho.*)
SEGUNDO: Misericordia, señor.
ANA MARÍA: No seas exagerado. (*Nuevo remezón.*)
NATO: Vibraciones de las retroexcavadoras gigantes en las excavaciones profundas que rodean la casa. (*La casa comienza a derrumbarse.*)
BENJAMÍN: ¡Se me está derrumbando en la cabeza esta huevada justo ahora!

Juan Eduardo: Te dije Nato. Hay que evacuar este mausoleo.
Segundo: Los pobres y las mujeres primero. Vámonos, señorita Ana María.
Nato: De aquí no sale nadie sin el Carlos Yegua. (*Nuevo remezón y más intenso. Algunos objetos caen por los suelos con gran estrépito. Carlos Yegua canta acompañado de su guitarra.*)
Carlos Yegua: Aqueja el destino de Chile lesionado, clavando sus garras cual fiero chacal, un fuerte terremoto Chillán dejó destruido....
Nato: Este no es el terremoto de Chillán, Carlitos.
Segundo: No será el terremoto de Chillán, pero putas que se parece.
Todos en Coro: Concepción, Cauquenes, San Carlos y Parral.
Ana María: Pero ese terremoto pasó hace más de medio siglo atrás.
Juan Eduardo: Para ti todo pasó hace más de medio siglo atrás.
Carlos Yegua: Chillán ciudad del movimiento, donde los muertos bailan debajo del pavimento.
Benjamín: ¿Qué fue ese tremendo chancacazo?
Todos en Coro: Concepción, Cauquenes, San Carlos y Parral.
Segundo: Se mandó abajo el entretecho.
Nato: Hay que seguir filmando, Segundo.
Benjamín: Metámonos debajo del catre de Nato para salvarnos. (*Juan Eduardo se arrastra por el suelo para meterse dificultosamente debajo de la cama.*)
Nato: Cámara debajo del catre, Segundo.
Ana María: ¿Dónde se metió Segundo?
Juan Eduardo: Desapareció por arte de magia.
Nato: Reemplázalo, Ana María. (*Juan Eduardo grita hacia el entretecho.*)
Juan Eduardo: ¡Señor Chou! ¡Señor Chou! Dé alguna señal de vida.
Carlos Yegua: Clavando sus garras cual fiero chacal un fuerte terremoto Chillán dejó destruido.... (*Aparece Segundo desastrado y polvoriento. Muestra las animitas de los finaos en las manos.*)
Ana María: ¿De dónde saliste, Segundo?
Segundo: Del entretecho, sana y salva las animitas.
Nato: Hay que filmar las animitas, Ana María.
Juan Eduardo: ¿Viste al señor Chou?
Segundo: No se veían ni las manos con la polvareda.
Benjamín: Ayúdenme a salir de debajo del catre.
Ana María: ¡El papá! Capaz que aproveche el terremoto para suicidarse.
Segundo: La llamó a mi celular que su papá había vuelto con su mamá. Feliz de la vida. Aquí ve, se oye clarito en el celular.
Ana María: Increíble.

Benjamín: Pero cierto.
Carlos Yegua: Después de un año justo de aquel fuerte cataclismo en que murió el 99% de la población ...
Desde el techo se descuelga sorpresivamente un individuo con pasamontaña, vestido de guardia roja. Lleva una moderna ballesta en las manos y otras armas marciales. Se mueve con agilidad y profesionalismo. Como en una danza de artes marciales. Nato lo filma.
Juan Eduardo: Menos mal que apareció Sr. Chou.
Benjamín: ¿El señor Chou con pasamontaña y armado hasta los dientes?
Ana María: Este no es Chou, Juan Eduardo.
Juan Eduardo: ¡Tiene que ser! Espero que esté sano y salvo mi querido amigo. (*El intruso patea violentamente la silla de ruedas de Juan Eduardo hacia el público.*) Atajen esta silla de ruedas.
Ana María: ¡Haz algo, Nato!
Segundo: Descuide que yo la pillo.
Carlos Yegua: Don Pedro Aguirre Cerda y su legítima esposa sienten haberse perdido fiesta tan maravillosa.
Nato: ¿De dónde salió este tipo?
Benjamín: Qué importa de dónde salió si viene a destripar al Carlos Yegua.
Ana María: ¿Destriparlo?
Benjamín: Un matarife profesional.
Nato: Ayúdenme a defenderlo, entonces. (*Juan Eduardo hace bocina con las manos.*)
Juan Eduardo: ¡Hay que evacuar el inmueble Sr. Chou!
Benjamín: Rajemos, Nato. No hay nada que hacer aquí, excepto salvar el pellejo.
Nato: No voy a dejarlo botado como a un perro. (*El matarife busca el ángulo para dispararle a Carlos Yegua.*)
Ana María: No te pongas por delante, Nato.
Benjamín: ¡Quítate de ahí!
Segundo: ¡Hágase a un lado iñor!
Ana María: ¡Nato, por favor!
Carlos Yegua: Chillán ciudad del movimiento donde los muertos bailan debajo del pavimento.
Nato: Pásenme el revólver del papá.
Segundo: Se le acabaron las balas.
Todos en Coro: Chillán, Cauquenes, San Carlos y Parral.
Juan Eduardo: Las tierras de nosotros, Nato.
Nato: El rifle del papá.

Segundo: Aquí está cargadito.
Nato: Put up your hands you fucking son of a bitch.
Ana María: No seas suicida, Nato.
Carlos Yegua: Niñitos piluchos vagaban por las calles.
Segundo: Se cortó la luz.
Carlos Yegua: Jesús, José y María qué cruel la maldición. (*Gran remezón sostenido. Se derrumba un muro con gran estrépito y aparece una enorme retroexcavadora gigante.*)
Segundo: El Juicio Final, don Natito.
Nato: ¿Dónde estás Ana María? (*Nuevo remezón. Encandilándose con una linterna.*)
Ana María: Estoy dentro de la niña de tus ojos, Nato, que son como dos uvas envenenadas.
Nato: El papá y el abuelo estaban tiesos y helados como chuzos cuando los vi en la clínica. (*Nato solloza levemente.*)
Ana María: Sin resistencia, va deslizándose por el nervio óptico hacia la total oscuridad de la mente humana.
Nato: La boca del lobo.
Ana María: ¿Qué es lo que ves?
Nato: Excavaciones profundas por los cuatro costados.
Ana María: ¿Qué sientes?
Nato: Salgo disparado en caída libre por el torbellino de la sangre humana hasta el centro mismo del órgano mayor.
Ana María: El corazón del amor.
Nato: El corazón del amor, Ana María. (*La besa al tiempo que se enciende la luz.*)
Segundo: Volvió la luz don Natito.
El panorama es desvastador. Nato corre hacia Carlos Yegua que permanece amarrado con la cabeza sobre el pecho. La guitarra todavía colgándole de una mano. Nato le canta para reanimarlo.
Nato: Sebastián Joven Mártir cristiano que un camino de bien nos trazó. Defendiste valiente a los pobres, a los presos llevaste la paz....
Segundo: No hay contesta.
Ana María: Tiene una flecha clavada en pleno corazón. (*Otra pala mecánica penetra la habitación moviéndose como un enorme robot.*)
Segundo: Salgamos don Nato antes que se mande al suelo el techo.
Nato: No puedo dejarlo botado para que se lo coman los perros.
Segundo: Está más muerto que vivo.
Ana María: Pero no está enterrado todavía.

NATO: Ayúdenme a descolgarlo.
ANA MARÍA: ¡Cuidado! No se vaya a caer.
SEGUNDO: La carita que tiene.
NATO: Échenmelo al hombro, rápido.
Segundo y Ana María ayudan a cargarlo y sostenerlo en los hombros de Nato. Desde el ventanal, pegados como moscas, Benjamín y Juan Eduardo hacen señas y dan gritos inaudibles hacia el interior.
   Simultáneamente, se escucha la sirena y el multicolor de las luces de la ambulancia se reflejan en medio de los escombros.
ANA MARÍA: Llegó la ambulancia, Nato.
NATO: Una última filmación. (*Lo que filma se refleja en la pantalla.*)
SEGUNDO: Hay que prender las velas a los finaos antes de irnos pa' que no sigan penando. (*Ana María prende los fósforos.*)
NATO: Apúrense que pesa una tonelada.
ANA MARÍA: ¿Dónde vamos?
SEGUNDO: Al cementerio de allá del campo.
NATO: En una de ésas resucita en la ambulancia, como San Sebastián de Yumbel.
ANA MARÍA: En una de ésas, Nato.
NATO: ¿Llevas las cintas, Segundo?
SEGUNDO: En esta maleta.
NATO: Vámonos.
ANA MARÍA: Adiós casa.
Nato la toma de la mano y los tres salen cargando a Carlos Yegua por entre los escombros y retroexcavadoras. Las velas titilan en la penumbra, alumbrando el destruido espacio donde permanece erguida la imagen tamaño natural de San Sebastián de Yumbel. En la pantalla de video se observan las últimas imágenes de Carlos Yegua.

Apagón final

A LA MARY SE LE VIO EL POPPINS

JAIME VADELL

TEATRO LA FERIA

Personajes:

Anunciador	Gendarme
Hombre 1	Aseador 2
Hombre 2	Sentado
Andrea	Mujer
Mireya	Mozo
Alejandro	Burócrata
Rodrigo	Viejo
Gabriel	Vieja
Bastián	Joven
Susana	Niña

El Teatro La Feria estrenó esta obra en 1981 con el siguiente elenco:

Susana Bomchil
Andrea Gaete
Mirella Tironi
Jaime Vadell
Rodrigo Bastidas
Bastián Bodenhofer
Gabriel Prieto
Alejandro Pinto

Escenografía y vestuario   Susana Bomchil
Música   Alejandro Pinto y Bastián Bodenhofer
Iluminación y Dirección   Jaime Vadell

Revista

Oscuro. La orquesta comienza la obertura y, junto con eso la luz del escenario va aumentando hasta llegar al total.
    El escenario está vacío. Sólo bastidores oblicuos a ambos lados y otros que, colocados paralelos a la embocadura, avanzan hacia el centro y, haciendo una "V" cuyo vértice apunta hacia el público, ocupan buena parte del espacio escénico. Cuando se habla del "interior" – referido a salida o entrada de actores – es referido a los rompimientos de estos últimos bastidores.
    La orquesta es acompañada por el canto de los actores, desde el interior.

CANCIÓN: Ya ha llegado la entretención
las chicas lindas y la emoción
Magia en la noche
luces y color
no hay cabida para el dolor.
Hay que olvidar
en nada pensar
sólo hay que reír
y no hay que sufrir
y sólo ser feliz.
(*Entra el anunciador.*)

ANUNCIADOR: Señoras y señores, pongan todos muchísima atención porque en esta revista que ustedes verán, vamos a atrapar el tiempo. El tiempo que ha pasado entre 1980 y 1970. Vamos a recorrer la década partiendo de 1980 y, haciendo un juego de prestidigitación con el tiempo, volando con nuestro paraguas mágico, vamos a retroceder hasta el 70.
    Han ocurrido muchas cosas. Tantas que más de alguna se nos va a olvidar. Algunas las contaremos alegres cuando en la cabeza de ustedes serán recuerdos tristes. También puede ocurrir lo contrario. Nada es verdad ni es mentira, todo depende del color del cristal con que se mira.
    Señoras y señores, esta es la Revista de la década: chistes, alegría, lindas chicas. Todo eso y mucho más hay en las páginas de esta revista incomparable.
    Luces, música, alegría. Se levanta el telón para que comience:
    ¡A la Mary se le vio el poppins!

La orquesta no termina la fanfarria. Comienza una triste tarantella que hace la flauta traversa. La luz baja. Aparecen – desde el interior – cojos, mancos, y toda suerte de lisiados que bailan al ritmo cadencioso de la música. Desaparecen. Entra uno que hace estallar un cohete. Entra otro que hace lo mismo. Luego otro y otro más. Salen. Junto con la última explosión que es la mayor de todas, la orquesta retoma el tema de la obertura y entran las bailarinas que inician el espectáculo. Cambio de luz. Entra un fantasma. Aparece otro. Aparecen dos fantasmas caminando por el aire. Aparecen cuatro fantasmas. Al otro extremo dos personas se instalan en sendas sillas, una luz cae sobre ellos.

HOMBRE 1: Señoras y señores, muy buenas noches. Estamos reunidos aquí con Gabriel, en este foro, para hacer un balance crítico.

HOMBRE 2: ¡Pero informado y serio!

HOMBRE 1: De los logros alcanzados en estos pocos años.

HOMBRE 2: Por la política de libre mercado.

HOMBRE 1: La única que ha demostrado.

HOMBRE 2: ¡En todo el mundo!

HOMBRE 1: La posibilidad de salir del caos, la inflación ...

HOMBRE 2: ¡Y la depresión...!

HOMBRE 1: Económica.

HOMBRE 2: Que ataca – como una enfermedad casi incurable.

HOMBRE 1: A todo el mundo occidental.

HOMBRE 2: Y frente a eso – perdóname, Rodrigo – yo quisiera hacer un alcance....

HOMBRE 1: Sí, sí, adelante, Gabriel, no faltaba más. ¿Cuál es tu alcance?

HOMBRE 2: Mira, que no podemos olvidar que esta crisis económica es la enfermedad menor.

HOMBRE 1: Ah, sí, sí, tienes toda la razón.

HOMBRE 2: Sí, pues, porque la crisis económica permite la peor enfermedad.

HOMBRE 1: Que ataca....

HOMBRE 2: A la humanidad de hoy. Es la enfermedad mortal, el cáncer, el virus más peligroso.

HOMBRE 1: ¡El asco!

HOMBRE 2: La basura, es decir, el marxismo....

HOMBRE 1: Leni.

HOMBRE 2: Nismo.

HOMBRE 1: Me alegro que lo hayas mencionado porque a menudo.

HOMBRE 2: Sí, ¡se nos olvida!

HOMBRE 1: ¡Por callarlo, se olvida!

HOMBRE 2: Y no podemos olvidarlo.

HOMBRE 1: No ¡debemos! olvidarlo.

HOMBRE 2: Porque es un enemigo que hace lo posible por ocultarse.

HOMBRE 1: Justamente para que se le olvide.
HOMBRE 2: Justo, Rodrigo, has dicho lo justo.
HOMBRE 1: Te saqué la palabra de la boca....
HOMBRE 2: Me la sacaste, me la sacaste y te lo agradezco.
HOMBRE 1: No hay por qué....
HOMBRE 2: ¡Hay por qué, hay por qué!
HOMBRE 1: Sí, en realidad, hay por qué.
HOMBRE 2: Hay ¿no es cierto?
HOMBRE 1: Sí, sí, sí ¡hay!
HOMBRE 2: ¿Hay?
HOMBRE 1: ¡Hay!
HOMBRE 2: Me alegro que estés de acuerdo conmigo porque.
HOMBRE 1: Para ocultarse este virus usa todo tipo de trucos.
HOMBRE 2: Justo, justo.
HOMBRE 1: Siendo uno de los más peligrosos.
HOMBRE 2: De los más arteros.
HOMBRE 1: De los más sibilinos.
HOMBRE 2: ¡Hipócritas!
HOMBRE 1: ¡Solapados!
HOMBRE 2: ¡Y subterráneos!
HOMBRE 1: El uso de organismos de fachada.
HOMBRE 2: Qué bueno que lo hayas recordado. Sería interesante que tu nos explicaras aquí y a todos los televidentes lo que son esos organismos de fachada.
HOMBRE 1: Me alegro que me hagas esa pregunta porque no todos saben lo que son esos organismos. Son organismos....
HOMBRE 2: Que parecen algo y son otra cosa.
HOMBRE 1: O, mejor dicho, que son algo y son otra cosa.
HOMBRE 2: Bueno, claro, tú lo has explicado mucho mejor.
HOMBRE 1: Bueno, tú lo habías explicado muy bien.
HOMBRE 2: Pero la aclaración que tu hiciste fue indispensable.
HOMBRE 1: Más que una aclaración yo diría que apenas fue un alcance.
HOMBRE 2: No, no, fue una aclaración.
HOMBRE 1: Un alcance, nada más que un alcance.
HOMBRE 2: Una aclaración, una aclaración. Si no, que lo digan los telespectadores.
HOMBRE 1: Fue un alcance y nadie tiene nada que decir. Fue un alcance y punto. Pasemos a otra cosa.

Hombre 2: Es justo lo que iba a decirte porque se nos van quedando muchas cosas en el tintero.
Hombre 1: El tiempo es oro.
Hombre 2: Volvamos, entonces, a lo que estábamos.
Hombre 1: Sí, yo quería decir que uno de los logros principales de este sistema de
Hombre 2: Libre mercado.
Hombre 1: Justo, es el aumento del poder adquisitivo.
Hombre 2: De las clases más necesitadas.
Hombre 1: Porque aquí hay que hacer un paréntesis que a mí me parece importante.
Hombre 2: A mí también me parece muy importante porque generalmente se habla de mala fe sobre el costo social y decir eso es una estupidez.
Hombre 1: Qué bueno que tú lo digas porque es lo que mucha gente piensa y no se atreve a decir.
Hombre 2: Sí, yo quería decirlo para terminar de una vez por todas con la campaña de mentiras que nacional....
Hombre 1: ¡E internacionalmente!
Hombre 2: Muy justo, e internacionalmente está llevando a cabo el marxismo.
Hombre 1: Leni.
Hombre 2: Nismo.
Hombre 1: Es una mentira como tantas otras y es bueno que tú personalmente, las vayas haciendo pedazos.
Hombre 2: Gracias. Te advierto que yo no le tengo miedo a esto de ir – como decía el viejo hidalgo de la Mancha – deshaciendo entuertos. Yo no le tengo miedo a nada.
Hombre 1: Yo tampoco.
Hombre 2: Menos a la verdad. Yo a la verdad no le tengo miedo.
Hombre 1: Yo tampoco.
Hombre 2: Yo quisiera felicitarte por esto que dices.
Hombre 1: Me sacaste la palabra....
Hombre 2: ¿De la boca?
Hombre 1: Exacto, porque yo quería felicitarte a ti y muy efusivamente.
Hombre 2: Gracias.
Hombre 1: No, gracias a ti, y gracias por tu valentía al hablar en este programa y decir las cosas pan, pan....
Hombre 2: Vino, vino.

Hombre 1: Esta conversación está muy interesante y yo la prolongaría mucho rato más.
Hombre 2: Y estoy seguro que los telespectadores piensan lo mismo, pero....
Hombre 1: Sí, ese tremendo pero del que todos somos esclavos.
Hombre 2: Así es, somos esclavos de ese personaje implacable que es.
Hombre 1: El reloj.
Hombre 2: Exacto.
Hombre 1: A propósito, un paréntesis muy breve para contarte.
Hombre 2: Una anécdota que me sucedió cuando estuve en una conferencia en París.
Hombre 1: Por el asunto que tú sabes.
Hombre 2: Ah, sí me imagino a qué te refieres.
Hombre 1: Justamente, a eso mismo.
Hombre 2: Bueno, resulta que salí a caminar por las calles. París es una ciudad muy hermosa, sobre todo las calles....
Hombre 1: Es lo más hermoso de París. Y mientras caminaba ¿con qué me encuentro? Con Cartier el famoso fabricantes de relojes de fama nacional
Hombre 2: E internacional.
Hombre 1: Me detuve a mirar por curiosidad la vitrina.
Hombre 2 Qué interesante.
Hombre 1: Efectivamente, una de las vitrinas más interesantes del mundo.
Hombre 2: Salvo las de Hong Kong.
Hombre 1: Salvo las de Hong Kong.
Hombre 2: Pues bien y ¿con qué me encuentro?
Hombre 1: Con que el reloj Cartier, en Cartier, es decir.
Hombre 2: En la propia fábrica, era más.
Hombre 1: Caro.
Hombre 2: Que en Chile.
Hombre 1: Esto es una anécdota, nada más que una anécdota.
Hombre 2: Pero muy decidora.
Hombre 1: Muy decidora.
Hombre 2: Pero yo no quiero abundar en esto para no abusar del tiempo en la T.V.
Hombre 1: Que es oro.
Hombre 2: Exacto, en T.V. cada segundo vale oro.
Hombre 1: Ni abusar de la paciencia de los telespectadores.
Hombre 2: Sólo una cosa para terminar.

Hombre 1: Adelante, no faltaba más.
Hombre 2: Yo quería decir que la ropa sucia se lava en casa.
Hombre 1: Y yo me atrevería a agregar.
Hombre 2: Atrévete, atrévete.
Hombre 1: Que el problema está en los mandos medios.
Hombre 2: ¿Cuál es el problema?
Hombre 1: Mira, tú sabes perfectamente a lo que me refiero.
Hombre 2: No sé y no te permito.
Hombre 1: ¿No me permites? ¿Eso dijiste? ¿No me permites?
Hombre 2: No, eso dije, no te permito a ti ni a nadie.
Hombre 1: Lo que pasa es que tú eres un blandengue. Eso eres un blando de mierda.
Hombre 2: Y tú un duro hablando cosas que no sabe.
Hombre 1: Blando cagado.
Hombre 2: ¡Ignorante!
Hombre 1: ¡Vendido!
Hombre 2: Troglodita.
Hombre 1: Comunista.
Hombre 2: Fascista.
Hombre 1: Desgraciadamente, el tiempo, ese implacable enemigo, se nos ha venido encima. Dos horas no bastan.
Hombre 2: Pero continuaremos mañana.
Hombre 1: Haciendo este análisis exhaustivo que nos hemos propuesto hacer
Hombre 2: En este foro.
Hombre 1: Hasta mañana en una nueva edición de
Hombre 2: Sin pelos en la lengua.
Hombre 1: Hasta
Hombre 2: Mañana.

Sale uno de los foristas, el otro, con una urna, recibe los votos de una interminable línea de personas. A la vez, con una gran tijera corta papelitos que cada votante lleva. Al terminar la fila, agita la urna y la lanza al espacio. Entra una persona y hace estallar un cohete. Otra hace estallar varios. Seis personas hacen estallar su respectivo cohete. La orquesta toca Grease y el cuerpo de baile interpreta la pieza.

Entran dos angarilleros con un ataúd a cuestas. Los siguen varias personas con sus respectivos paraguas negros. Rezan el Padre nuestro. Los angarilleros se retiran a un rincón. Sale el cortejo y luego los angarilleros. Entran tres mujeres y se atan con cadenas a un mástil que se asoma desde el interior. Se quedan mirando, estáticas. Apagón.

Una mujer entra serguida por Uno. Arranca. Al primero se suman dos, tres, cuatro personajes, ella corre hasta que logra perderse. Entra un hombre perseguido por una, dos, tres, cuatro personas. Logra perderlos. Por el costado del bastidor central aparece la cabeza del hombre perseguido, asida por el cuello por dos manos que lo remecen. Grita. Por el otro extremo del bastidor, aparecen los brazos. Una pierna por el segundo bastidor de la derecha, y la otra, por el segundo de la izquierda. Recibe tres sacudones consecutivos y chilla como cordero degollado.

Cambia la luz y entra una pareja de bailarines que interpreta un pas de deux con la música de Love Story.

Cuatro actores colocan dos bancas a la izquierda del escenario. Dos se sientan en la de atrás, otro se "echa" en la de adelante y el cuarto queda de pie, apoyado en el muro.

MIREYA: Buenos días.
ANDREA: Buenos....
MIREYA: ¿Usted es nuevo?
ANDREA: No.... ¿A qué hora viene el almuerzo?
ALEJANDRO: Luego, luego....
MIREYA: ¿Hay médico?
ALEJANDRO: ¿Médico? ... sí, sí... en el almuerzo puedo averiguar. Ahí puede averiguar de todo.
SUSANA: Se demora el almuerzo.
ALEJANDRO: Luego, luego viene.
ANDREA: Se está bien aquí, ¿no?
ALEJANDRO: Bien... es que la cárcel chilena es de las mejores del mundo.
SUSANA: La mejor diría yo.
MIREYA: ¿Usted conoce?
SUSANA: Bueno, por el Reader, por lo que uno lee ¿no es cierto amigo?
ANDREA: Cierto, cierto.
ALEJANDRO: Yo conozco algo... la cárcel norteamericana, por ejemplo, ahí le dan todo con mermelada, todo dulce.
ANDREA: ¿Dulce?
ALEJANDRO: Dulce, le echan azúcar a todo... Por ejemplo, el bistec se lo dan con azúcar.
SUSANA: ¿Y los porotos?
ALEJANDRO: No le dan porotos.
MIREYA: ¿No?

ALEJANDRO: No.... Al desayuno, los huevos revueltos se los dan dulces también, y un vaso grande de leche.
SUSANA: ¿Y té?
ALEJANDRO: No, té no.
SUSANA: ¡Puchas!
MIREYA: Bueno, la leche es buena.
SUSANA: Claro, para los niños.
MIREYA: Para el embarazo.
ANDREA: Eso es cierto.
SUSANA: A mí también me hace mal al estómago.
ALEJANDRO: A los niños también. Usted le da leche a los niños y se enferman del estómago.
SUSANA: Es que es pesada para el hígado.
ALEJANDRO: Pero espérese, que a las diez de la mañana, le dan otro vaso de leche.
ANDREA: ¡No!
ALEJANDRO: Lo que oye.
SUSANA: Pero aquí no, ¿no?
ALEJANDRO: No, aquí no.
SUSANA: ¡Menos mal!
ALEJANDRO: Al jamón también le ponen azúcar.
ANDREA: Ese es el jamón planchado.
ALEJANDRO: No, el jamón planchado es para otra cosa, yo lo conozco. Este es un jamón que tiene azúcar por todo el borde.
ANDREA: Ese es el planchado.
ALEJANDRO: Pero el planchado es distinto, este es con azúcar, no como el planchado, es con azúcar.
ANDREA: El planchado es con azúcar.
ALEJANDRO: Sí sé que es con azúcar, pero este es con azúcar, azúcar.
MIREYA: ¿Como en terrones?
ALEJANDRO: Sí, casi como en terrones. (*Se para.*)
ANDREA: Ese es el planchado.
MIREYA: A mí me gustan las cosas dulces.
SUSANA: Algunas cosas dulces son buenas.
MIREYA: La leche, por ejemplo, es bien rica bien dulce.
SUSANA: A mí no me gusta la leche.
MIREYA: Eso es otra cosa.
ANDREA: Como los argentinos, que comen el chocolate amargo.

ALEJANDRO: Y la carne cruda.
ANDREA: Cierto.
SUSANA: Es que esos giles no saben comer.
ANDREA: Y comen demasiado, tienen que estar comiendo a cada rato.
ALEJANDRO: Bueno, ésa es una de las razones por las que no se atreven a meterse con nosotros.
SUSANA: Es que si se meten les sacamos la cresta.
MIREYA: ¿Por qué?
ALEJANDRO: Porque el soldado chileno puede pelear varios días sin echarle nada al buche.
ANDREA: Exacto.
ALEJANDRO: En cambio el argentino tiene que hacer desayuno, almuerzo, once y comida. O sea, pelea un ratito y tiene que ir a comer; pelea otro ratito y a comer otra vez. Entonces cuando está comiendo, lo pillamos descuidado y ahí los hacemos bolsa.
SUSANA: Es que comer es un vicio.
MIREYA: Pero necesario también....
SUSANA: Bueno, como todo. Un poco, es necesario pero si usted ya come mucho, mucho, eso ya es un vicio.
MIREYA: Yo ando con hambre todo el día. Me encantaría comer harto.
ALEJANDRO: A mí también me gusta comer harto.
ANDREA: A mí me gusta más dormir....
SUSANA: Yo también prefiero dormir.
ALEJANDRO: Comer y dormir, claro, pero si usted está en guerra no puede estar comiendo y durmiendo, tiene que estar en la pelea. (*Entran Rodrigo, Gabriel y Bastián.*)
BASTIÁN: (*Al entrar, a Gabriel.*) Y ¿qué les dijiste?
GABRIEL: Me fui de negativa. (*Todos intercambian saludos.*)
ANDREA: ¿A qué hora viene el almuerzo?
RODRIGO: Doce y media.
SUSANA: Claro que tiene que pelear, pero también tiene que comer y dormir.
GABRIEL: ¿Pelear con quién?
ALEJANDRO: Con los argentinos.
BASTIÁN: Que vengan, que vengan....
RODRIGO: Les sacamos la cresta ...
SUSANA: Era que no, si son todos italianos.
GABRIEL: Son todos maricones.

BASTIÁN: Son italianos, con eso se dice todo.
GABRIEL: No le tienen amor a su tierra. No son como nosotros....
ANDREA: Pero son más....
RODRIGO: Son más, pero no darían el alma por su patria como nosotros....
ANDREA: Ah, claro, eso ni cagando.
MIREYA: Un soldado chileno vale por tres argentinos.
SUSANA: Por cuatro diría yo.
ALEJANDRO: Y comiendo menos....
BASTIÁN: Como los italianos que se llenan de puros tallarines.
GABRIEL: Por eso son tan gordos.
RODRIGO: Y hediondo los huevones.
ALEJANDRO: Es que no tienen agua.
RODRIGO: ¿No tienen agua?
ALEJANDRO: No ¿No ve que se lo llevan tirando bombas? Así es que hacen pedazos las cañerías y se quedan sin agua a cada rato.
GABRIEL: Es que hay mucho desorden.
RODRIGO: No se puede vivir ahí.
SUSANA: Es muy peligroso, no como aquí.
BASTIÁN: Pero más desorden hay en España.
ALEJANDRO: Peor que el desorden es que no hay trabajo.
ANDREA: Eso es cierto, tienen que irse a otros lados a trabajar. A Suecia sobre todo.
BASTIÁN: Ahí echan bueno ¿No ve que todas las suecas son putas?
MIREYA: Peor, ahí ya no existe la familia.
GABRIEL: Pero son bonitas las suecas, ¿no?
RODRIGO: ¡Muy blancas!
GABRIEL: Mejor blanquitas ¿o usted prefiere las negras?
RODRIGO: No, las negras tienen el poto muy abajo.
BASTIÁN: La mejor es la holandesa ...
ALEJANDRO: Muy tetona.
SUSANA: La francesa, en ese caso....
RODRIGO: No, ésa es pasada a ajo....
GABRIEL: Cierto, ¿no? Puchas los huevones comer mal, oiga: puro ajo. Hasta al queso le echan ajo....
MIREYA: El mejor queso es el de Chanco....
ANDREA: A mí el que me gusta es el gauda....
GENDARME: (*Entrando.*) ¡Buenos días!
DOS: Buenos días, buenos, etc.

GENDARME: ¿Un cigarrito? (*Algunos aceptan.*) ¿Y? ¿Qué se comenta?
BASTIÁN: Del queso francés.
GENDARME: Esos gallos no tienen idea de quesos. El mejor queso es el de la cabra del valle del Limarí, porque es la cabra de clima templado. Igual que la oveja. La oveja de clima frío le da una lana muy gruesa. El mejor casimir es de la oveja de clima templado.
ANDREA: El mejor casimir es el inglés.
SUSANA: No, al poco tiempo de uso se le pone peludo.
GABRIEL: Cierto, le sale como una caspa. Un trompa que yo tuve me regaló un terno de casimir inglés. Al año ya le salía como una caspa. Lo tuve que venderlo....
GENDARME: El mejor casimir es el chileno: el Super Bellavista-Tomé....
RODRIGO: Pero esa huevada quebró.
GENDARME: Pero por culpa de los dueños, no del casimir.
ALEJANDRO: Todo el mundo está quebrado. Te creo que la cosa aquí está como las pelotas.
GENDARME: Bueno, la cosa económica, sí.
BASTIÁN: Pero usted ¿cómo está? ¿Usted se defiende?
GENDARME: Yo me defiendo porque mi mujer trabaja....
BASTIÁN: ¿En qué trabaja?
GENDARME: En la Casa Correccional de Mujeres.... No, pero figúrese que un cuñado mío se fue a Australia y al año ya se llevó a toda la familia y hasta auto tiene. Trabaja en un penal, allá....
RODRIGO: Oiga, jefe, parece que este trabajo le viene por familia a usted ... Y ¿qué tal el penal allá en Australia?
GENDARME: El penal es como las huifas. ¿No ve que los australianos son como los gringos: no saben organizar penales? Pero el sueldo es mucho mejor....
MIREYA: Aquí la plata no alcanza para nada.
RODRIGO: ¡Sí! ¡Estamos como el ajo! ¡Esto no da para más! etc.
GENDARME: ¡Silencio! Eso es política.... Prohibido hablar de política aquí... y de religión.
ALEJANDRO: (*Después de una pausita.*) Donde están mal es en China.
RODRIGO: Es que son tantos esos gallos.
SUSANA: ¡Y toditos iguales!
ANDREA: Los tiene jodidos el opio....
GABRIEL: Son muy viciosos....
SUSANA: Más vicioso es el inglés.

Bastián: Esos se casan entre ellos.
Gendarme: Y económicamente están jodidos por el fracaso del Mercado Común.
Alejandro: Es que la integración es como las huifas. ¿No ve que no permite las ventajas comparativas?
Gendarme: Justo. Por eso fue bueno salirse del Pacto Andino.
Susana: Y no podíamos ser socios de esos gallos si son puros indios. Esos gallos están jodidos por los indios.
Rodrigo: Por suerte aquí no le trabajamos al indio. No tenemos ni un indio.
Andrea: Ni negros....
Bastián: Ni judíos.
Susana: Judíos hay.... El gobierno pasado eran puros judíos....
Gabriel: Cierto.... Vuskovic, por ejemplo....
Alejandro: Pero ése es yugoslavo....
Susana: Judío-yugoslavo... si judíos hay en todas partes...
Gendarme: Pero son buenos para la guerra, en seis días les sacaron la cresta a los turcos en el oriente extremo.
Alejandro: Pero los alemanes le sacaron la cresta a ellos....
Varios: No va a comparar.... Los alemanes son otra cosa.... Esos son campeones, etc...
Susana: A propósito, jefe ¿y cómo estamos nosotros?
Gendarme: Como para qué, dice usted.
Susana: Para la guerra con los argentinos....
Gendarme: Los tenemos jodidos.
Andrea: Porque no le tienen amor a su tierra.
Gendarme: Por eso y por las armas.
Rodrigo: A mí me ponen la bandera y yo meto bayoneta....
Gendarme: Nosotros tenemos mucho mejores armas....
Gabriel: ¿Los Mirage, dice usted?
Gendarme: Los Mirage son pura pantalla... son los dos mil aviones que están debajo de la tierra, escondidos... el Mirage no es un buen avión....
Bastián: Y ¿dónde están, jefe?
Gendarme: Yo sé, pero no se lo puedo decir, porque es secreto.
Alejandro: ¿Y el porta aviones? Ellos tienen portaviones.
Gendarme: Me cago de la risa del portaviones....
Alejandro: ¿Por qué?
Gendarme: El portaviones tiene que salir del puerto ¿no es cierto?
Alejandro: Claro.

GENDARME: Porque adentro del puerto no sirve para nada ¿estamos?
ALEJANDRO: Sí.
GENDARME: Ya y ¿cómo sale del puerto si están todos los puertos bloqueados?
MIREYA: ¿Cómo, bloqueados?
GENDARME: Bloqueado, bloqueado o usted cree que para qué están los 25 submarinos atómicos que tenemos... les bloqueamos todos los puertos....
MIREYA: ¿25?
GENDARME: Claro que usted no los ve porque no salen a la superficie. Desde que llegaron están debajo del agua y llegaron debajo del agua, también. ¿Sabe cuánto puede estar un submarino atómico debajo del agua?... 10 años. (*Gritos de admiración.*)
RODRIGO: Jodida la pega para el que los maneja....
GENDARME: Jodida.... En seguida por la cordillera no pueden hacer nada, porque la cordillera está llena de misiles tierra-tierra, tierra-aire.... Cualquier cuestión rara en la cordillera y Buenos Aires queda hecho mierda en un ratito.
SUSANA: ¿Buenos Aires? ¿tan lejos?.... No pueden llegar tan lejos.
GENDARME: Es un misil dotado de un motor de más de mil caballos, cada uno.
ALEJANDRO: ¿Mil caballos?.... Pero esos son más que los del Ejército Libertador.
GENDARME: Sí, pero éstos van por el aire.
BASTIÁN: Y ¿dónde están?
GENDARME: En toda la cordillera. Toda la cordillera es una peineta de misiles.... Ahora yo no le puedo decir dónde están exactamente....
BASTIÁN: ¿Pero, usted sabe?
GENDARME: Sí sé, pero es un secreto.
BASTIÁN: Puchas que sabe hartas cosas usted. ¿Me convida otro cigarrito?
GENDARME: Cómo no....
RODRIGO: ¡A mí me ponen la bandera y yo meto bayoneta...!
GENDARME: A propósito, yo venía a darle unas instrucciones.... ¡Formar! (*Forman.*) Desde mañana, instrucción para la guerra....
SUSANA: ¿Qué guerra?
GENDARME: ¿Cómo que qué guerra...?
RODRIGO: Con Argentina, pués, pajarón....
SUSANA: Yo no voy a ninguna guerra....
BASTIÁN: Tenís que ir, todos tienen obligación.
ANDREA: Qué obligación, qué obligación....
GABRIEL: Obligación ¿o no soy chileno tú?
ANDREA: Soy chileno, pero no me gusta que me caguen....

MIREYA: A mí tampoco....
GENDARME: ¡Silencio! En primer lugar, cambio de horario. Levantada a las cinco de la mañana y trote hasta las once. De 11 a 3, punta y codo.
SUSANA: ¿Que nos van a enseñar a bailar cueca?
RODRIGO: No es punta y taco, saco de huevas....
SUSANA: Y eso fue lo que dijo.
RODRIGO: Punta y codo....
BASTIÁN: Y codo....
SUSANA: Bueno, pero no me grites.
MIREYA: ¿Y qué es esa lesera de punta y codo?
GABRIEL: Esto ¿ves? Tienes que andar así. (*Lo demuestra.*)
MIREYA: No, eso no puedo hacerlo yo.
GENDARME: Aprende.
MIREYA: ¿Y para qué voy a estar aprendiendo leseras?
RODRIGO: Y tú creís que la guerra es como andar por el paseo Ahumada? Tenís que andar escondido.
SUSANA: ¿Y para qué andar tonteando? ¿Que no tienen los misiles de mil caballos?
GABRIEL: ¿Y tú crees que esos misiles los regalan? ¿Que los van a andar tirando a cada rato? No, si son más caros que la mierda.
SUSANA: ¿Y qué? ¿Los tienen de adorno?
BASTIÁN: Es para casos de extrema necesidad.... Si vos no tienes idea de táxtica (*sic*).
SUSANA: De dónde saliste, zorro del desierto.
BASTIÁN: Cállate, argentino.
GENDARME: ¡Silencio!
ALEJANDRO: ¿Me permite una palabrita?
GENDARME: Adelante ...
ALEJANDRO: Con todo respeto, usted dijo que de 5 a 11....
GENDARME: Trote.
ALEJANDRO: Eso de 11 a 3....
GENDARME: Punta y codo.
ALEJANDRO: Esa cuestión. Ahora, me podría decir con todo respeto ¿a qué horas puta vamos a almorzar?
GENDARME: Sobrevivencia.
MIREYA: ¿Qué es eso?
GENDARME: No se les dará alimento y tendrán que alimentarse con los bichos que pillen por aquí.

Andrea: No, yo no aguanto.
Susana: ¡Hagamos huelga de hambre!
Rodrigo: Tienen que aprender, hay que aprender....
Gendarme: Además, sirve para que limpien todo esto....
Susana: Hagamos huelga de hambre.
Alejandro: No, yo no hago ni una lesera.
Mireya: Tienen obligación de alimentarnos.
Gendarme: ¡Silencio! ¿Está claro? (*A uno.*) Usted queda a cargo de la instrucción. (*Sale.*)
Bastián: Ya, ¡formar!
Alejandro: Yo no voy....
Rodrigo: ¿Cómo que no? Tenís que ir....
Alejandro: ¡Yo no voy a ninguna parte! ¿y sabes por qué?
Rodrigo: ¿Por qué?
Alejandro: Porque nosotros somos la reserva espiritual del país.
Gabriel: Ay, reserva espiritual, pucha que soy poco patriota, maricón.
Alejandro: ¿A quién le vienes a decir maricón, concha de tu madre? (*Se pelean todos. Oscuro. Por debajo de dos biombos se ven las piernas desnudas de dos personas que están sentadas en sendos pisos. Las piernas no les llegan al suelo. Dos personas a las que sólo se les ven las piernas, se pasean alrededor de las anteriores.*)
Aseador 2: ¿Dos por cuatro?
Sentado: (*Con voz casi inaudible.*) 16.
Aseador 2: ¿Dos por cuatro?
Sentado: 14.
Aseador 1: ¿Dos por cuatro?
Sentado: 20.
Aseador 1: Dos por cuatro.
Aseador 2: ¡Dos por cuatro!
Aseador 1: ¡Dos por cuatro!
Aseador 2: ¡Dos por cuatro! (*Los paseadores sacan a los sentados y sus respectivos asientos. La orquesta hace una pasada. Entra el anunciador.*)
Anunciador: Señoras y señores, es motivo de orgullo para nosotros presentar a los artistas que dentro de un instante estarán con ustedes. Son dos jóvenes artistas chilenos. Estamos acostumbrados a aplaudir lo que viene del extranjero y olvidamos a menudo lo que tenemos en casa. Son dos humoristas nuestros y es famoso en todo el mundo el humor y la gracia de nuestra gente. Son dos humoristas que nos llegan de Llo-Lleo, triunfadores del Festival

del poroto de Quinta Tilcoco y del Festival del empolvado de La Ligua....
Recién llegados a Santiago, vía Sol del Pacífico, aquí están "Los Llolleanos."

Hombre 1: Hola.

Hombre 2: Hola.

Hombre 1: ¿Qué te sucede que te veo tan triste?

Hombre 2: Estoy muy triste, muy preocupado, porque los padres ya no quieren a sus hijos.

Hombre 1: ¿Cómo puedes decir eso? Los padres adoran a sus hijos.

Hombre 2: Te equivocas. Fíjate que el otro día estuve donde la señora María y estaba bañando a su criatura tomándola de las orejitas. Y le digo ¡pero señora! ¿cómo se le ocurre bañar al niño tomado de las orejas? ¿Y sabes lo que me contestó?

Hombre 1: No, ¿qué te contestó?

Hombre 2: ¿Y qué? ¿Quiere que me queme?

Hombre 1: Es verdad, ahora que tú lo dices me acuerdo que el otro día donde la señora Eulalia ocurrió algo parecido. Llegó su hija a donde estábamos. Linda la niñita. Y le preguntó: Mamá, dime ¿cómo me queda el vestido nuevo? Y la señora le dijo: Muy bien, m'hijita y ni se nota la silla de ruedas.... Figúrate.

Hombre 2: Es terrible. El otro día fui a ver a don Pedro y me encuentro con el hijo dando vueltas sobre un pie, así, y diciéndole: Papá ¿puedo salir a jugar afuera? ¿puedo salir a jugar afuera? ¿Y sabes qué le ha dicho el padre?

Hombre 1: No ¿qué le dijo?

Hombre 2: No moleste más m'hijito, o le clavo el otro pie.

Hombre 1: ¡Qué terrible!

Hombre 2: Terrible.

Hombre 1: Es que los niños son bien tontos, también.

Hombre 2: Eso es verdad. Los niños son harto tontos.

Hombre 1: Fíjate que a la fiambrería del barrio llega siempre un cabro tonto a comprar jamón. Deme sesenta pesos de jamón. El fiambrero se lo corta y el cabro le pregunta ¿cuánto es? Sesenta pesos. Al otro día la misma cosa. Deme sesenta pesos de jamón. Se lo cortan y pregunta ¿cuánto es? Sesenta pesos le dice el fiambrero.

Hombre 2: Lógico.

Hombre 1: Llega el otro día y dice: Déme ochenta pesos de jamón. El fiambrero se lo corta y el cabro pregunta ¿Cuánto es? Ochenta pesos. Ah – dice el cabro – ¿subió el jamón?

Hombre 2: Qué idiota más grande.... Casi tan tonto como el cabro de un amigo mío. Voy a verlo el otro día, y me sale el chiquillo a abrir la puerta. Le pregunto ¿está tu papá?.... No, no está. Ah, ¿salió?.... ¿Para dónde?

Hombre 1: Mira que tipo tan tonto.

Hombre 2: Tonto, pero tonto a la vela.

Hombre 1: Oye, es que eso es una muestra de la decadencia de occidente. No hay nada que hacer.

Hombre 2: Tienes toda la razón, oye, hay mucha decadencia.

Hombre 1: Si hasta las profesiones están en decadencia. Hasta la profesión de médico que es la más honorable de todas, está en decadencia.

Hombre 2: Eso es verdad, oye. Fíjate que un amigo mío, diez años de matrimonio y no podía tener hijos. Desesperado va al médico y éste le receta que se dé todos los días un baño de leche. Así es que se dio los baños y a los tres meses ¡zaz! que la señora queda esperando. Feliz el tipo, pues, con una risa de oreja a oreja. A los nueve meses se va a la maternidad y ahí estaba el doctor entregando las guaguas. ¿De quién es esta guagua? Sale un señor por allá que dice "mía." ¿De quién es esta guagua? Y otro señor. Y cuando le toca el turno a él y el médico pregunta ¿De quién es este quesillo?

Hombre 1: Qué doloroso para tu amigo, oye. Me recuerda el caso de un tío mío que perdió el brazo en una silla eléctrica. Va donde el médico para que se lo pegue, pero le cobraba 30.000 dólares por la operación.

Hombre 2: ¡30.000 dólares, pero qué robo más grande!

Hombre 1: Por suerte encontró a otro que se lo pegó por 300. Le quedó perfecto el brazo y un día se encuentra con el que le cobraba los 30.000 y le grita con toda la rabia: Doctor, ¿sabe lo que hago con sus 30.000 dólares? Esto (*Hace un gesto insultante con el brazo, que se le sale volando.*)

Hombre 2: Es que lo barato cuesta caro....

Hombre 1: Tienes toda la razón, y las apariencias engañan.

Hombre 2: Eso sí que es cierto, las apariencias engañan.... Figúrate tú que un tío mío se perdió en la selva del Amazonas. Completamente perdido y de repente se encuentra con dos letreros. Uno que decía Caníbales Carnívoros y el otro, Caníbales Vegetarianos. Nada de tonto, cortó por los caníbales vegetarianos ...

Hombre 1: No sabía que existieran caníbales vegetarianos....

Hombre 2: Fue una sorpresa para él, pero existen....

Hombre 1: Pero si no comen carne, no se comieron a tu tío.

Hombre 2: Tanto como comérselo entero, no. Le comieron nada más que la "planta" del pié, la "palma" de la mano....

Hombre 1: ¿Y qué más?
Hombre 2: Y los dos cocos. (*Saludan y salen. Oscuro. Luz a la derecha. Algunas personas de pie. Otras arrodilladas.*)
Voz en Off: En nombre del Padre, del Hijo y del Espíritu Santo.
Todos: ¡Amén!
Afuera se escuchan gritos. Entran todos. Traen a alguien herido. Caen maderas al interior. Gritos de miedo. Por encima del primer bastidor central, aparece Drácula. Cantan entre todos el Brindis de La Traviata. Drácula se deja caer al interior. Arrancan todos despavoridos. Drácula y el cuerpo de baile hacen un número bailado. Termina el número. Oscuro. Luz sobre la izquierda. Hay un grupo de personas inmóviles, esperando. Un letrero anuncia: No hay vacantes. Dos parejas y dos hombres solos. Están de pie salvo uno que permanece sentado. La inmovilidad es total y dura un buen rato. El que estaba sentado se desplaza y saca una cartilla de Polla Gol. Otro, se le acerca.
Hombre 1: Local.
Hombre 2: Visita.
Hombre 1: Empate.
Hombre 2: Juéguela triple y la jugamos entre todos.
Todos aceptan y comienzan a rebuscarse dinero en los bolsillos. Una persona entra con una radio puesta a todo volumen y se pierde por otro lado. Las dos mujeres se han ubicado en un rincón y cuchichean algunas historias, referidas, aparentemente, a enfermedades. No se escucha lo que hablan. Los cuatro hombres se colocan, esperando, en una fila india. Uno de ellos se aburre antes y sale.
Hombre 1: (*Al salir.*) Hasta mañana.
Hombre 2: Hasta mañana.
Hombre 1: (*Luego de una espera.*) ¡Ya! ¿vamos? (*Sale llevándose a su mujer.*)
Hombre 2: Esperemos un ratito más.
Hombre 1: Vamos, vamos. (*Salen. A lo lejos se escucha el ladrido de un perro. El hombre cuatro sale. Su mujer sale detrás de él.*)
Mujer: (*Mientras va saliendo.*) Hasta mañana. (*El hombre tres se pone de pie y comienza, lentamente, su mutis. El ladrido del perro aumenta.*)
Hombre 1: (*Girándose con mucha violencia.*) ¡Cállate, quiltro de mierda! (*Sale.*)
Entran tres mujeres con sendas estrellitas de fuegos artificiales y permanecen inmóviles hasta que el fuego se extingue. La orquesta toca una canción. Entran bastidores que "bailan" manipulados por actores. Sobre los bastidores, pintados, hay pollos, carne, tarros de diversas clases, sacos de harina, azúcar, Nescafé, etc. Hay un letrero que dice: "Hoy inauguración. Jumbo." Fin del baile. Luz a la derecha. Hay una pareja de jóvenes sentados.

BASTIÁN: ¿Qué hora es?
ANDREA: Las tres.
BASTIÁN: ¿A quién invitaste?
ANDREA: A Rodrigo y la Mireya.
BASTIÁN: Fijo que el Gabriel se cuela. (*Aparece por el otro lado Gabriel. Toca el timbre.*)
ANDREA: (*Grita.*) Que vaya a abrir la Gloria. (*No hay respuesta.*)
BASTIÁN: Vaya usted.
ANDREA: (*Yendo a la puerta.*) ¿Por qué tengo que abrir yo? La Gloria está para eso.
GABRIEL: Hola.
ANDREA: Hola.... Cierra la puerta. (*Andrea y Bastián se hacen gestos de aburrimiento. Entra Gabriel.*)
BASTIÁN: Hola, compadre.
GABRIEL: Hola. (*Se saludan efusivamente.*) Puchas que hace calor afuera ... un horno....
BASTIÁN: Oye, ¿hiciste la tarea sobre el estructural funcionalismo?....
GABRIEL: Sí, más complicada la cuestión....
BASTIÁN: Oye, préstamela para copiarla....
GABRIEL: Se la presté ayer a la Claudia....
BASTIÁN: Pucha....
ANDREA: Oye, no hablen más de la escuela ¿ya? (*Timbre.*)
BASTIÁN: Vaya a abrir, mi amor....
ANDREA: Oye, Gabriel, ¿por qué no vas a abrir? Deben ser Rodrigo y la Mireya. (*Gabriel va a abrir. Se saludan. La pareja entra antes que él y le ocupa el lugar en donde estaba. Se ve obligado a sentarse en un pisito alto.*)
BASTIÁN: ¿Hiciste la tarea sobre el estructural funcionalismo?
RODRIGO: No, lo que hice fue sobre el Macluhanismo... no es tan difícil.
GABRIEL: ¿Cómo que no? ¡Super complicado!
ANDREA: Es complicado... o sea, lo que pasa es que yo no estoy de acuerdo con ese gallo.
GABRIEL: Es que MacLuhan tiene su onda así....
ANDREA: Tan separaditos que se sientan ¿están peleados?
MIREYA: Sí, si se lo pasa durmiendo....
RODRIGO: ¿Y qué quieres si a mí me gusta dormir, además, me hace falta?
MIREYA: Sí, ya pareces viejo, ni que tuvieras ochenta años, oye.
BASTIÁN: Bueno, ¿qué hacemos?
RODRIGO: Vamos a los flipper.

ANDREA: ¿Con este calor? No. Además, está lleno....
GABRIEL: Oye, Andrea, tienes algo para tomar....
ANDREA: No....
BASTIÁN: Queda un concho de bebida del almuerzo.
RODRIGO: Tráeme....
MIREYA: El que pide se para, oye....
RODRIGO: Pucha la mina pesada, oh....
GABRIEL: Yo voy....
BASTIÁN: En la cocina.
ANDREA: No vayas a despertar a mi mamá.
GABRIEL: No....
MIREYA: Yo también quiero. (*Gabriel regresa con una botella y dos vasos. Los sirve y uno lo toma. Mireya y el otro Andrea. Gabriel mira lo que queda en la botella.*)
GABRIEL: Pucha, no me dejaron nada. (*Regresa a su piso.*)
ANDREA: Gabriel, ¿andas en auto?
GABRIEL: Me lo llevó ayer la grúa.
BASTIÁN: A la otra te llevan a ti... ¿Tú crees que tu mamá me presta el auto?
ANDREA: ¿Estás loco? No se lo prestan ni a mi hermano.... Auto nuevo.
MIREYA: Oye, Andrea, ¡qué linda tu falda!
ANDREA: ¿Te gusta? La compré en el Dru Store, en la tienda de Paula Sobek....
MIREYA: Ah, es que ahí tienen puras cosas buenas.... Ahí me compré estos zapatos....
RODRIGO: Seis horas buscando los zapatitos....
GABRIEL: Se le gastan a uno.
BASTIÁN: Bueno, ¿qué hacemos?
MIREYA: Vamos a tomar helados.
ANDREA: Al Via Flaminia.
RODRIGO: ¿Cuánto te dura un helado? Diez minutos y, además que a la negra se le ocurre bañarlo como cuatro veces... que la capa de chocolate, que la crema, que la frutilla y por diez minutos, no... muy caro.
MIREYA: (*A gritos.*) Pucha que soy huevón, oye, yo te tengo que aguantar que veas cuatro horas de fútbol y que duermas todo el día y no eres capaz de comprarme un helado.
ANDREA: Oye no hablen tan fuerte que mi mamá está durmiendo.
RODRIGO: Ya, venga para acá. (*Se ponen a atracar. La otra pareja hace lo mismo.*)
GABRIEL: Ya, pues, no se pongan calugas.
BASTIÁN: Llamemos al Michel

A la Mary se le vio el Poppins   215

RODRIGO: No....
BASTIÁN: Pero si tiene auto... y en la casa tiene mesa de pool y órgano electrónico.... Tiene piscina....
RODRIGO: Ah, llámalo, llámalo....
BASTIÁN: (*Sale y regresa.*) No está, se fue a la playa....
ANDREA: Pucha que poco solidario....
BASTIÁN: Hagamos una vaquita y nos compramos una botella de whisky....
RODRIGO: No, tengo cuarenta pesos y tengo que ir a dejar a la negra y hoy es domingo, cuesta el doble, no....
GABRIEL: Además, cómo vas a estar tomando whisky a las tres de la tarde....
BASTIÁN: Vamos a ver "Regreso sin gloria."
RODRIGO: Ya la ví, e....
ANDREA: La ves de nuevo....
GABRIEL: No, esa película es para verla una sola vez, es demasiado cruda....
BASTIÁN: Vamos a ver otra....
GABRIEL: Oye, ¿por qué no vamos a ver una de esas pornográficas?
ANDREA: Ya te pusiste degenerado.
BASTIÁN: Parece que te andan faltando.
MIREYA: ¿Por qué no te llamas a la Claudia?
RODRIGO: Sí, pues, compadre, tres parejitas lo pasaríamos harto mejor.
GABRIEL: Se fue a la playa con la mamá.
BASTIÁN: Se fue a la playa con Michel. (*Risas.*)
ANDREA: ¿Qué hora es?
MIREYA: Las cuatro.
ANDREA: Vamos a Lo Curro.
ANDREA: ¿Con este calor?
GABRIEL: Vamos a Fantasilandia.
RODRIGO: No, a las siete juega la Unión con la Chile y ese partido no me lo pierdo. (*A Mireya pidiéndole el cigarrillo.*) Dame una pitiada.
MIREYA: ¿Por qué no te prendes uno, oye?
ANDREA: Oye, Mireya, acompáñame al baño. (*Salen las dos.*)
BASTIÁN: Oye, ¿por qué no te llamas a la Claudia?
RODRIGO: Está en la playa, ¿dónde has visto que las casas de la playa tengan teléfono?
RODRIGO: Pero ¿cómo va a ser la única mina que conoces?
GABRIEL: No es la única pero las otras, no sé, están ocupadas. (*Regresan las muchachas, riéndose.*)

BASTIÁN: (*Después de una pausa.*) ¿Se saben el chiste de Yango el cachero?
ANDREA: No cuente chiste, mi amor.
BASTIÁN: Vamos a ver "Regreso sin gloria."
RODRIGO: Pucha que es porfiado, te dije que ya la vi.
BASTIÁN: Vamos nosotros, entonces.
GABRIEL: Oye, no, se trata de hacer algo todos juntos, en grupo.
RODRIGO: ¿Qué hacemos?
BASTIÁN: ¿Y por qué tenemos que hacer algo? ¿Por qué no conversamos? Si nunca conversamos.
MIREYA: Ya, pongamos un tema.
RODRIGO: Simpre que se pone un tema nadie conversa, la cosa tiene que salir espontánea.
BASTIÁN: Bueno, no conversemos nada entonces. (*Se pone a atracar. La otra pareja hace lo mismo.*)
GABRIEL: Bueno, ya, pero conversemos....
BASTIÁN: Ya, conversemos, conversemos....
ANDREA: ¿De qué?
GABRIEL: De Freud.
ANDREA: Freud.
MIREYA: Freud.
BASTIÁN: (*Después de un rato.*) ¿Les conté el sueño que tuve el otro día?
RODRIGO: No cuentes sueños lateros.
MIREYA: Oye, Andrea, el otro día fui a una adivina.
RODRIGO: ¿Qué tiene que ver la adivina con Freud? Nada que ver. Estamos hablando de Freud.
BASTIÁN: Bueno, hablemos de Levi Strauss, entonces....
MIREYA: Eso sirve para puras discusiones, no más.
ANDREA: Oye, Mireya, ¿acompáñame a la cocina? (*Salen.*)
BASTIÁN: Oye, juguemos un poker....
RODRIGO: En ese caso, juguemos una canasta.
BASTIÁN: Pero ése es un juego de vieja....
GABRIEL: Esa cuestión la jugaba mi abuelita....
BASTIÁN: Y hacemos una vaquita para comprar un whisky.
RODRIGO: Tú sabes que yo no tomo whisky.
GABRIEL: Fumémonos un pito.
RODRIGO: Yo no fumo pitos.
GABRIEL: ¿Y qué hacís huevón?

RODRIGO: Lo que vos no haces.
GABRIEL: Ah, porque estoy solo.
RODRIGO: Es que te lo llevas solo.
BASTIÁN: ¿A qué hora es el partido?
RODRIGO: A las siete.
ANDREA: (*Desde afuera.*) Bastián, mi amor, mi amor, venga. (*Bastián sale.*)
MIREYA: (*Desde afuera.*) Rodrigo, ven.
RODRIGO: (*Saliendo, a Gabriel.*) Te quieren cagar.... Te dije que vinieras con la Claudia. (*Se escuchan las risas de los que están afuera. Entran, aguantándola.*)
GABRIEL: Bueno, yo.
BASTIÁN: ¿Te vas?
ANDREA: No te vayas....
RODRIGO: ¿Para qué te vas a ir?
MIREYA: Bueno, si tienes algo que hacer....
RODRIGO: Chao, compadre.
GABRIEL: Sí, es que un amigo está enfermo y quedé de ir a verlo....
RODRIGO: Ya, mándale saludos.
GABRIEL: Chao.
BASTIÁN: ¿Te acompaño a la puerta?
GABRIEL: No, no vale la pena. (*Sale. Las dos parejas se quedan riéndose y luego deriva en un atraque. Oscuro. Entra el Anunciador.*)
ANUNCIADOR: Señoras y señores, quiero presentarles algo excepcional. Son artistas de categoría, de ésas a las que no hay que hacerles historia, porque son de sobra conocidas por todos. Nada hay que decir de ellas, no necesitan que se digan nada. Basta nombrarlas y decir que son primeras figuras de Tenochtitlán de Ciudad de México, estrellas del cine argentino y del cine azteca, que han sido aplaudidas en el Bolívar de Caracas, el Carabobo de Bogotá, en el Torrijos de Panamá, en el Freitas de Río de Janeiro, en el Oriental Artigas de Montevideo, en el Sucre de La Paz, en el Ongolmo de Concepción y hasta han triunfado en el gran país del norte. Cruzaron el río Bravo y recibieron el éxito y el cariño del público de Nicolás II de Alaska y del Lee Harvey Oswald de Nueva York y Dallas. No voy a decirles, porque son de sobra conocidas por todos, las dolorosas circunstancias que le impidieron recibir el espaldarazo del Tropicana de La Habana, Cuba y de Anastasio de Managua. No nos corresponde a nosotros otra cosa que admirarlas. Son artistas hasta la médula de los huesos. Hoy están con nosotros. Hoy esta revista se viste de gala para recibir con admiración y el cariño que ellas se

merecen, directamente desde el Goyescas de Buenos Aires, "Las Mellizas del tango."

Entran las "Mellizas del tango" y cantan "Caminito." Saludan. Oscuro. Una persona, al centro del escenario. Otra, con una proyectora con la que proyecta, sobre la cara de la primera la fotografía de Pablo Neruda. Recita "Farewell." Oscuro. La orquesta inicia "Bajo los puentes de Paris." La música aumenta de volumen y de ritmo. Sobre la izquierda, entra la luz. Hay un mesón y un mozo lo más francés posible que hace el aseo. Entran Alejandro y Andrea y se sientan al mesón. Cesa la música.

ALEJANDRO: Yo no voy más, no voy más a dejar a Carlitos.
ANDREA: Pero si es tan chico.
ALEJANDRO: Ya tiene nueve años. Todos los chicos franceses se van solos a la escuela.
ANDREA: Pero él es chileno.
MOZO: (*Habla en francés aunque todo está escrito en castellano*) ¿Qué desean?
ALEJANDRO: Café.
MOZO: ¿Grande, chico, con leche, con crema, express?
ALEJANDRO: Express....
MOZO: Dos express, dos....
ANDREA: Yo quiero con leche....
ALEJANDRO: Oiga, no, no dos cafés con leche....
MOZO: ¿Cómo?
ALEJANDRO: Café con leche... le-che... le....
MOZO: Ah, leche.... Anule el pedido. (*Hace los cafés.*)
ANDREA: (*Refiriéndose a los croissants.*) Pásame una rosquita. (*Él se la pasa y ella se la empieza a comer.*)
ALEJANDRO: Pásate un huevo. (*Ella pasa un huevo duro. En ese momento el mozo se gira y él está obligado a echarse el huevo entero a la boca.*)
ANDREA: Ya no está nunca con nosotros.
ALEJANDRO: ¿Quién?
ANDREA: ¡El niño! Ya no le gusta ni la cazuela.
ALEJANDRO: Pero si la comida francesa es mucho mejor.
ANDREA: Se le está olvidando todo lo chileno. Ligerito se le va a olvidar hasta el castellano.
ALEJANDRO: Bueno, pero si estamos en Francia....
ANDREA: Ah, ¿que tú te piensas quedar aquí para siempre?
ALEJANDRO: No sé.

ANDREA: Páseme una rosquita. (*Se la pasa. Ella se la guarda.*)
ALEJANDRO: Además, estamos en Francia, hay que vivir como franceses.
ANDREA: Lo que pasa es que tú eres un irresponsable.
ALEJANDRO: ¡Cómo irresponsable! ¡Pásame un huevo! ¿Por qué irresponsable?
ANDREA: Muy bonito el ejemplo que le estás dando a tu hijo. (*El mozo se lleva los croissants.*) ¡Pucha, se llevó las rosquitas! ¡Ni siquiera tienes trabajo!
ALEJANDRO: No he conseguido porque soy independiente.
ANDREA: Te dije, te dije que te metieras a algún partido.
ALEJANDRO: No me gusta ningún partido.
ANDREA: Pero es la única manera de conseguir trabajo.
ALEJANDRO: Mire, m'hijita, yo nunca he necesitado ponerme ninguna camiseta de ningún color para conseguir trabajo. Yo siempre he defendido mi independencia.
ANDREA: Muy independiente estarás, pero igual estamos cagados.
MOZO: (*Regresa con los croissants.*) ¿Desean croissants?
ALEJANDRO: No, no, gracias. (*El mozo los deja donde estaban en un comienzo.*)
ANDREA: Mira, qué ricos esos pancitos que está comiendo la señora, parecen Barros Jarpa.... Pregúntale cómo se llaman.
ALEJANDRO: No, ¿estás loca?
ANDREA: Le pregunto yo, entonces....
ALEJANDRO: No, no déjame a mí. (*A la imaginaria señora.*) Perdón, madame, ¿cómo se llama eso que está comiendo? Eso, eso que está comiendo. ¿Cómo se llama?.... ¿Cómo? Cro, cro... cromesié.... Gracias.... (*A Andrea.*) Cromesié.
ANDREA: ¡Merci! (*A Alejandro.*) Se dice merci.
ALEJANDRO: (*A la señora.*) Merci.
ANDREA: Llámate al mozo.
ALEJANDRO: Eh, jefe... socio... garzón.
MOZO: Sí....
ALEJANDRO: Cromesié.
MOZO: (*No entiende.*) ¿Cómo?
ALEJANDRO: Cromesié.
ANDREA: (*Pronunciando lo mejor posible.*) Cromesié, cromesié....
MOZO: (*La remeda.*) Cromesié, cromesié... no entiendo. Ah, estos extranjeros no saben hablar.... Bueno ¿qué desea, entonces?
ALEJANDRO: Cromesié. (*Indica.*) Eso, eso.
MOZO: (*Se ríe y hace burla.*) Cromesié... no... fíjese bien (*Pronuncia como haciendo clases.*) croque monsieur, croque monsieur....

ALEJANDRO: Bueno, eso, ¡putas el huevón pesado!... ¿Cuánto vale? (*Hace gesto con los dedos.*)
MOZO: (*Sacando las cuentas.*) 15... 18 francos todo incluído.
ALEJANDRO: ¿Cuánto?
MOZO: 18 (*Señala con las manos y dedos*) Vamos a volver a la escuela... éstas son cinco y cinco hacen diez y cinco, quince y tres, 18, 18 francos.
ANDREA: No nos alcanza.
ALEJANDRO: (*Al mozo.*) No, no, merci....
MOZO: Ah ¿y a usted le gusta hacerme perder el tiempo o qué?
ALEJANDRO: Merci, merci (*A Andrea.*) Putas la huevada cara.
ANDREA: Pásame otra rosquita.
MOZO: Croque monsieur....
ALEJANDRO: Pásame un huevo. (*Le hace un gesto insultante al mozo.*) ¿Tienes el mapa del metro?
ANDREA: Sí. (*Lo saca.*)
ALEJANDRO: Tengo que ir a sacar esos papeles.
ANDREA: ¿Qué estación es?
ALEJANDRO: Cité. (*Andrea busca.*) Teniendo esos papeles tengo trabajo al tiro....
ANDREA: Aquí está.... Cité.... Estamos aquí: Montparnasse, o sea, te bajas en Chatelet y ahí tomas a Marie D'Ivry y ahí llegas a Cité.
ALEJANDRO: ¿A ver? Ah, Montparnasse, Chatelet, Marie D'Ivry, Cité, ¡clarísimo!
ANDREA: Yo tengo que ir al Comité.
ALEJANDRO: Espérame aquí.
ANDREA: Ya.... Ah, cáchate, tengo metro directo, me bajo en Odeón y listo....
ALEJANDRO: Bueno, vamos.... Garzón ¿cuánto es?
MOZO: ¿Quiere pagar? Son dos café con leche.
ALEJANDRO: Sí, son dos café con leche y un huevo.
MOZO: (*Hace su cuenta.*) Son 19 francos, todo incluído.
ALEJANDRO: ¿Cuánto?
MOZO: Oh, la, la otra vez. Saque el dinero, saque el dinero. (*Alejandro lo saca y el mozo se cobra y le da el vuelto*) Se dice merci.
ALEJANDRO: Merci. (*Se van, pero antes de salir se roban un salero. Oscuro. Se encienden las luces interiores. Alejandro va de una ventanilla a la otra haciendo las preguntas pertinentes.*)
ALEJANDRO: ¿Carta de trabajo?
BURÓCRATA: (*Habla medio en francés medio en español, aunque todo esté escrito en español.*) Ah, carta de trabajo, pero primero tiene que tener la carta de estadía y en seguida yo le doy la carta de trabajo.

ALEJANDRO: (*En la otra ventanilla.*) Carta de estadía.
BURÓCRATA: Para tener la carta de estadía tiene que tener primero la carta de trabajo.
ALEJANDRO: Pero es que allá me dijeron que....
BURÓCRATA: No, usted tiene que tener primero la carta de trabajo....
ALEJANDRO: (*En la ventanilla primera.*) ¿Carta de trabajo?
BURÓCRATA: Pero, ¿retiró su permiso de estadía?
ALEJANDRO: No, es que me dijo....
BURÓCRATA: Sin permiso de estadía no puedo darle carta de trabajo....
ALEJANDRO: Pero es....
BURÓCRATA: Vaya a retirarlo entonces. (*Alejandro hace el gesto propio del que abandona un empeño. Oscuro. Luz a centro. Es el Comité. Al llegar Andrea hay una mujer que se pinta y arregla la cara. Andrea se sienta.*)
MUJER: Bon jour.
ANDREA: Buenos días.
MUJER: (*Sigue en perfecto chileno.*) ¿Para qué vienes al Comité?
ANDREA: Por un trabajo.
MUJER: ¿No tienes trabajo?
ANDREA: No.
MUJER: ¿Por qué?
ANDREA: Es que acabo de llegar.
MUJER: ¿Hace cuánto tiempo que llegaste?
ANDREA: Hace tres meses.
MUJER: ¿Y en tres meses no has encontrado nada?
ANDREA: No.
MUJER: ¿Y por qué?
ANDREA: Es que no he encontrado.
MUJER: ¿Y tus amigos no te han ayudado?
ANDREA: ¿Qué amigos?
MUJER: Ah, ¿que tú no tienes amigos?
ANDREA: Sí, algunos amigos tengo.
MUJER: ¿De qué lado?
ANDREA: Bueno, chilenos.
MUJER: Pero hay muchas clases de chilenos. ¿Para qué lado chuteas tú?
ANDREA: Bueno, para la izquierda.
MUJER: Para la izquierda izquierda; para la izquierda derecha, o para la izquierda centro.

ANDREA: Para la izquierda izquierda.
MUJER: ¿Qué? ¿Onda MIR?
ANDREA: No, no.
MUJER: MAPU Garretón, entonces....
ANDREA: No, no....
MUJER: Ah, ya, para el lado socialista....
ANDREA: Sí, más bien, sí.
MUJER: ¿De los helenos o de los guatones?
ANDREA: No sé.
MUJER: No me vas a decir que eres P.C. Bandera Roja.
ANDREA: No, no, eso no.
MUJER: Y ¿cómo entraste? ¿asilada?
ANDREA: No.
MUJER: Ah, ¿tienes pasaporte entonces?
ANDREA: Sí,... en realidad no... lo saqué aquí.
MUJER: ¿Viniste sola?
ANDREA: Sí, o sea no, con mi marido....
MUJER: ¿Y él tiene papeles?
ANDREA: No.
MUJER: Ah, ya.... ¿Y tú crees que aquí te van a conseguir trabajo?
ANDREA: Bueno, monsieur Rene me dijo....
MUJER: Ah, ya.... En realidad, estos comités no sirven para nada. El otro día François me decía que quería cerrarlos.
ANDREA: ¿François?
MUJER: Mitterand, pero yo le dije: mira, François, los comités no serán muy buenos, pero son mejores que nada....
ANDREA: Ah....
MUJER: Por suerte estaba ahí Simone de Beauvoir que me encontró toda la razón....
ANDREA: Menos mal....
MUJER: Y, entonces, Sartre dijo que iba a hacer un guión para una película sobre este tema....
ANDREA: Ah....
MUJER: Ives Montand estaba feliz y Costa se ofreció para dirigirla gratis.... ¿Tú conoces a Costa Gavras, no es cierto?
ANDREA: Sí, de nombre....

MUJER: Es que los intelectuales franceses son super solidarios, no como los políticos que ponen puras dificultades.... ¿Marchais, por ejemplo? puras dificultades.
ANDREA: ¡Qué terrible!
MUJER: Por eso yo te digo, vieja, me aburrieron los políticos, estoy hasta aquí de los políticos.... Assez de la politique, oye....
ANDREA: Sí, pues, en realidad....
MUJER: Tú ves el caso de los chilenos, llegan a Europa y se vuelven locos....
ANDREA; Eso sí que es cierto. Llegan aquí y muestran la ojota.... Yo conozco varios casos.
MUJER: ¿Quién, oye quién?
ANDREA: Peralta, por ejemplo, en cuanto llegó dejó botada a la mujer....
MUJER: Yo supe que se había puesto maricón....
ANDREA: Pero si eso es super corriente. Lo mismo le pasó a Godoy, y además, se robó toda la plata de los ayudistas.
MUJER: ¿Pero ese no fue el cara de haba?
ANDREA: Entre los dos... y ahora están viviendo juntos en San Marino....
MUJER: Y tú supiste lo de la Monique Ramos....
ANDREA: ¿Cuál? ¿la gorda con cara de chancho?
MUJER: No, ésa es la hermana.... Esa es una flaca, con cara de tísica, con el pelo muy teñido... una que imita a Melina Mercouri....
ANDREA: ¿Pero ésa no andaba con uno de los Quila...?
MUJER: Anduvo con él, pero ahora se fue a Orlando o a Chicago, no se sabe muy bien....
ANDREA: ¿Y con quién, oye?
MUJER: Con el doctor Fridmann... dijo que era libre para elegir....
ANDREA: Pero ésa está peor que los Riquelme que están trabajando para la Sureté....
MUJER: Ah, pero si no tenía idea que eran infiltrados....
ANDREA: Sí, ten cuidado, y corre la bola....
MUJER: ¡Es que hay que andar con cuidado! (*Entra Alejandro.*)
ALEJANDRO: ¡Hola!
ANDREA: Hola, ¿cómo te fue?
MUJER: Hola.
ALEJANDRO: Bien.... Mira lo que traje. (*Le pasa un diario.*)
ANDREA: Ah, que rico, El Mercurio.
MUJER: Ah, que rico el olor, igual que antes.

ANDREA: Sí, mira, mira, los remates, oye... mira ... Marticorena... todavía existe....
MUJER: A ver, ¿qué películas están dando?.... Ah, Tiburón, igual que aquí....
ANDREA: ¿Y el ICTUS?
MUJER: "Nadie sabe para quién se enoja." ¡Qué raro el nombre!
ANDREA: ¿Y la Católica? "El Burgués Gentilhombre," pucha, ¿qué será del gordo Núñez?
MUJER: Ah, el averiguador universal....' Oye ¿por qué no se vienen a comer a mi casa?
ALEJANDRO: No sé.
ANDREA: Ya, macanudo, ¿cuándo?
MUJER: Cualquiera de estos días.
ANDREA: Ya, pues.
MUJER: Les voy a hacer un guiso típico francés: la ratatoulle.... Tú tomas la cebolla y la picas finito y la dejas en reposo. Después tomas orégano y lo picas finito, finito y lo dejas en reposo junto con el perejil. Después tomas una babeza de ajo y la picas finito, finito y la dejas en reposo. Después le agregas tomate que lo picas....
ALEJANDRO: Finito, finito....
MUJER: Justo. En seguida tomas las berenjenas....
ALEJANDRO: Y las picas finito, finito.
MUJER: Justo. Después agregas los zapallitos....
ALEJANDRO: Y los picas finito, finito.
MUJER: Ah, ¿tú conocías la receta?
ALEJANDRO: No.
MUJER: ¿Y cómo adivinaste?... Bueno, los espero entonces, chao, me está esperando el director de Le Monde.
ANDREA Y ALEJANDRO: Chao.
ALEJANDRO: (*Luego que la mujer ha salido.*) ¿Quién es esta loca?
ANDREA: Una amiga.... Bien simpática.... ¿Cómo te fue?
ALEJANDRO: ¡Como las huevas!

Oscuro. Luego un foco cenital oscila al centro del escenario, y gira iluminando tanto el escenario – que está vacío – cuanto parte de la platea. Se apaga y al encenderse se adivina la figura de una persona cubierta con papeles de diario. Al encenderse vuelve a verse el escenario vacío. Oscuro. Al volver las luces se ven siete actores pegados cada uno a los bastidores centrales. Comienzan a moverse y hablan en forma uniformemente acelerada a la manera de un disco que va ganando velocidad y a la vez se va haciendo más inteligible. Hacen un desfile.

Desfile: ¡El pueblo, unido, jamás será vencido! (*Salen y entran en seguida por otro rompimiento.*)
Desfile: ¡No hay carne, huevón, no hay leche, huevón, ¿qué chucha es lo que pasa, huevón? (*Repiten el mismo mecanismo.*)
Desfile: (*En su nueva aparición.*) ¡El que no salta es momio!
Salen. Por encima de los bastidores aparecen diversos carteles que dicen: ¡Upelientos ladrones! ... ¡Momio, escucha, ándate a la ch ...! ... ¡Upelientos de m ... váyanse a Rusia! ... ¡No a la Guerra Civil! ... ¡Sí a la reforma agraria! ... ¡Muera la dictadura marxista! ... ¡Viva el Gobierno Popular! ...¡Abajo el gobierno inconstitucional! ...¡Respeto a la propiedad privada! ... ¡Sin transar, adelante con las tomas! ... ¡Cordón Vicuña Mackenna, presente! ... Comando Rolando Matus ... Comando Elmo Catalán ... Brigada Ramona Parra ... ¡Jakarta!... ¡Proteco, presente! Oscuro. Se enciende el lado derecho. Hay dos sillas, en una de las cuales, sentada una vieja. Hay una caja de embalaje. Entra un viejo con cosas para embalar.
Viejo: ¡Apúrate, apúrate que quedan muchas cosas por embalar todavía!.... (*La vieja no se mueve*) ¿Te vas a quedar sentada ahí para toda la vida? ¿No me vas a ayudar?
Vieja: No, no te voy a ayudar.
Viejo: Pero ¿qué bicho te picó? Nos están esperando en Marbella, tú sabes que nos están esperando en Marbella.
Vieja: Yo no voy.
Viejo: ¿Te vas a quedar aquí para que te maten?
Vieja: Sí, me matriculé en el Pedagógico.
Viejo: ¿Qué?
Vieja: Voy a estudiar historia. Toda mi vida he querido estudiar historia y ahora que lo puedo hacer, lo voy a hacer.
Viejo: ¡Pero te volviste loca! ¡Qué va a decir la Caquelita!
Vieja: La Caquelita se fue a España la semana pasada.
Viejo: De veras, pero queda Perico.
Vieja: Que se va en cuanto venda la casa.
Viejo: De veras, pero, pero... ¿no me vas a ayudar?
Vieja: ¿Y para qué despediste a las empleadas?
Viejo: ¿Y tú querías que se quedaran con todo? ¿Además quién va a comprar una casa ocupada? ¿Tú crees que la gente es tonta que va a comprar una casa ocupada?
Joven: (*Entrando.*) Buenas tardes, compañera.

Vieja: Buenas tardes, compañero.
Viejo: ¿Y quién es éste? ¿un extremista?
Vieja: Un compañero de la universidad. Uno de los mejores hijos del pueblo.
Joven: Bueno, compañera, vamos a estudiar ¿o usted también es de las que se arrancan?
Vieja: Yo me quedo, compañero. No me asustan las fuerzas del pueblo.
Joven: Así me gusta, compañera. Hay que avanzar....
Vieja: Sin transar.... Bueno, compañero, ¿por dónde comenzamos?
Joven: Por la Revolución Francesa, compañera.
Vieja: Correcto.
Viejo: Entre estos dos me van a matar y se van a quedar con todo. Y no tengo a quién recurrir. ¡Qué desgracia más grande es ser momio en un momento como éste!
Hijo: (*Entrando con una caja grande de cartón.*) Buenas tardes, papá. Buenas tardes, mamá. ¿Dónde puedo dejar esto? Esto es un caos.
Viejo: ¿Qué es eso?
Hijo: Papel confort.
Viejo: ¡Llévatelo, llévatelo! ¿Quieres que me maten por acaparador?
Hijo: Es que el garage está lleno.
Viejo: ¿Y el sótano?
Hijo: Ahí puse los tarros.
Viejo: ¿Y el altillo?
Hijo: Ahí dejé la harina.
Viejo: Llévatelo a tu casa, entonces.
Hijo: Está toda llena.
Viejo: En la bodega de la oficina.
Hijo: Repleta de arroz.... Lo voy a dejar aquí por mientras.
Viejo: No, no.
Hijo: Pero si esto es un caos.
Viejo: En caos, un caos, si ustedes hubieran votado por Alessandri, todo esto no habría pasado. Frei y todos ustedes son unos idiotas.
Hijo: Menos idiotas que el viejo gagá que llevaban ustedes.
Viejo: Mejor que ese loco de Tomic.
Hijo: Retrógrados, eso les pasa por retrógrados.
Viejo: ¡Kerensky!
Vieja: El problema es otro, compañero.
Viejo: Nadie es compañero tuyo, upestosa.

Vieja: Momio.
Viejo: Upelienta.
Vieja: Fascista.
Viejo: Van a ver cuando se dé vuelta la tortilla.
Vieja: El proceso es irreversible.
Joven: (*Cantando.*) Cómo se menea el momio en la batea....
Viejo: (*Pegándole con la caja.*) ¡Cállate, terrorista!
Joven: ¿A quién le dices terrorista, concha de tu madre?
Viejo: A mí no me vienes a sacar la madre, roto de mierda. (*El joven le mete los dedos en los ojos.*)
Vieja: ¡Déjalo, tranquilo! (*Pegándole al hijo.*) ¡Reformista de porquería!
Joven: No se deje provocar, compañera; sigamos estudiando. Quieren provocar para justificar el golpe.... No a la guerra civil.
Vieja: Me extraña que usted diga esas huevadas, compañero. Parece que el reformismo se esconde en todas partes.
Joven: Con esa posición usted favorece a la derecha.
Vieja: ¿Y qué querís? ¿Que me quede de brazos cruzados?
Joven: El extremismo, consciente o inconscientemente, favorece a la derecha, compañera.
Vieja: No sea calzonudo, compañero. Este es el único lenguaje que entienden. (*Saca un revólver y dispara.*)
Joven: Hay que eliminarlos como clase, no como individuos.
Vieja: Las clases las forman los individuos. (*Le da un karatazo. Dispara al viejo.*)
Viejo: ¡Cuidado, vieja loca!
Hijo: No le digas vieja loca a mi madre, madre hay una sola.
Viejo: Está loca de remate.
Hijo: El único loco eres tú que vendiste la casa en tres mil dólares.
Viejo: Preferible eso a que me la quiten como te va a pasar a ti por pelotudo.
Hijo: Yo sé lo que hago.
Viejo: Yo sé lo que hago, votando por el señor Allende, eso hicieron.
Hijo: Y tú, botando todo a precio de liquidación.
Niña: (*Muchacha bonita y elegante.*) Hace una hora que te espero, Nibaldo.
Hijo: ¿Y quién es ésta?
Viejo: La Secretaria de la Juventud Comunal del Partido.
Hijo: ¿De qué partido?
Viejo: Del Nacional, pues estúpido, de cuál iba a ser.
Vieja: ¿De qué?

Viejo: Del Nacional.
Vieja: ¿Del Nacional?
Viejo: Sí, no iba a ser del comunista.
Vieja: Lávate el hocico.
Niña: ¿Quién es esta vieja miracha?
Viejo: Mi señora.
Hijo: Mi madre.
Niña: Ah, chucha, la cagué.... Buenas tardes señora....
Vieja: ¿Y usted, para qué esperaba a este viejo momio?
Niña: Para los pasajes.
Vieja: ¿Qué pasajes?
Niña: Los pasajes a Madrid.... Nibaldo, a propósito, estaba pensando ...
Viejo: ¿Qué estaba pensando?.... Es muy inteligente....
Niña: Estaba pensando.
Viejo: ¿Qué cosa? ¿Ah, ah?
Niña: Qué suerte tan grande que todavía existe gente como Franco.
Viejo: Cherto, cherto, qué chuerte más grande, una chuerte achí de grande....
Vieja: ¿Y ésta también viaja?
Viejo: No, es decir, sí....
Vieja: ¿Sí o no?
Viejo: Sí, como secretaria, para ayudarme en todo lo que, en fin, se necesita.
Vieja: ¡Qué suerte tan grande, qué suerte tan grande sacarme por fin de encima a este viejo pesado! ¡Libre, por fin libre! (*Cae de rodillas.*) Libre como el sol cuando amanece, yo soy libre... os amo.
Joven: (*Cae de rodillas.*) Como el sol... os adoro.
Vieja: Vamos, compañero, vamos a estudiar, a reírnos, a gozar de la vida.
Niña: ¡Qué caos!
Vieja: ¡Váyanse, váyanse de una vez por todas y para siempre! ¡Váyanse con sus 3.000 dólares y todas sus demás porquerías! ¡No los necesitamos!
Niña: ¿Vamos Nibaldo?
Viejo: Sí, vamos... ustedes púdranse en este rincón inmundo y marxista. Nosotros nos vamos donde nos corresponde, a un país europeo, culto, rico....
Joven: Y nazi....
Hijo: Yo no diría tanto. ¿No ve que todos los extremos son malos? Bueno, chao papi; chao, mami.
Vieja: (*Agarrando una escoba.*) Ya, salgan, salgan.
Niña: Vamos, Nibaldo.

VIEJO: Sí, vamos.... Hasta luego, vieja... puta. (*La vieja los corretea a escobazos. Salen. Vieja y Joven se ríen.*) Ya, a estudiar, a estudiar....
JOVEN: Sí, la Revolución Francesa....

Oscuro. Entra una cantante que interpreta "Help, ayúdame" de Tormenta. El ballet la acompaña a la manera de "Música Libre." Salen. Entran bailando ruso varios bailarines y una solista. Silencio. Cruza el escenario un tanque de juguete con bandera rusa y estrella roja.

Entra un actor y coloca un caballete. Entran seis actores con un gran tablón y lo colocan sobre el caballete haciendo un balancín. Van subiéndose todos sobre el tablón de forma que quedan en equilibrio y cantan "No nos moverán." Saltan del tablón y comienza el número y la canción final.

Ha terminado la entretención,
Las chicas lindas y la emoción.
Magia en la noche
luces y color
No hay cabida para el dolor.
Hay que olvidar
y nada pensar
Sólo hay que reír
y no hay que sufrir,
y sólo ser feliz.
(*Sobre la canción la voz del anunciador va diciendo.*)
ANUNCIADOR: Y aquí nos vemos, será hasta una próxima oportunidad. Se terminó la década. Ya vendrá otra y de seguro que otra más. Las contarán otros. Nosotros les decimos hasta luego, gracias por su asistencia porque hasta aquí llega "A la Mary se le vio el Poppins." Buenas noches y que descansen.

FIN

Bibliografía

Agosín, Marjorie. "Temporada teatral de invierno, Santiago de Chile, 1978." *Latin American Theatre Review* 12/2 (1979): 73-77.

Andrade, Elba y Walter Fuentes. *Teatro y dictadura en Chile. Antología crítica*. Santiago de Chile: Ediciones Documentas, 1994.

Benavente, David. "'Ave Felix' (Teatro chileno post-golpe)" *Pedro, Juan y Diego. Tres Marías y una Rosa*. Santiago: Ediciones ChileAmérica CESOC, 1989: 277-323.

_____. *Teatro chileno de David Benavente*. Santiago de Chile: CESOC, 2006.

_____ e ICTUS. *Pedro, Juan y Diego*. Santiago: Ediciones ChileAmérica CESOC, 1989: 17-137.

_____ y T.I.T. *Tres Marías y una Rosa*. En *Teatro chileno de la crisis institucional 1973-1980 (Antología crítica)*. Minnesota/ Santiago: University of Minnesota/ Ceneca, 1982: 196-248.

Boyle, Catherine M. *Chilean Theater, 1973-1985. Marginality, Power, Selfhood*. Rutherford: Farleigh Dickinson University Press, 1992.

Bravo Elizondo, Pedro. "Chile y su teatro testimonial." En *Literatura Chilena en el Exilio* 11 (1979): 2-4.

_____. "El discurso crítico metateatral de Gregory Cohen y Marco Antonio de la Parra, dramaturgos de la 'generación perdida'." *Confluencia* 5 (1989): 31-4.

_____. "El teatro en Chile en la década del 70." *Araucaria* 13 (1981): 127-35.

_____. "Entrevista con Alejandro Sieveking." *Latin American Theatre Review* 12 (1979): 55-9.

_____. "La realidad latinoamericana y el teatro documental." *Texto Crítico* 26-27 (1983): 201-10.

_____. "Reseña actual del teatro en Chile." *Literatura Chilena en el Exilio* 4. (1977): 15.

_____. "Sobre el teatro aficionado en Chile 1973-1979." *Literatura Chilena, Creación y Crítica* 18 (1981): 20-2.

_____. *Teatro documental latinoamericano*. México: UNAM, 1982.

_____. *Teatro hispanoamericano de crítica social*. Madrid: Playor, 1975.

Cajiao Salas, Teresa. "Las claves del exilio interno en *Lo crudo, lo cocido y lo podrido*." En *Literatura Chilena, Creación y Crítica* 5 (1981): 2-6.

Dorfman, Ariel. "El teatro en los campos de concentración. Entrevista a Oscar Castro." *Araucaria* 6 (1979): 115-47.

Ehrmann, Hans. "Chilean Theatre: 1971-1973." *Latin American Theatre Review* 7 (1974): 39-43.

_____. "Dramaturgia y realidad nacional." *Seminario teatro chileno en la década del 80*. Santiago: Ceneca, 1980: 14-8.

_____. "Sobre parras y tumbas." *Ercilla* (2 de marzo 1977): 58-60.

_____. "Teatro postgolpe: Pedro, Juan, María y Rosa." *Gestos* 8 (1989): 155-159.

Foxley, Ana María. "Una indagación crítica de la realidad." *Teatro chileno contemporáneo. Antología*. Madrid: Fondo de Cultura Económica, 1992: 963-67.

González, Irma. "El teatro chileno de estos últimos años." *Araucaria* 17 (1982): 142-44.

Hurtado, María de la Luz. "El melodrama, género matriz en la dramaturgia chilena contemporánea: Constantes y variaciones de su aproximación a la realidad." *Gestos* 1 (1986): 121-30.

_____. "Una ritualidad grotesca y perversa." *Teatro chileno contemporáneo. Antología*. Madrid: Fondo de Cultura Económica, 1992: 801-806.

_____. "Notas acerca del teatro chileno visto desde los '80." *Literatura Chilena, Creación y Crítica* 38 (1986): 2-8.

_____. "Oscar Castro: Pasiones y avatares del alma del ALEPH." *Apuntes* 113 (1998): 73-88.

_____. "Presencia del teatro chileno durante el gobierno militar." *Cuadernos Hispanoamericanos* (1990) 482-83: 149-60.

_____. *Sujeto social y proyecto histórico en la dramaturgia chilena actual. Primera parte: Constantes y variaciones entre 1960 y 1973*. Santiago: Ceneca, 1983.

_____ y Carlos Ochsenius. *Seminario teatro chileno en la década del 80*. Santiago: Ceneca, 1980.

_____ y Carlos Ochsenius. "Transformaciones del teatro chileno en la década del 70." En Hurtado, Ochsenius y Vidal, eds. *Teatro chileno de la crisis institucional: 1973-1989 (Antología crítica)*. Santiago/Minnesota: University of Minnesota/ Ceneca, 1982: 1-53.

_____ y Carlos Ochsenius. *Teatro ICTUS*. Santiago: Ceneca, s.f.

_____ y Carlos Ochsenius. *T.I.T. Taller de Investigación Teatral*. Santiago: Ceneca, s.f.

_____ y José Román. *Teatro Imagen*. Santiago: Ceneca, s.f.

_____, Carlos Ochsenius y Hernán Vidal, eds. *Teatro chileno de la crisis institucional: 1973-1989 (Antología crítica)*. Santiago/Minnesota: University of Minnesota/ Ceneca, 1982.

Lepeley, Oscar. "Avatares del teatro contestatario chileno en los primeros años de la dictadura," *Resistencia y poder: Teatro en Chile*. Heidrun Adler, George Woodyard, eds. Frankfurt am Main/Madrid: Vervuert/Iberoamericana, 2000: 113-124.

———. "Cuestionando el discurso autoritario patriarcal: Rituales anti-falocéntricos en *Tres Marías y una Rosa* de David Benavente y el Taller de Investigación Teatral." *Romance Languages Annual* X (1999): 674-678.

———. "Desafíos a la censura: Decodificando la referencialidad en *Pedro, Juan y Diego*." *Cincinnati Romance Review* XVIII (1999): 132-38.

———. "El teatro chileno desafía a la dictadura: El atrevimiento de *Baño a baño*." *Romance Languages Annual* IX (1998): 567-72.

———. "En torno a la censura de *Lo crudo, lo cocido y lo podrido* de Marco Antonio de la Parra." *Explicación de Textos Literarios* XXXIV, 1 & 2 (2007): 73-88.

———. "Lo épico y la cosmovisión en *Lo crudo, lo cocido y lo podrido* de Marco Antonio de la Parra." *Romance Notes* XLVII, 2 (2007): 171-177.

———. "*Pedro, Juan y Diego*: obra fundacional del movimiento de teatro contestatario chileno." *Latin American Theatre Review* 34. 2 (2001): 21-36.

———. "Teatro y dictadura: Emergencia de un teatro chileno contestatario." *Cincinnati Romance Review* XVII (1998): 58-64.

———. "The Cueca of the Last Judgment: Politics of Chilean Resistance in *Tres Marías y una Rosa*." *Imagination Beyond Nation*, edited by Eva P. Bueno and Terry Caesar. Pittsburgh: U Pittsburgh P, 1998: 142-66.

Lutz, Patricia. "Situación del teatro en Chile: despierto en un mundo de sueños. Aunque la sociedad entera esté hipnotizada, el teatro debe permanecer despierto." *Comunicación. Arte y Ciencia de la Comunicación Social* 2, 14 (1980): 25-33.

Medina, Hugo. "El teatro, un arma de lucha contra el fascismo." *Conjunto* 43 (1980): 47-50.

Nómez, Nain. "Situación del teatro en Chile." En *Literatura Chilena, Creación y Crítica* 36/37 (1986): 8-10.

Ochsenius, Carlos. "Teatro y animación de base en Chile (1973-1986)" En Carlos Ochsenius *et al. Práctica teatral y expresión popular en América Latina*. Buenos Aires: Ediciones Paulinas, 1988.

Parra, Marco Antonio de la. *La secreta obscenidad de cada día*. Santiago: Planeta, 1988.

Piña, Juan Andrés. "Al principio existía la vida. Grupo Aleph. Creación Colectiva." *Mensaje* (234): 580-81.

———. "Dramaturgia, teatro e historia en Chile (1950-1990). *Teatro chileno contemporáneo. Antología*. Madrid: Fondo de Cultura Económica, 1992: 11-56.

———. "El boom de los clásicos." *Mensaje* 253 (1976): 256-58.

———. "Panorama cultural chileno." *Mensaje* 234 (1974): 530-33.

———. "Pedro, Juan y Diego." *Mensaje* 249 (1976): 252-54.

———. "Repaso a trece años de crítica teatral." *Literatura Chilena, Creación y Crítica* 36/37 (1986): 11-16.

Pottlitzer, Joanne. "The Game of Expression Under Pinochet. Four Theater Stories." *Theater* 32, 2 (2001): 3-33.
Rojo, Grínor. *Muerte y resurrección del teatro chileno 1973-1983*. Madrid: Michay, 1985.
_____. "El teatro chileno bajo el fascismo." *Araucaria de Chile* 22 (1983): 123-136.
_____. "Con la autenticidad de lo popular." *Teatro chileno contemporáneo. Antología*. Madrid: Fondo de Cultura Eeconómica, 1992: 869-75.
Román, José. "*Tres Marías y una Rosa* y el teatro chileno por el mundo." *Apsi* V.100 (1981): 24-6.
Sieveking, Alejandro. "Teatro chileno antifascista." *Primer coloquio sobre literatura chilena (de la resistencia y el exilio)*. México: UNAM, 1980: 97-113.
Subercaseaux, Bernardo. "Autoritarismo y proceso cultural en Chile (Acerca de lo popular)." En Saúl Sosnowski, *Represión, exilio y democracia: La cultura uruguaya*. Montevideo: Universidad de Maryland, 1987: 335-50.
Teatro de Chile. Teatro chileno (Dentro/fuera). Número especial de *Literatura Chilena, Creación y Crítica* (1986): 36-37.
"The Theatre in Chile: Before the Coup and After." *Theatre Quarterly* 5 (1976): 103-07.
Toro, Fernando de. "El teatro en Chile: ruptura y renovación. Perspectiva semiológica de los fenómenos de producción y recepción en los últimos doce años." *Conjunto* 70 (1986): 23-32.
Varela, José. "Lo circunstancial, lo histórico y lo recurrente en *Lo crudo, lo cocido y lo podrido*, de Marco Antonio de la Parra. Ensayo de análisis integral." *Revista Canadiense de Estudios Hispánicos* 15.1 (1990): 81-109.
Vidal, Hernán. "Cultura nacional y teatro chileno profesional reciente." Hurtado, Ochsenius y Vidal, eds. *Teatro chileno de la crisis institucional 1973-1980 (Antología crítica)* Santiago/Minnesota: U. of Minnesota/Ceneca, 1982: 54-99.
_____. *Dictadura militar, trauma social e inauguración de la sociología del teatro en Chile*. Minnesota: Institute for the Study of Ideologies and Literature, 1991.
_____, et al. *Fascismo y experiencia autoritaria: Reflexiones para una recanonización*. Minnesota: Institute for the Study of Ideologies and Literature, 1985.
Villegas, Juan. "Discurso crítico hegemónico y discursos teatrales marginales: El caso de Chile." *Literatura Chilena, Creación y Crítica*. 36/37 (1986): 4-7.
_____. "El discurso teatral y el discurso crítico: el caso de Chile." *Anales de la Universidad de Chile* 5 (1984): 317-36.
Vodanović, Sergio. "La dramaturgia chilena actual." *Seminario teatro chileno en la década del 80*. Santiago: Ceneca, 1980: 14-8.

Glosario del habla popular chilena

acsoluto:	absoluto
al tiro, al tirante:	de inmediato
andar, irse a la cresta:	irse al infierno
animitas:	pequeños altares para venerar a los muertos
apretar cueva:	huir
atraque, atracar:	acción de acariciarse y besarse en parejas
barreta:	excusa
Barros Jarpa:	sandwich de queso y bistec
cabreado:	fastidiado
cabro:	niño o muchacho
cachar:	darse cuenta, entender
cachúa:	preocupada
cagüín:	escándalo
callampiando:	molestando
callampín bombín:	callarse
cambeo:	cambio
cara de raja:	sin remordimiento
carretillas:	mandíbulas
condoro:	error, problema
copihue:	flor nacional chilena
chamullo:	engaño
chiva:	mentira, engaño
choclón:	multitud desordenada
choriá:	molesta
chuleta:	patada
descueve:	excelente
difariar:	hablar sin sentido
Dingolondango:	popular programa de televisión
elejota:	vámonos
encacharse:	arreglarse para verse bien
entendiuco:	entiende, entendió
entregar las herramientas:	destruirse, perecer
gancho:	también hombre
guagua:	bebé
guata:	panza
hacerse la cartucha:	hacerse la inocente
huacho:	hijo natural
huasteco:	campesino pobre, huaso pobre
iñor:	señor

irse a la cresta:	fracasar
jutres:	señores de clase alta
la raja:	estupendo
listoco:	listo
lucas:	mil pesos
mala cueva:	mala suerte
maraco:	homosexual
marraquetas:	pan
marrueco:	cierre de cremallera
miracha:	muchacha perteneciente al MIR (Movimiento de Izquierda Revolucionaria)
momio/a:	peyorativo para persona políticamente de derecha
monono/a:	lindo/a
ni cagando:	de ninguna manera
once:	merienda a media tarde
paco:	policía uniformado, carabinero
pailas:	también orejas, oidos
patudo:	exigente
payasá:	cosa, aparato
pega:	trabajo
peliento:	de clase baja
pirulo:	interruptor. También persona de clase alta, o ponerse elegante.
po:	pues
pucho:	resto de cigarrillo
Polla Gol:	lotería basada en el torneo de fútbol chileno
pololear:	tener una relación romántica
pololo, polola:	persona con quien se tiene una relación romántica, pretendiente
poner las peras a cuatro:	exigir la verdad y la justicia
poqueque:	poco
poto:	nalgas, trasero
pulpos chupasangre:	empresarios explotadores de sus trabajadores
rasca:	ordinario, vulgar
rotería:	acto de mala educación
roto:	persona maleducada, de baja condición social
Rufino:	dibujante, caricaturista chileno
sacar la cresta:	pegar, golpear a alguien
Sindelita:	popular juguera eléctrica hecha en Chile
siutiquería:	cursilería
suácate:	de inmediato
susteque:	susto
tirar:	también eufemismo para hacer el amor
tiras:	policías civiles
tony, tonis:	payaso
trompa:	patrón
upeliento/a:	peyorativo para persona simpatizante del gobierno de Allende, de la Unidad Popular (UP)